NORBERT PAUTNER

Ich kann 333 DINGE FINGERSTEMPELN

Bassermann

Dieses Buch gehört:

. . . .

ISBN: 978-3-8094-4478-7

2. Auflage 2024

einem Unternehmen der Penguin Random House Verlagsgruppe GmbH,
Neumarkter Str. 28, 81673 München

Idee und Gesamtgestaltung: Norbert Pautner, Berlin
Projektleitung: Birte Dittmann
Herstellung: Karin Herres

Druck und Bindung: Alföldi Nyomda Zrt., Debrecen
Printed in Hungary

Penguin Random House Verlagsgruppe FSC® N001967

Inhaltsverzeichnis

Fingerstempeln: So geht's

Mit deinen Fingerabdrücken kannst du ganz einfach alle möglichen Dinge aufs Papier zaubern. Oft genügen schon ein paar Striche mit einem Bunt- oder Bleistift, um aus einem Klecks ein richtiges Bild zu machen.
In diesem Buch findest du ziemlich viele (mindestens 333!) Schritt-für-Schritt-Anleitungen für die unterschiedlichsten Motive. Sie funktionieren ohne Worte und sind leicht zu verstehen. Falls du ein bestimmtes Motiv suchst, findest du es schnell über das Register ab Seite 126.
Die Anleitungen sind übrigens nur Anregungen, keine Vorschriften: Wenn du einen grünen Elefanten stempeln möchtest, darfst du das selbstverständlich. Vielleicht kommen dir aber beim Durchblättern auch ganz eigene neue Ideen für Fingerstempelfiguren.

Das bedeuten die Bilder bei den Schritt-für-Schritt-Anleitungen:

Bei jedem Wechsel des Fingers oder der Farbe zeigt dir eine kleine Abbildung, wie du den nächsten Schritt machst. Wenn es aber einmal mit demselben Finger und derselben Farbe weitergeht, wird die Abbildung weggelassen.

Mit dem **Zeigefinger** machst du ein schönes Oval.

Mit dem **Daumen** machst du ein kräftiges, großes Oval.

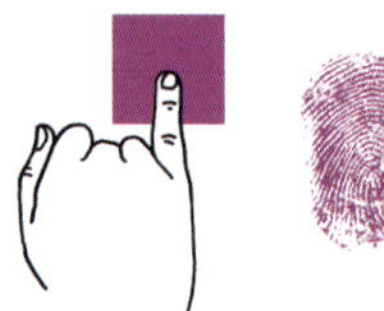

Mit dem **kleinen Finger** machst du einen runden Fleck.

Mit der **Fingerkuppe** machst du einen kleinen Punkt.

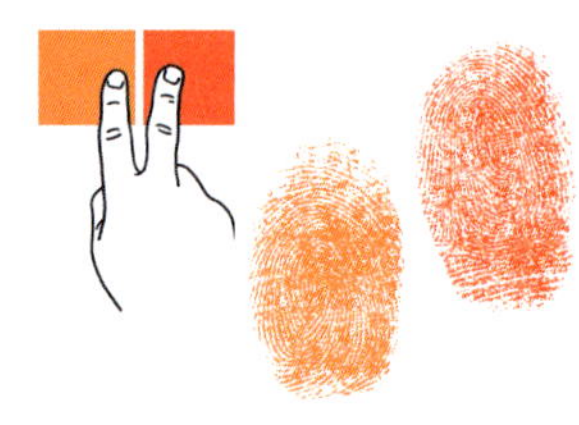

Manchmal ist es einfacher, mit zwei Fingern gleichzeitig zu stempeln.

Bewegst du den Finger auf dem Papier, kannst du den Fingerabdruck verwischen.

Mit einem Blatt Papier machst du einen halben Abdruck.

Mit einem Zeichenstift fügst du Details hinzu und machst so aus den Fingerabdrücken richtige kleine Figuren.

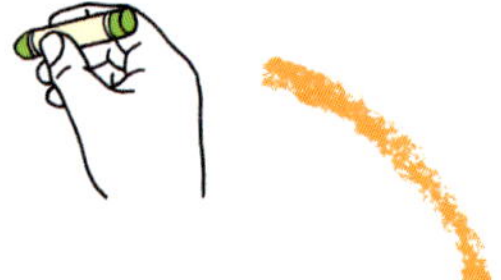

Manchmal brauchst du auch einen etwas dickeren Strich. Den machst du am besten mit einem Wachsmalstift.

Tipps für sorgenfreies Stempeln:

So nicht: **Aber so:**

Nimm nicht zu viel Farbe, sonst gibt es einen saftigen Klecks statt eines deutlichen Fingerabdrucks.

So nicht: **Aber so:**

Stemple nicht mit demselben Finger zwei verschiedene Farben sofort nacheinander, sonst vermischen sie sich zu einem schmutzigen Graubraun.

So nicht: **Aber so:**

Lass den Fingerabdruck trocknen, bevor du mit dem Zeichnen beginnst, sonst verschmiert die Zeichnung.

Säubere deine Finger nach jedem Stempeldurchgang mit Wasser und einem Papiertuch. Finger nicht ablecken! Stempelfarben gehören aufs Papier, nicht in den Mund.

Welche und wie viele Farben braucht man eigentlich zum Fingerstempeln?

Fingerstempelfarben gibt es fertig im Handel zu kaufen, man kann sie aber auch selbst machen. Falls ihr Stempelkissen online oder – besser – im Fachgeschäft kaufen wollt: Achtet darauf, dass die Farben als Spielzeug geprüft und zugelassen sind. Das erkennt man daran, dass beim CE-Zeichen die „EN 71"-Norm aufgelistet ist. Das ist die europäische Spielzeugnorm.
Wenn Stempelfarben längere Zeit nicht verwendet werden, können sie auch schon mal eintrocknen. Dann lassen sie sich mit ein, zwei Tropfen Wasser wieder auffrischen.

Stempelkissen kann man aber auch selbst machen: Einfach Fingermalfarbe für Kinder auf einer dicken Lage Küchenpapier ausstreichen. Oder du bastelst aus einem (neuen!) Küchenschwamm mehrere kleine Stempelkissen für die Fingermalfarbe.
Wenn du einfach nur mit den Näpfchen deines Deckfarbenkastens stempeln willst, geht das natürlich auch. Aber dann dürfen die Farben nicht zu feucht oder gar nass sein. Sonst kannst du nämlich keine richtigen Fingerabdrücke erkennen.

Für die Bilder in diesem Buch wurden übrigens diese zehn Farben verwendet.

Pferd

Esel

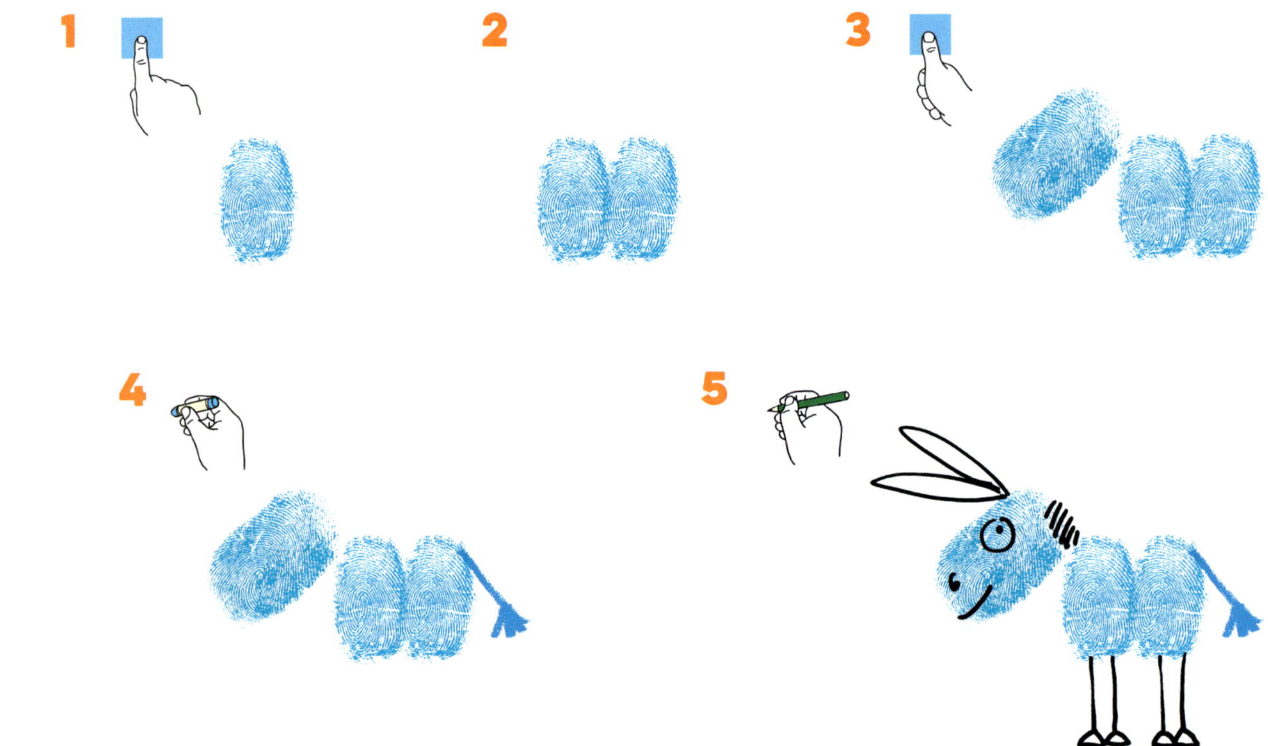

Kuh

Bulle

Ziege

Schwein

Schaf

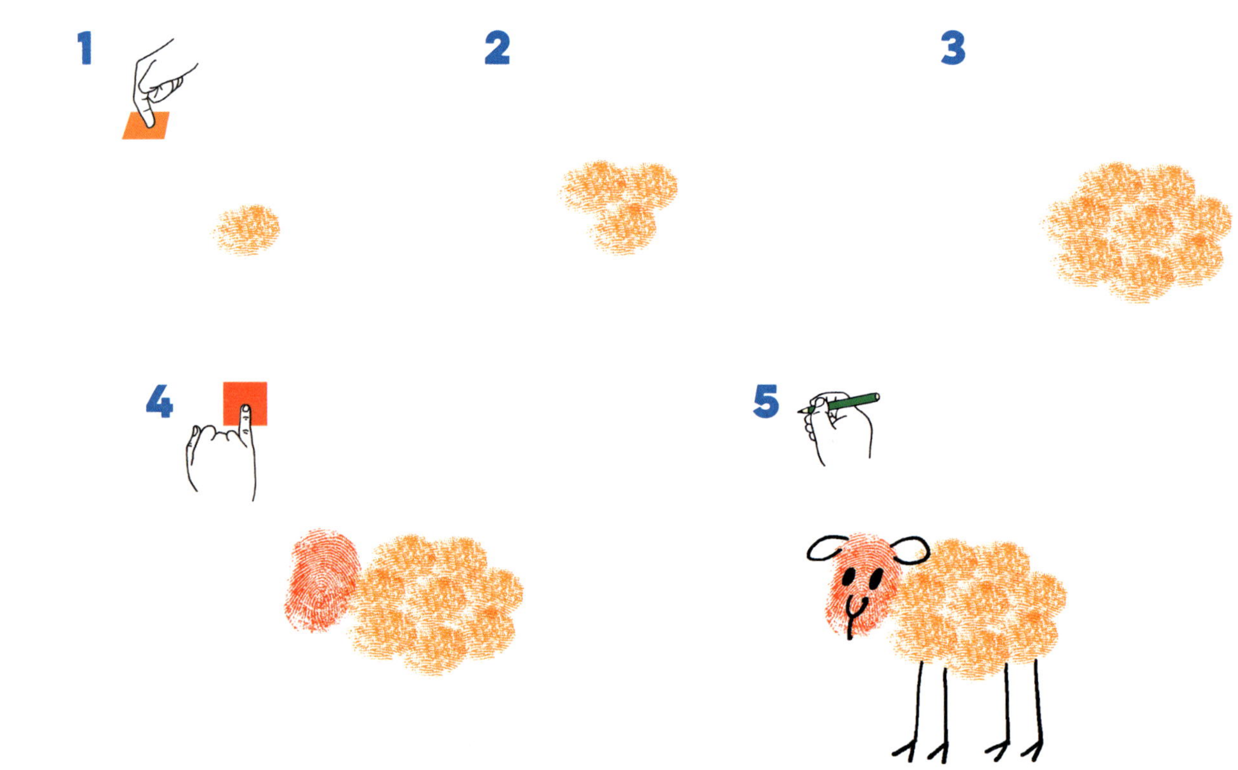

Hund

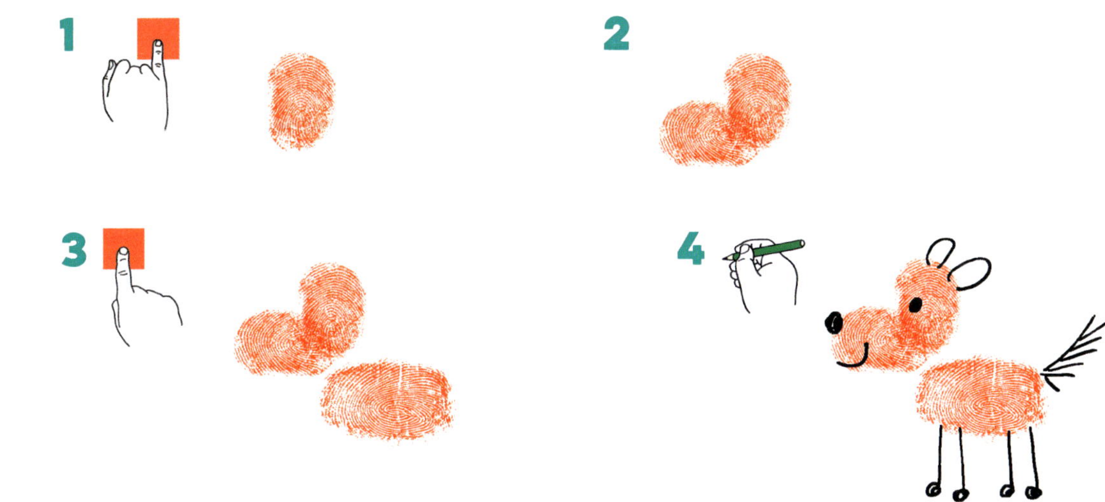

Terrier

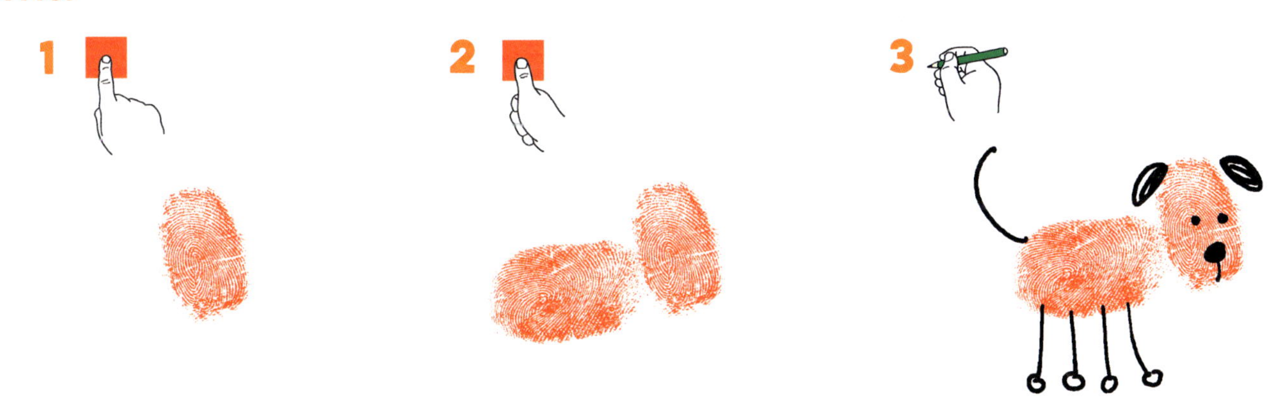

Mops

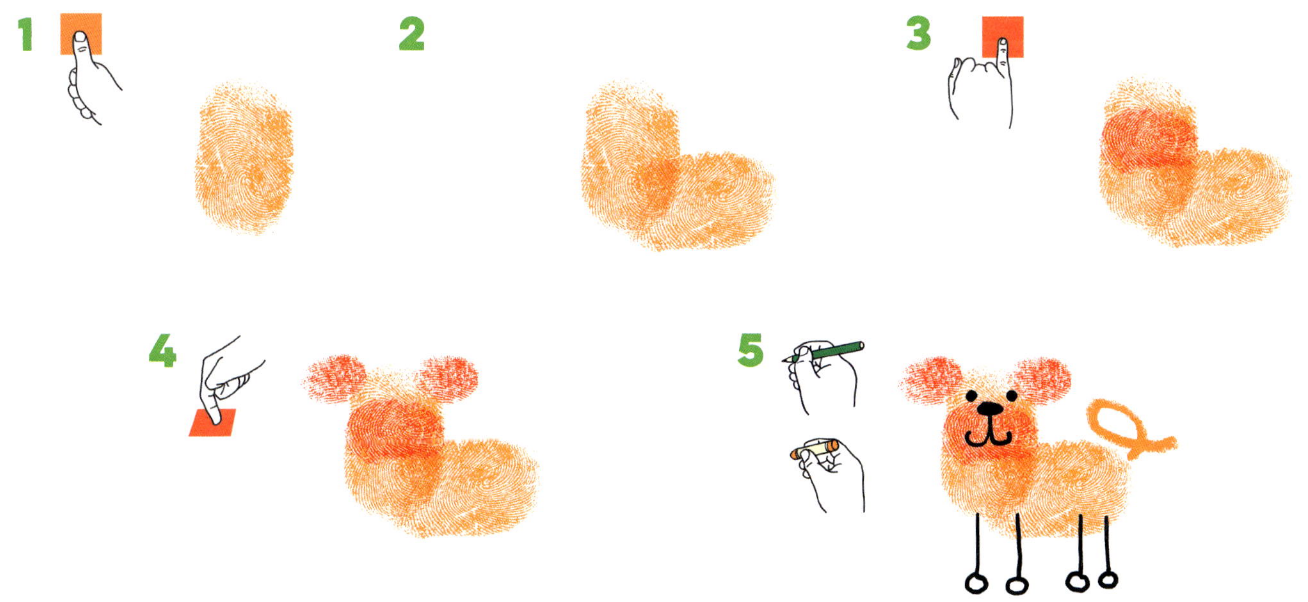

Pudel

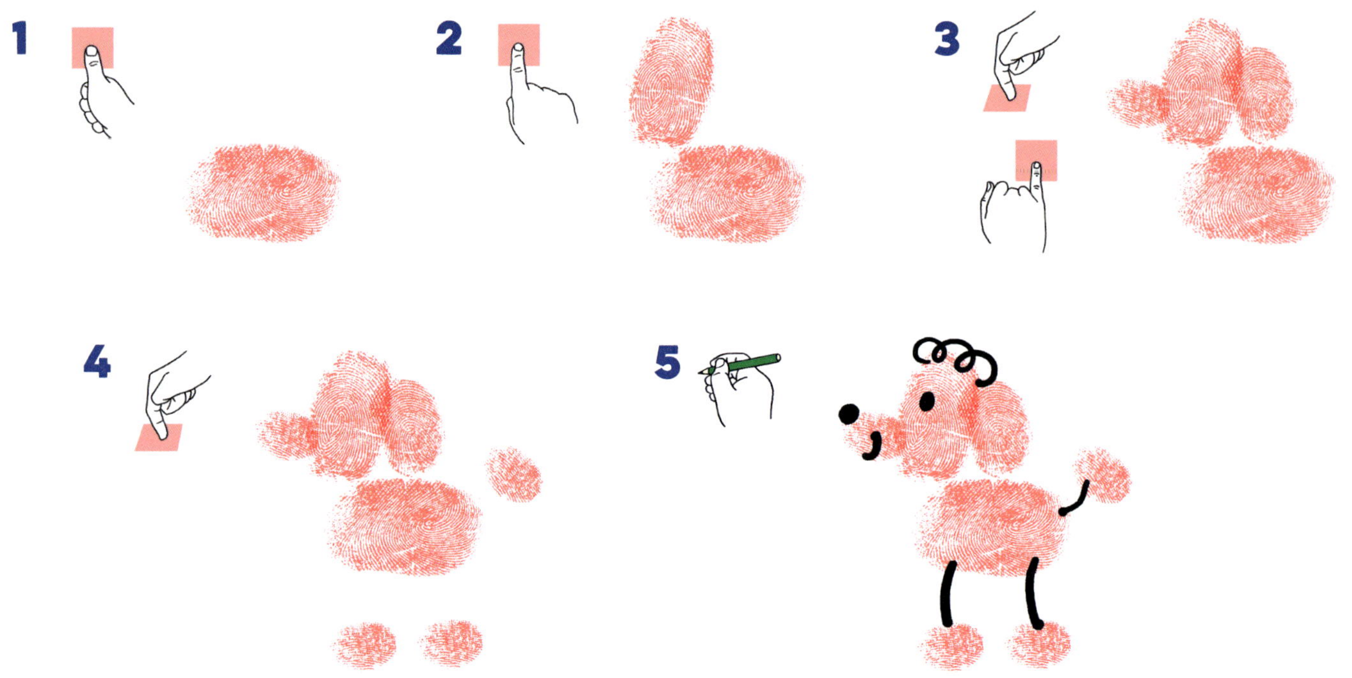

Katze

Schmusekatze

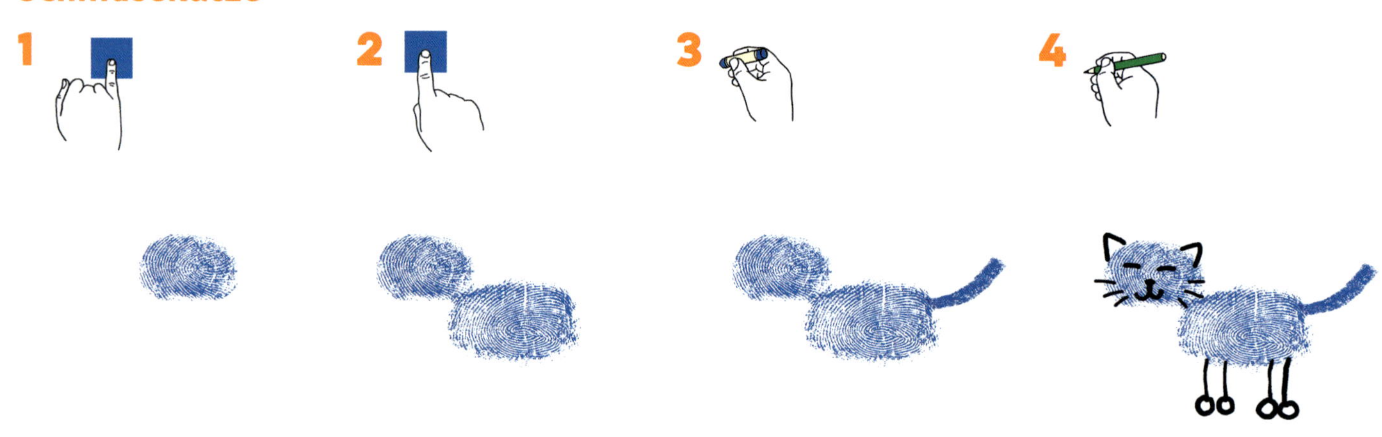

Hamster

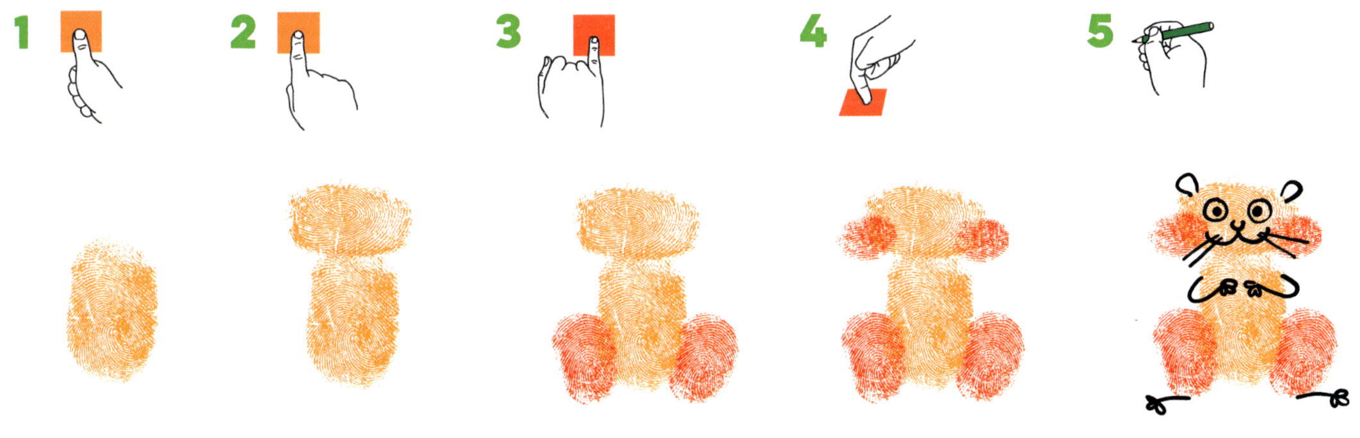

Hase

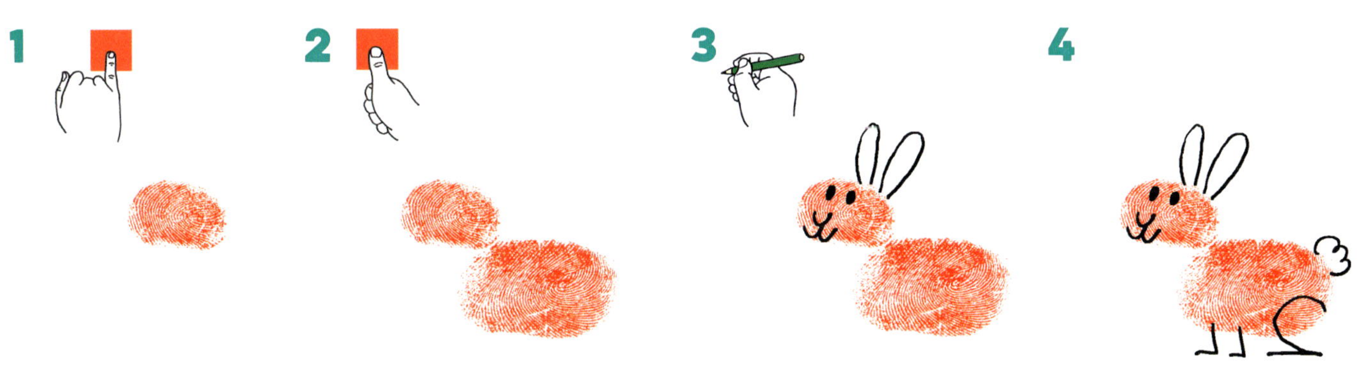

Meerschweinchen

Mäuse

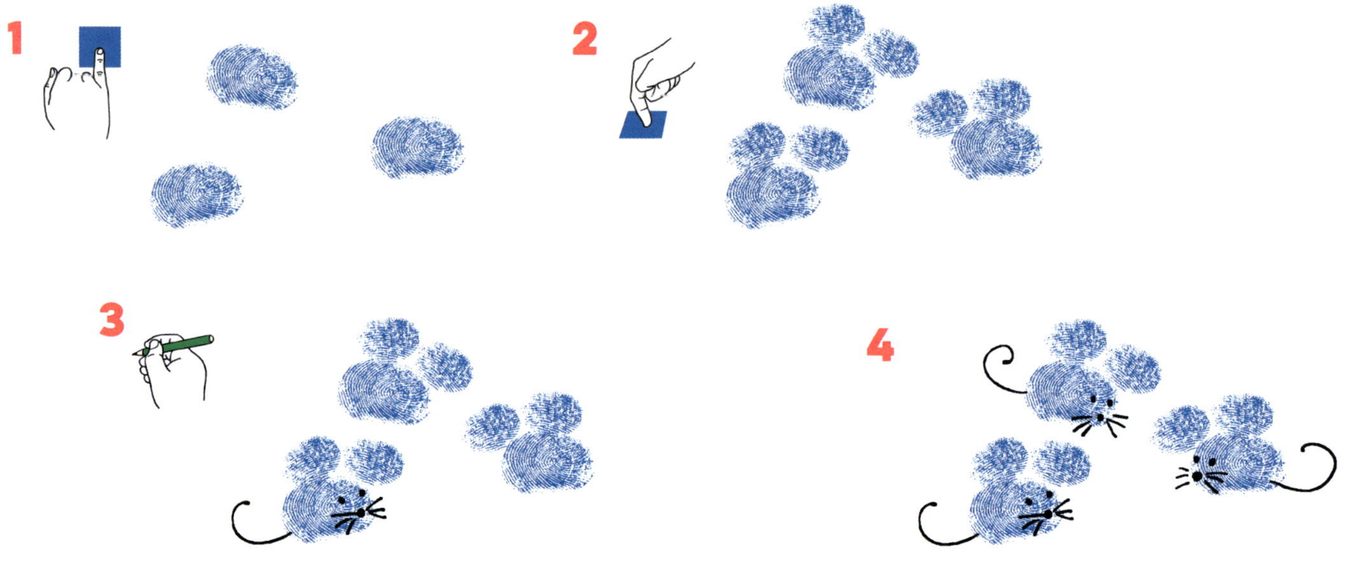

Ratte

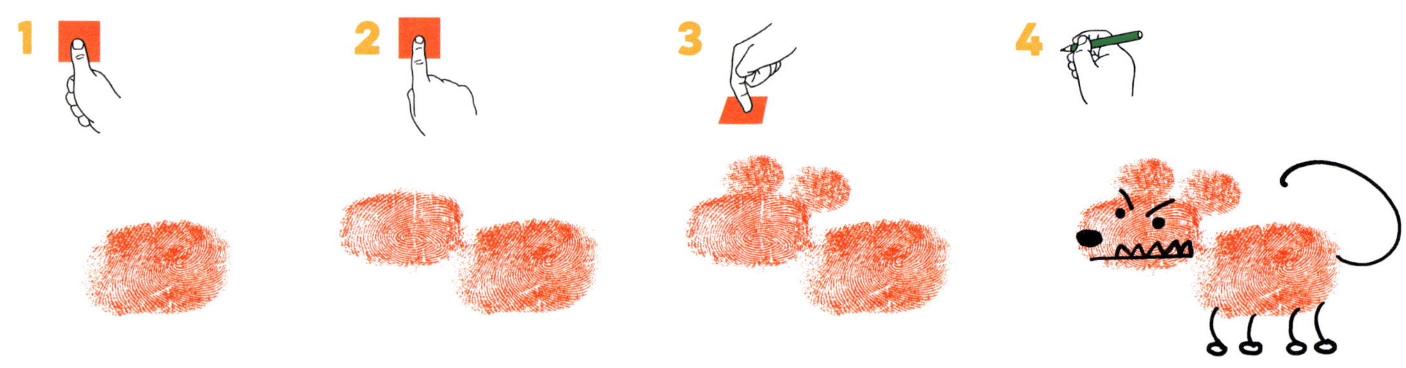

Fledermaus

Igel

1

2

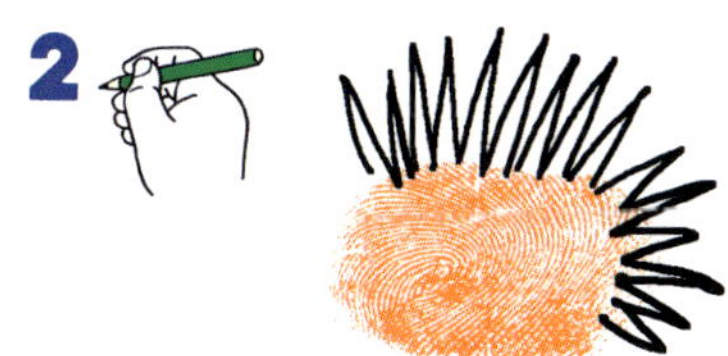

3

Maulwurf

1

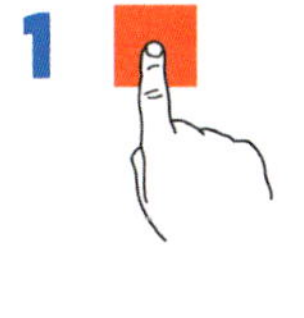

2

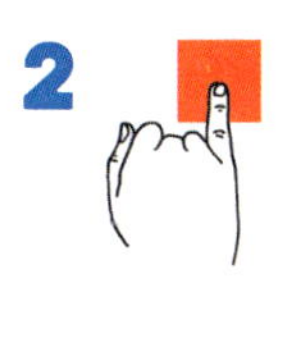

3

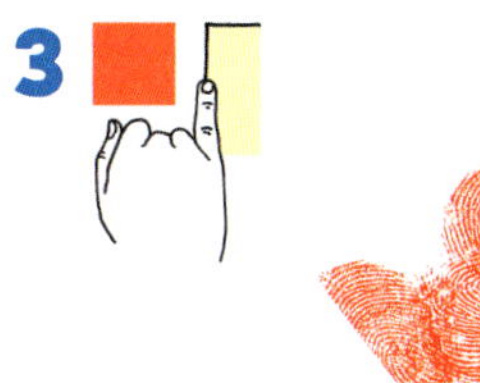

4

5

6

Murmeltier

1

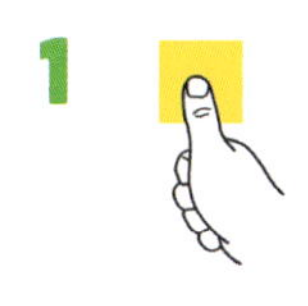

2

3

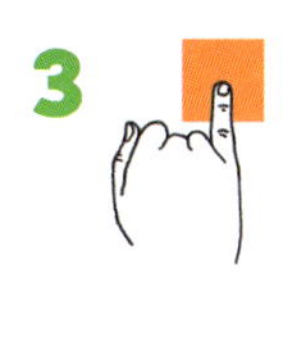

4

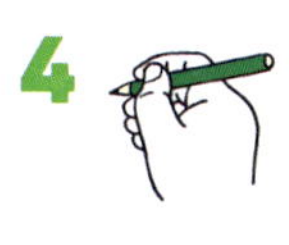

5

Eichhörnchen

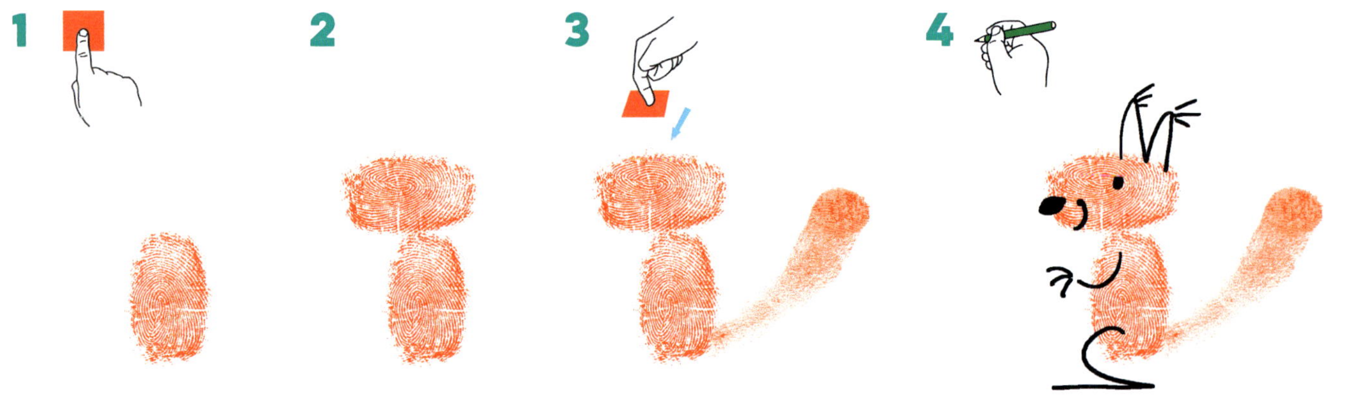

Otter

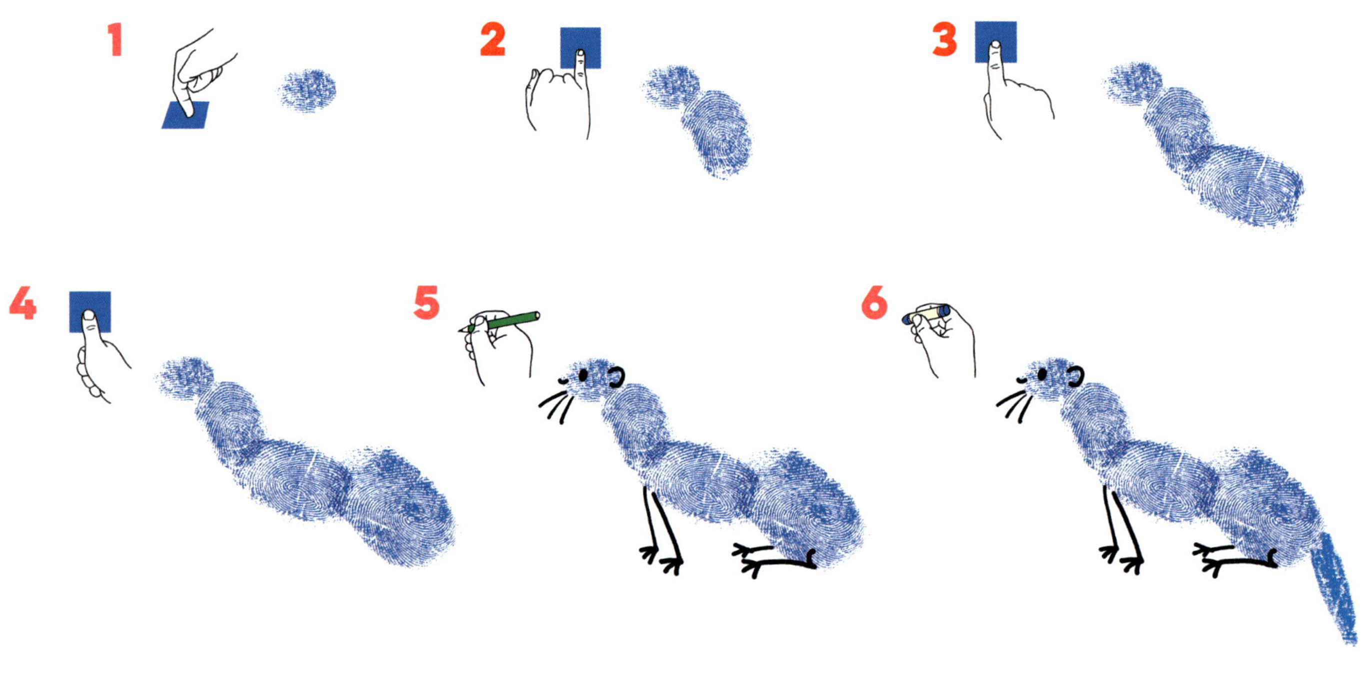

Waschbär

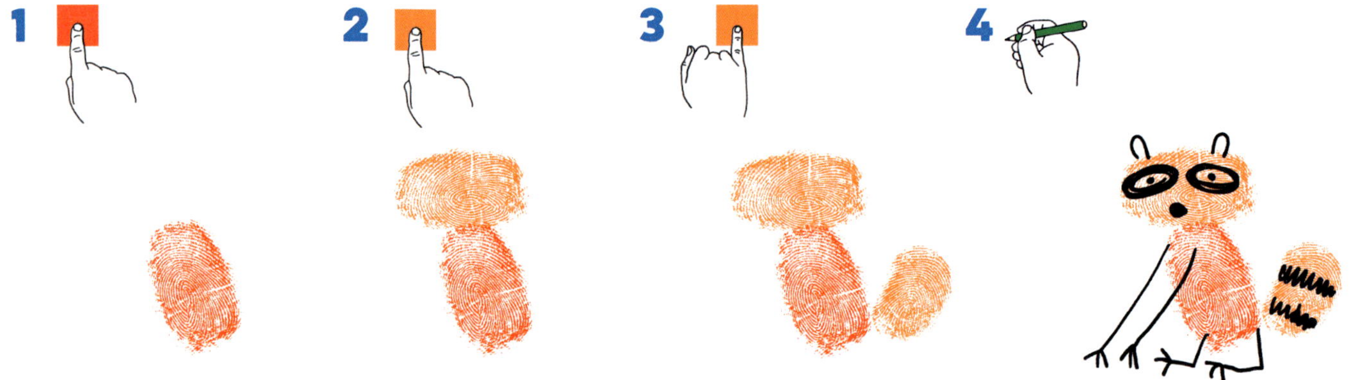

Biber

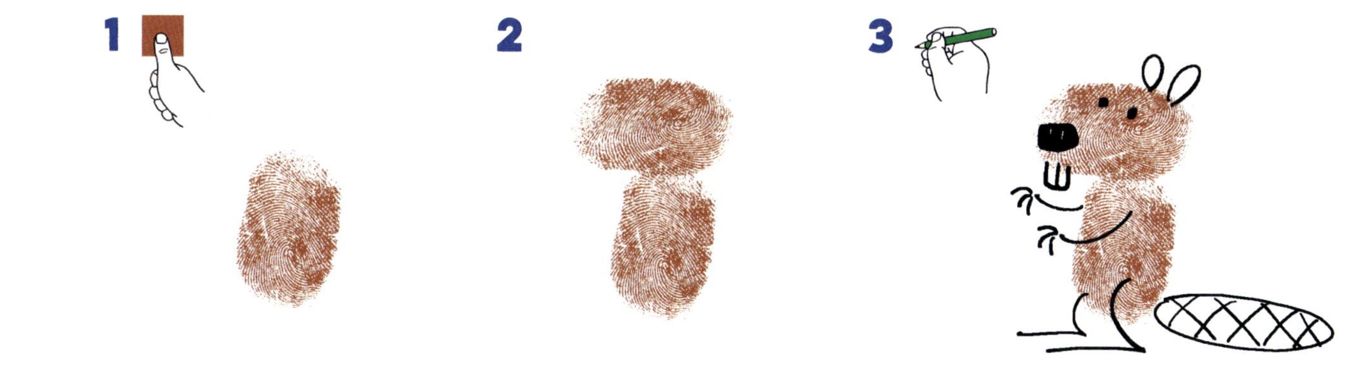

Wiesel

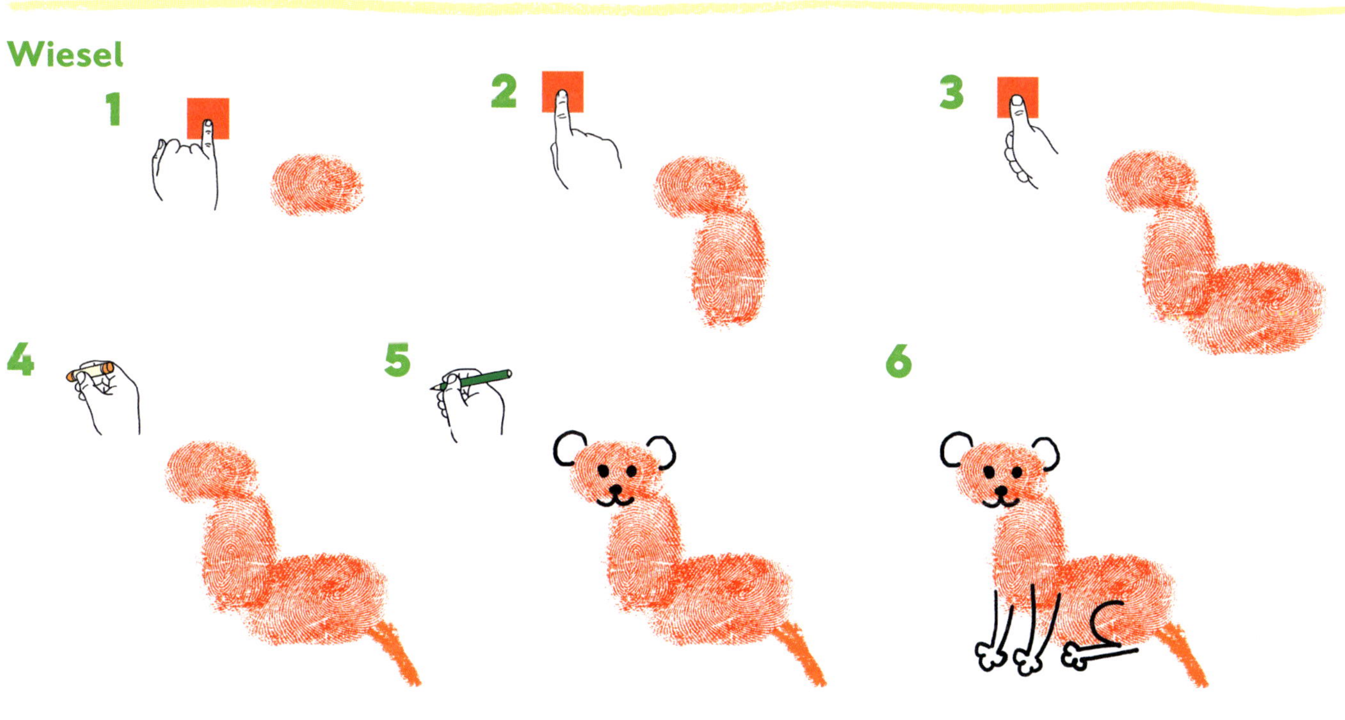

Dachs

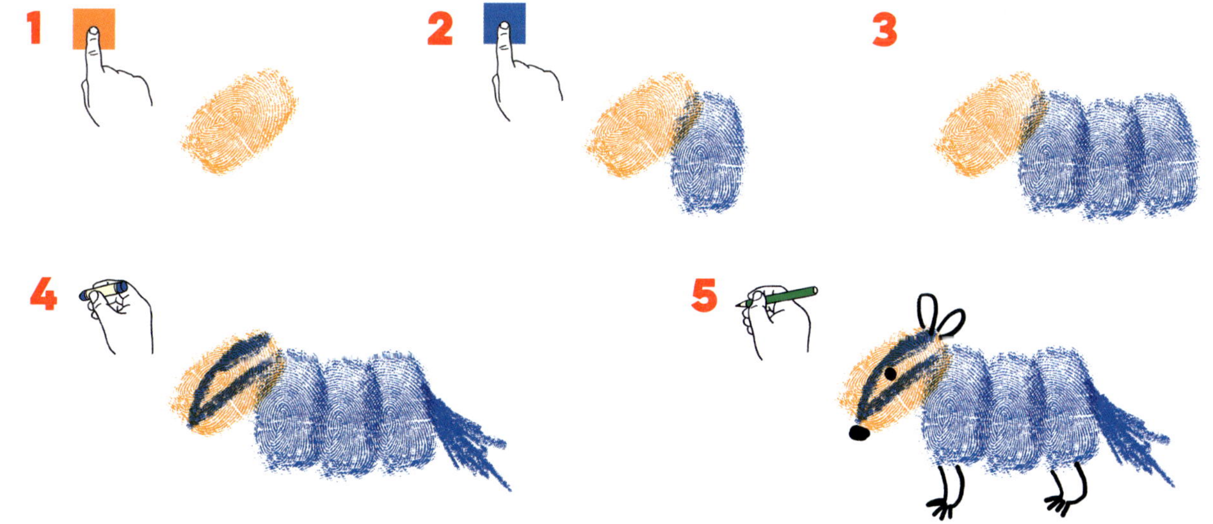

Elch

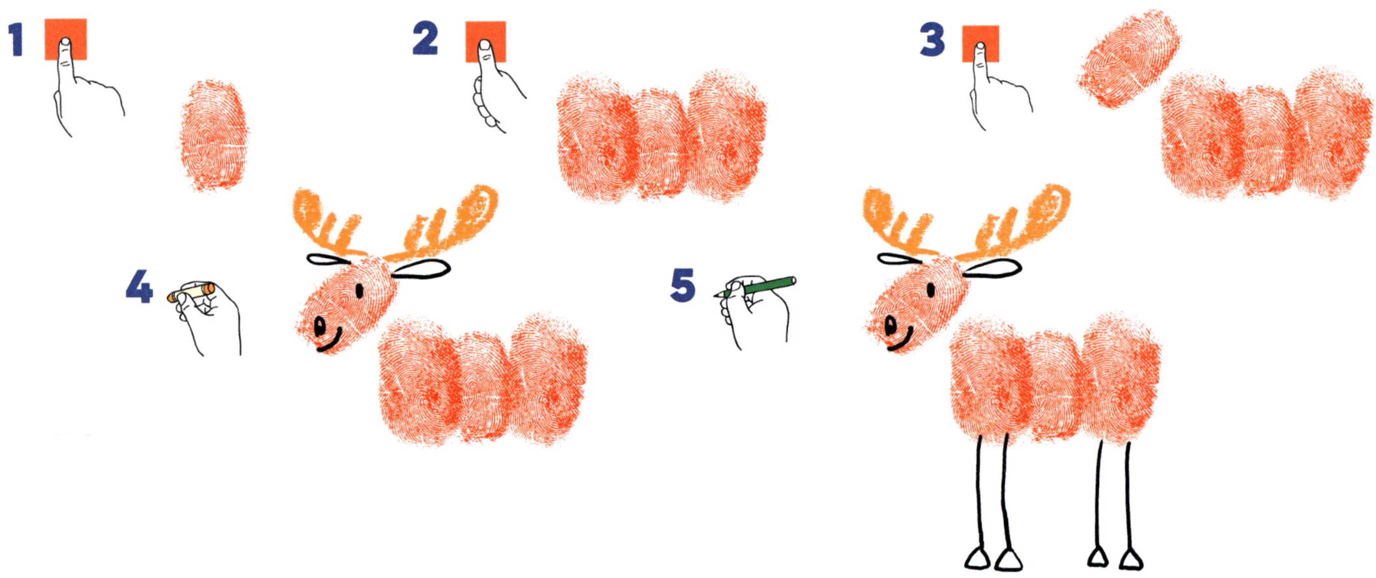

Hirsch

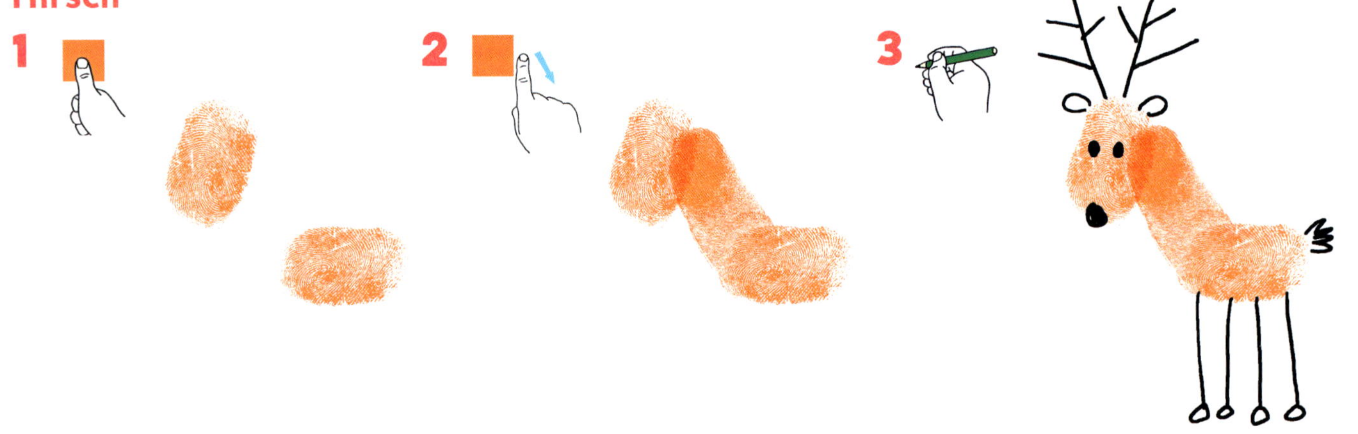

Steinbock

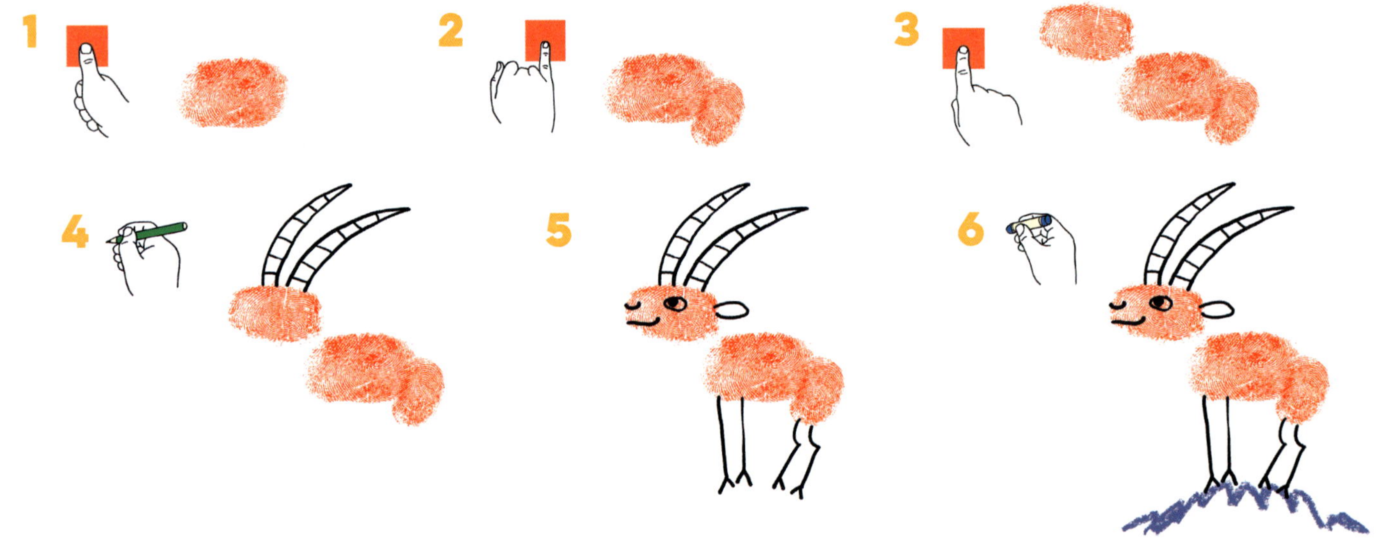

Fuchs

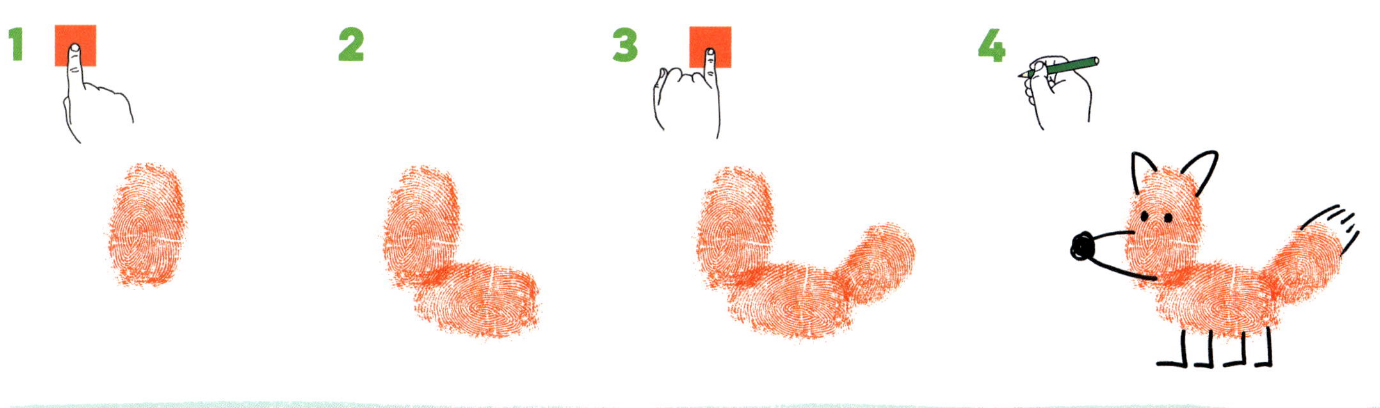

Wolf

Bär

Tiger

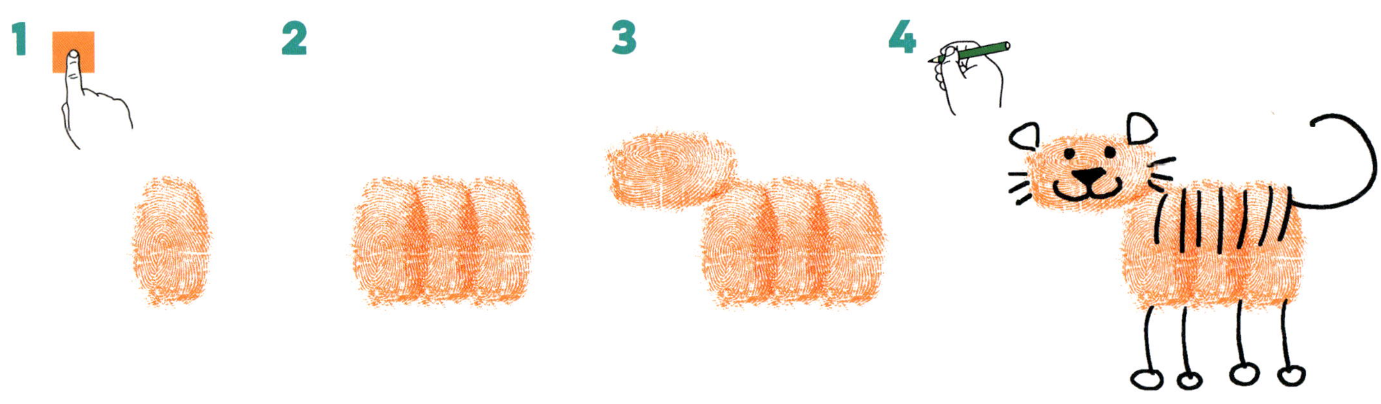

Panther

Löwe

Leopard

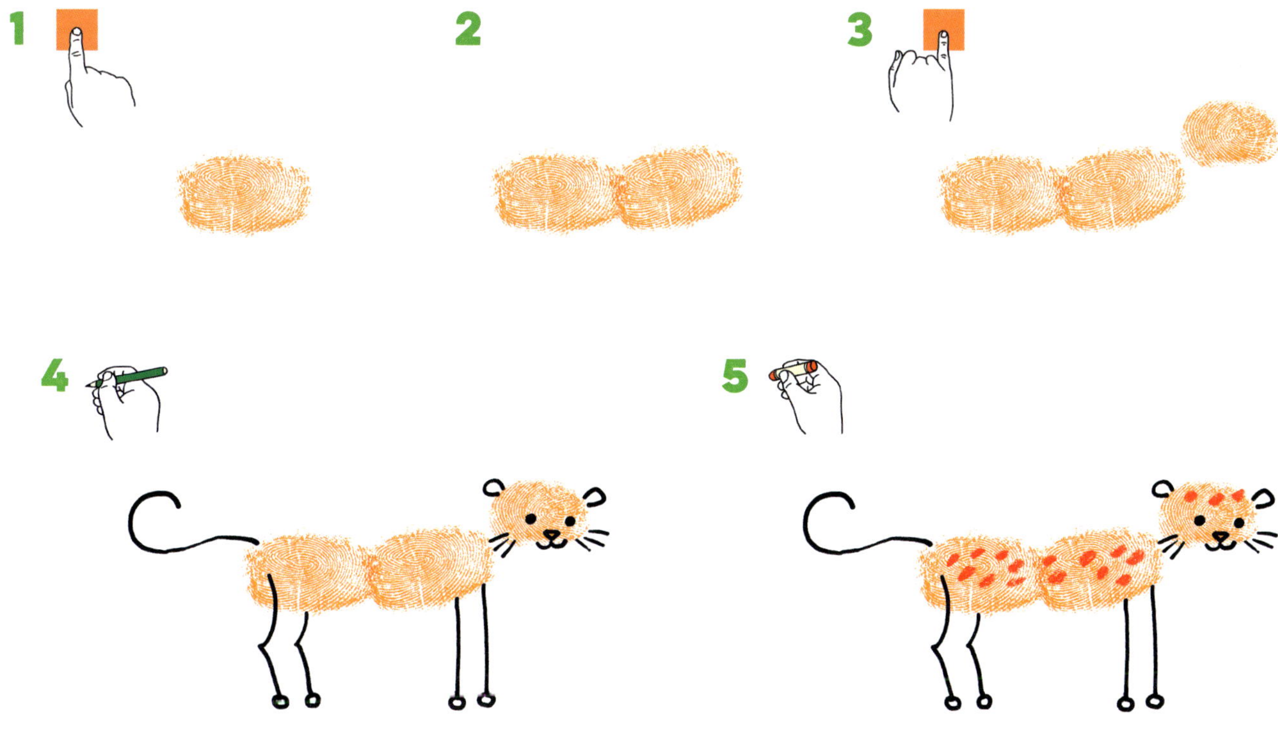

Fennek

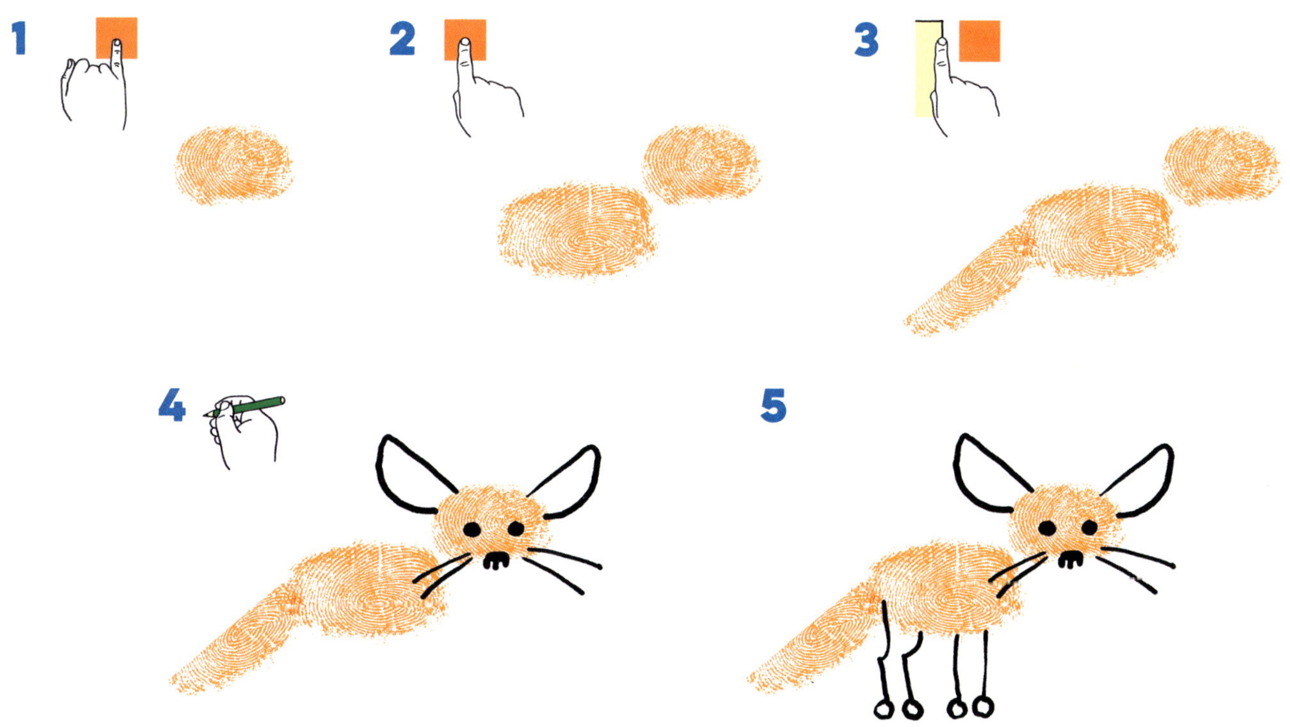

Äffchen

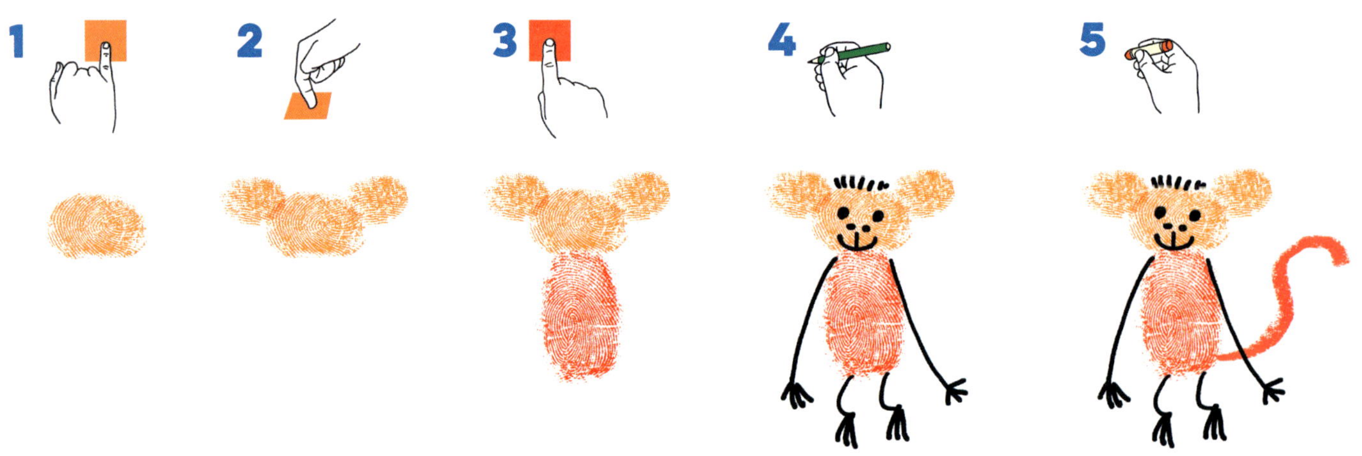

Gorilla

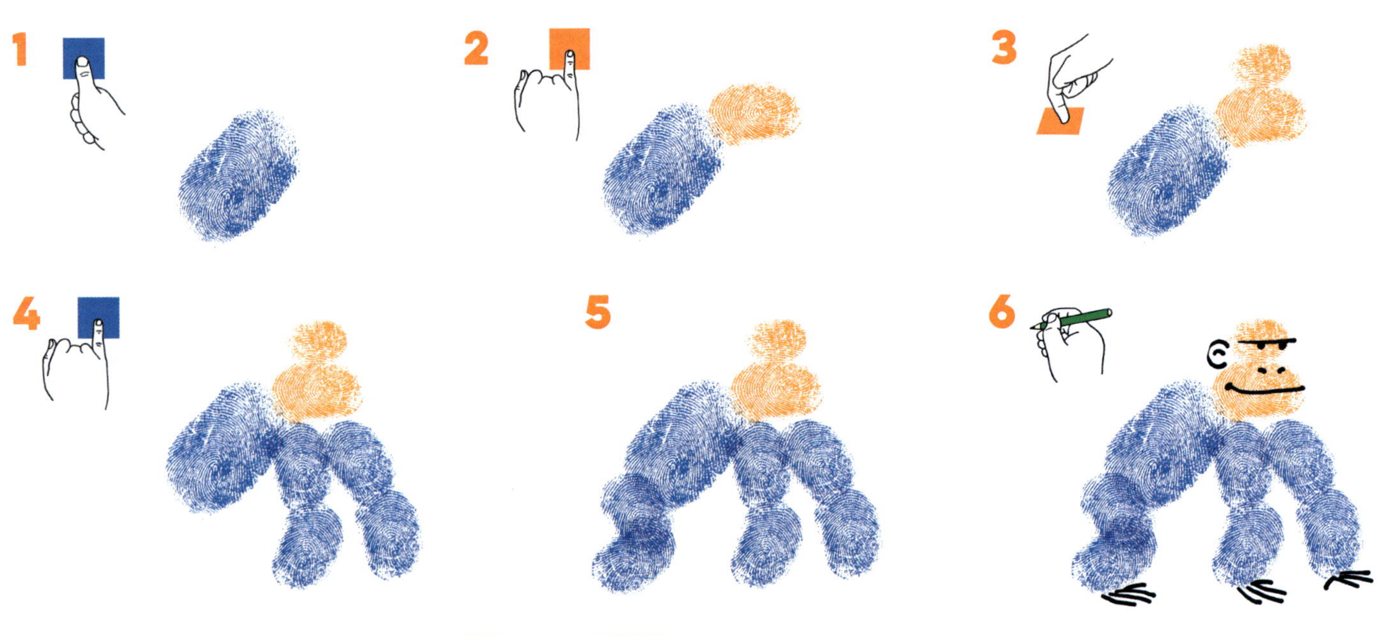

Erdmännchen

Katta

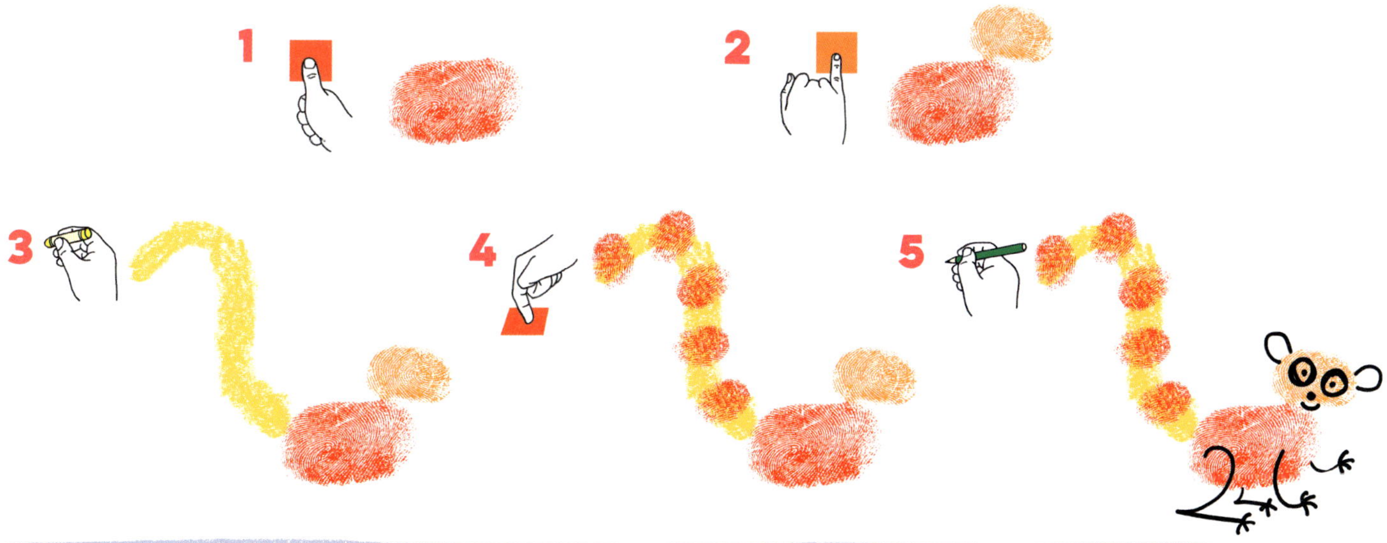

Orang-Utan

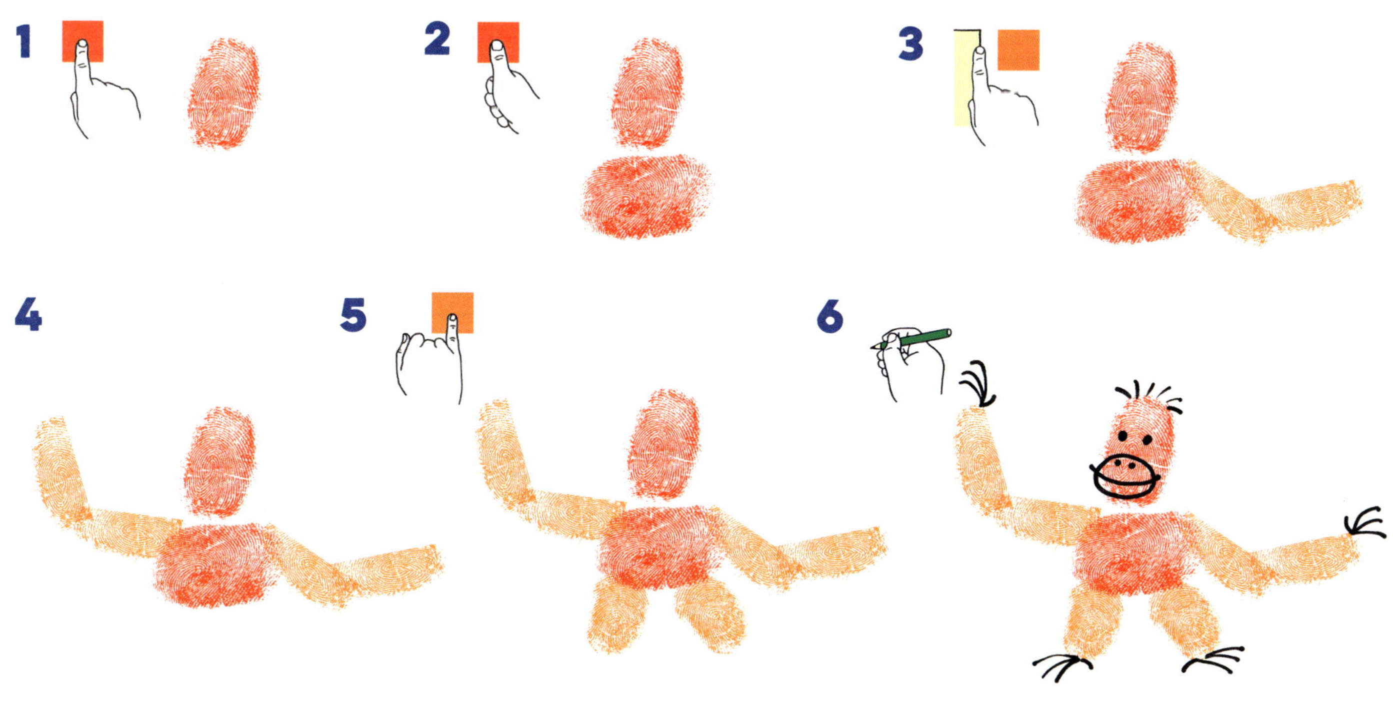

Faultier

Lama

Gürteltier

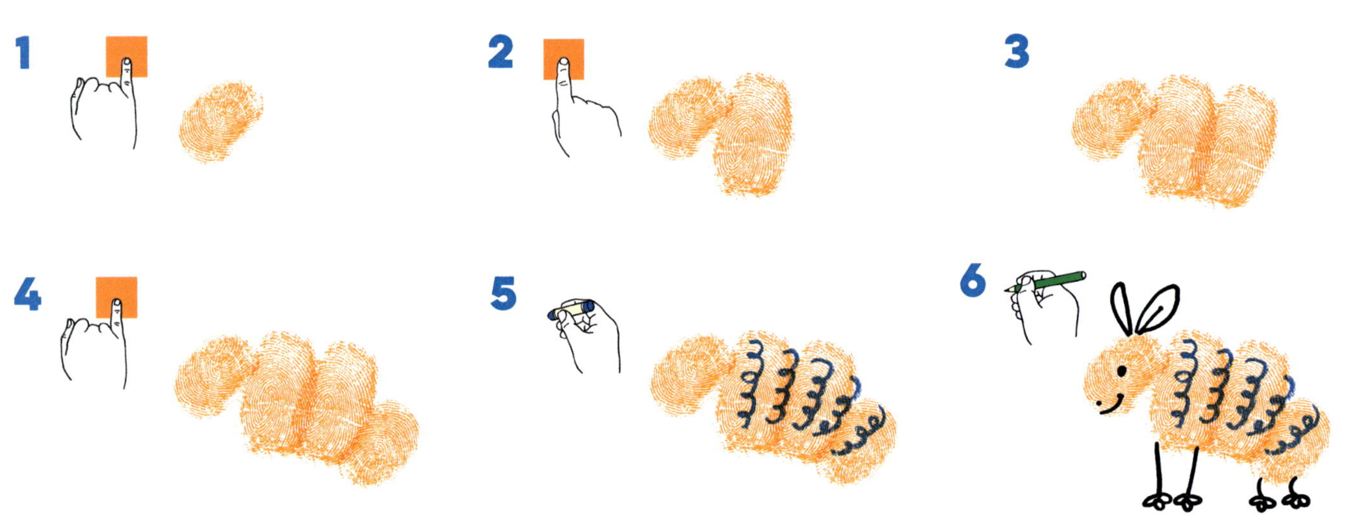

Ameisenbär

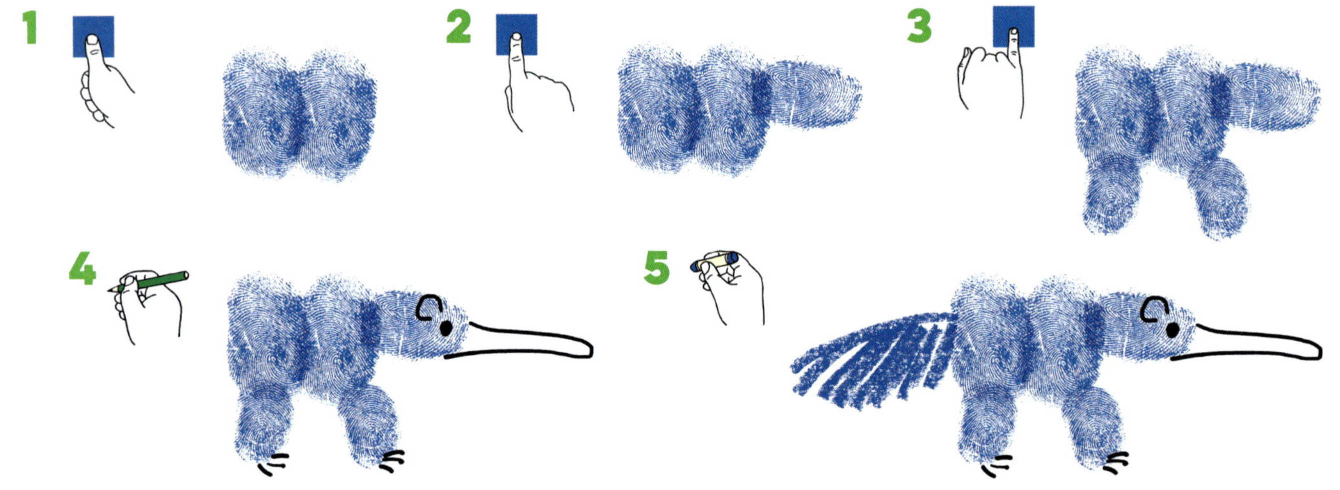

Schnabeltier

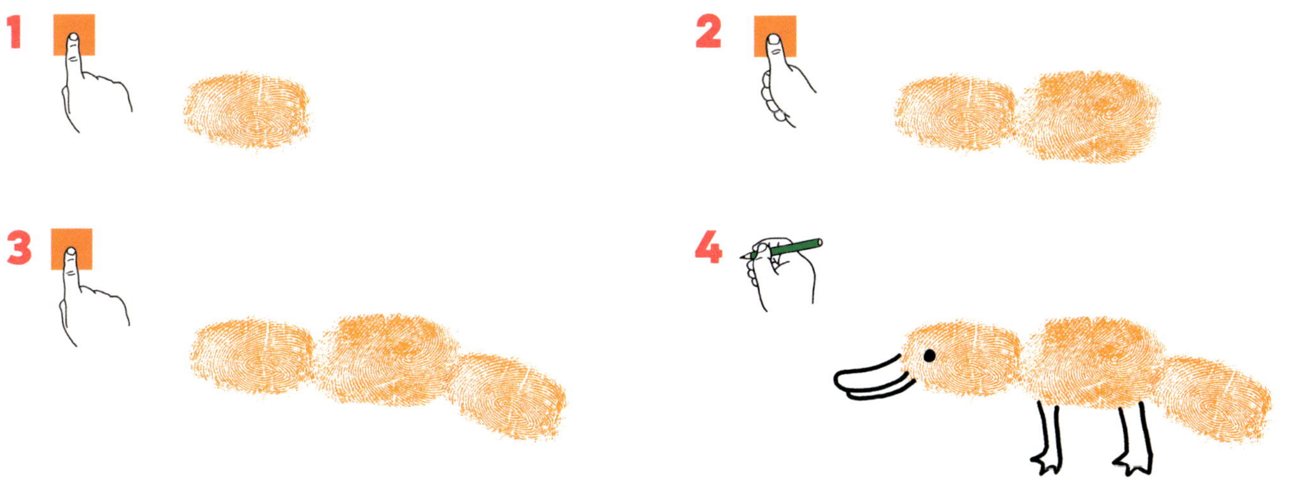

Koala

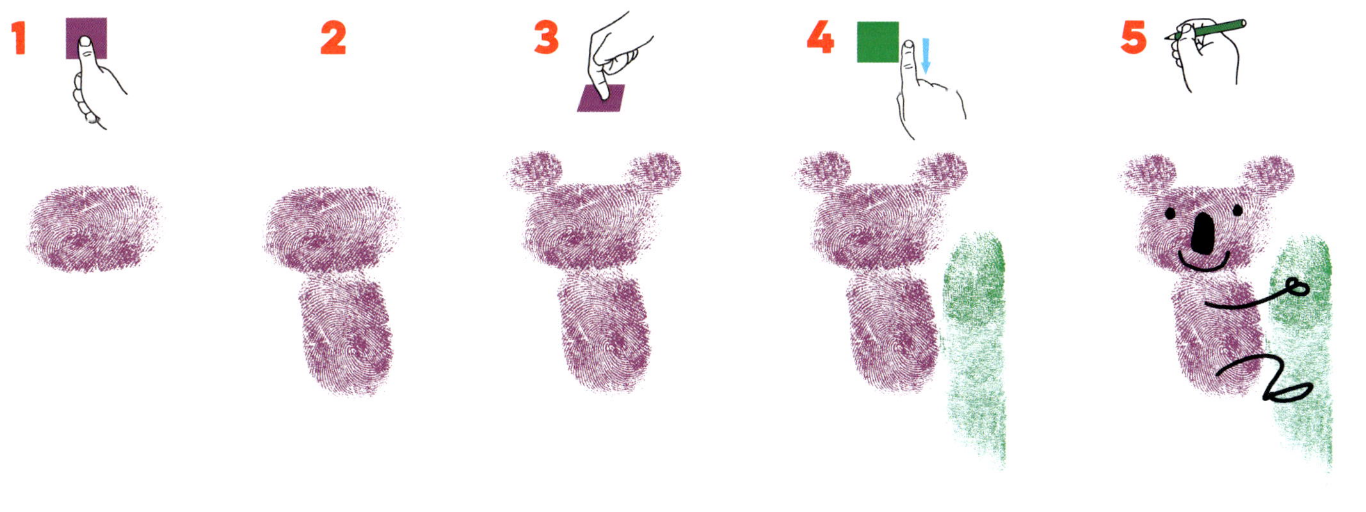

Känguru

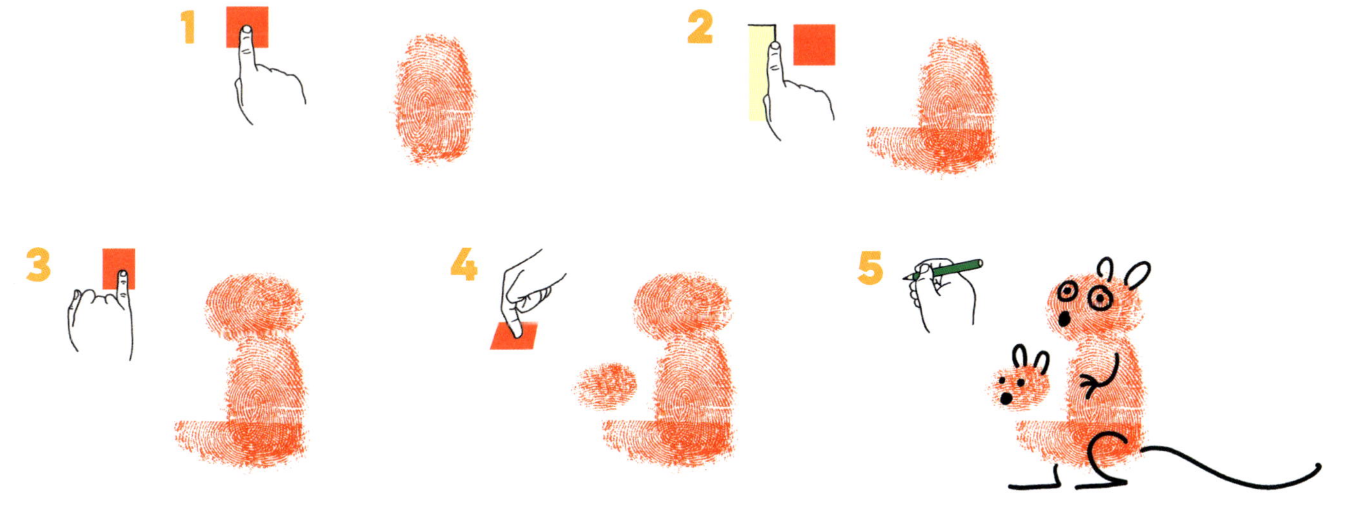

Panda

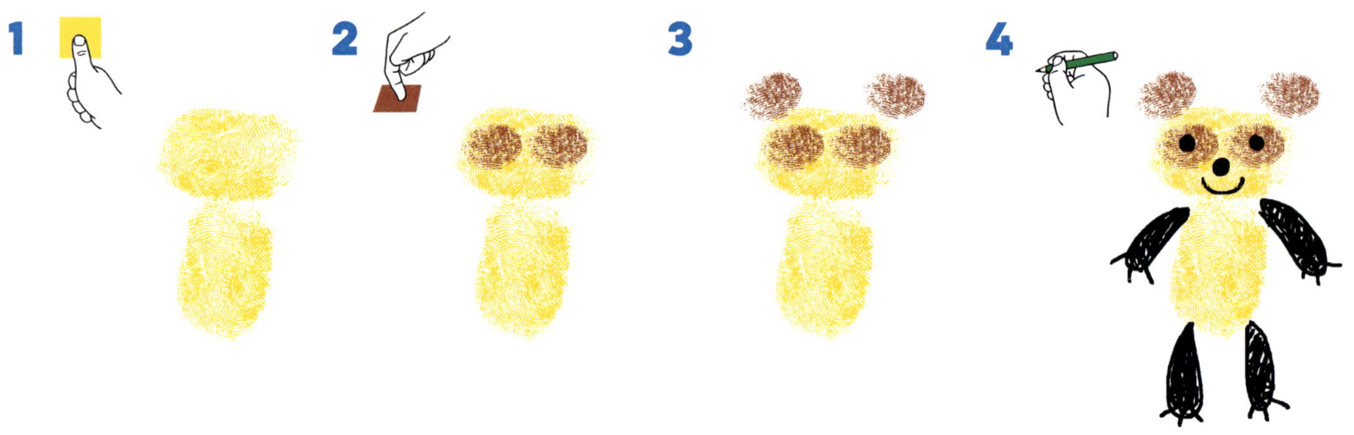

Eisbär

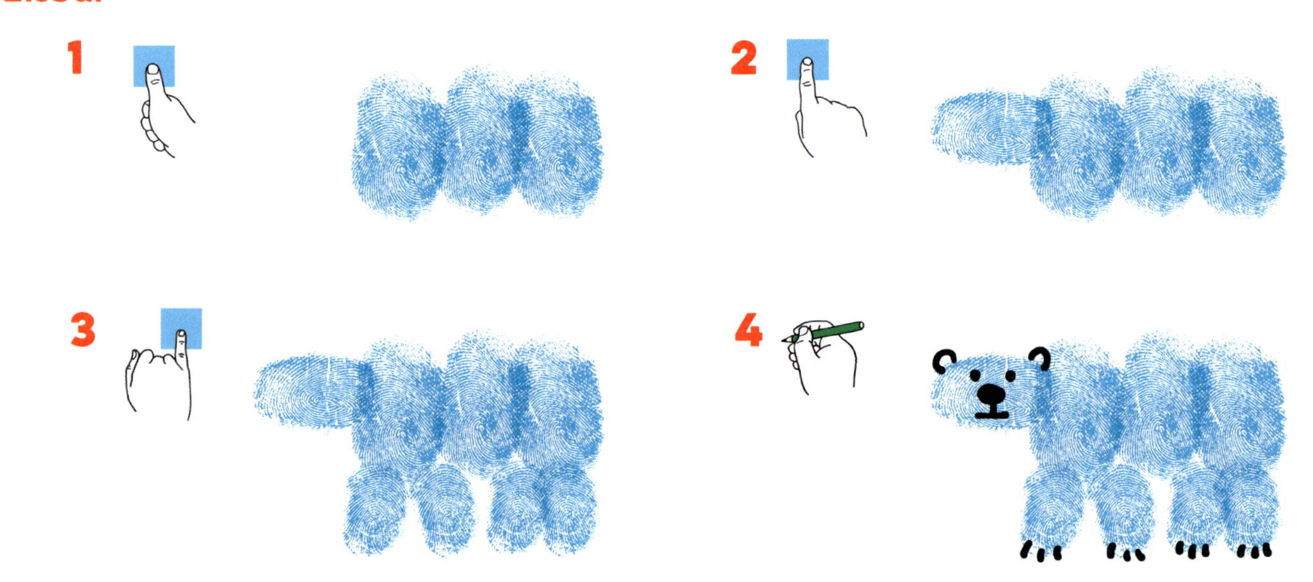

Bison

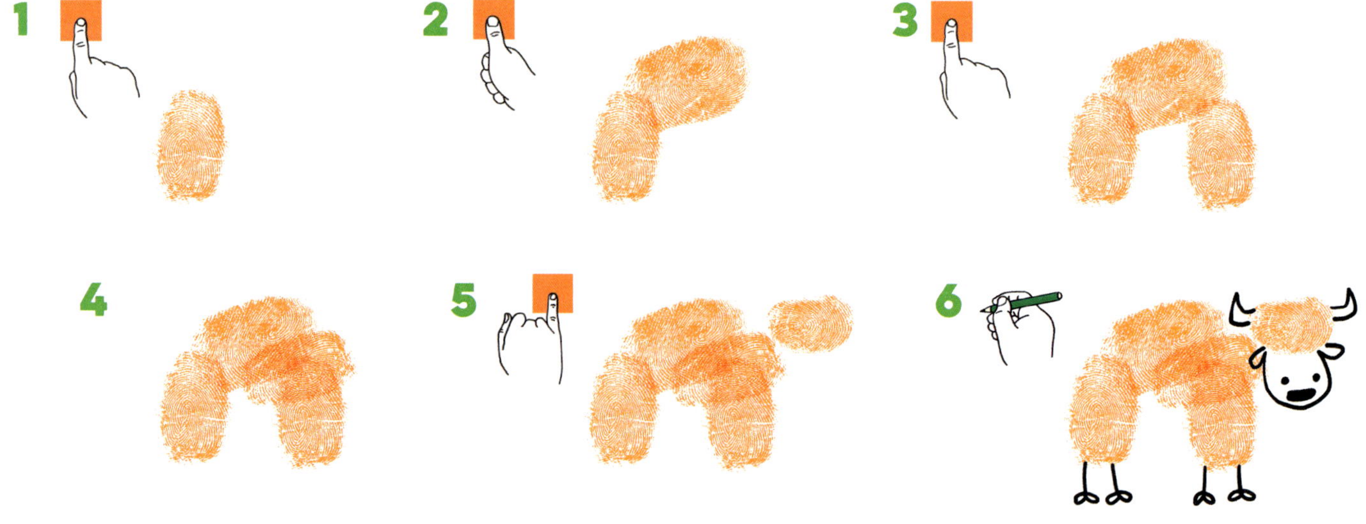

Kamel

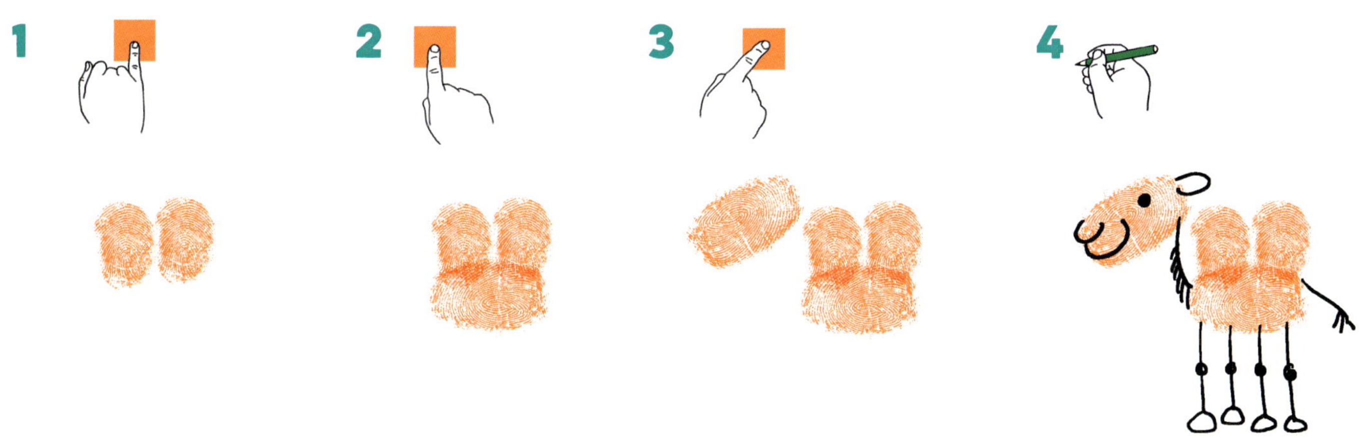

Giraffe

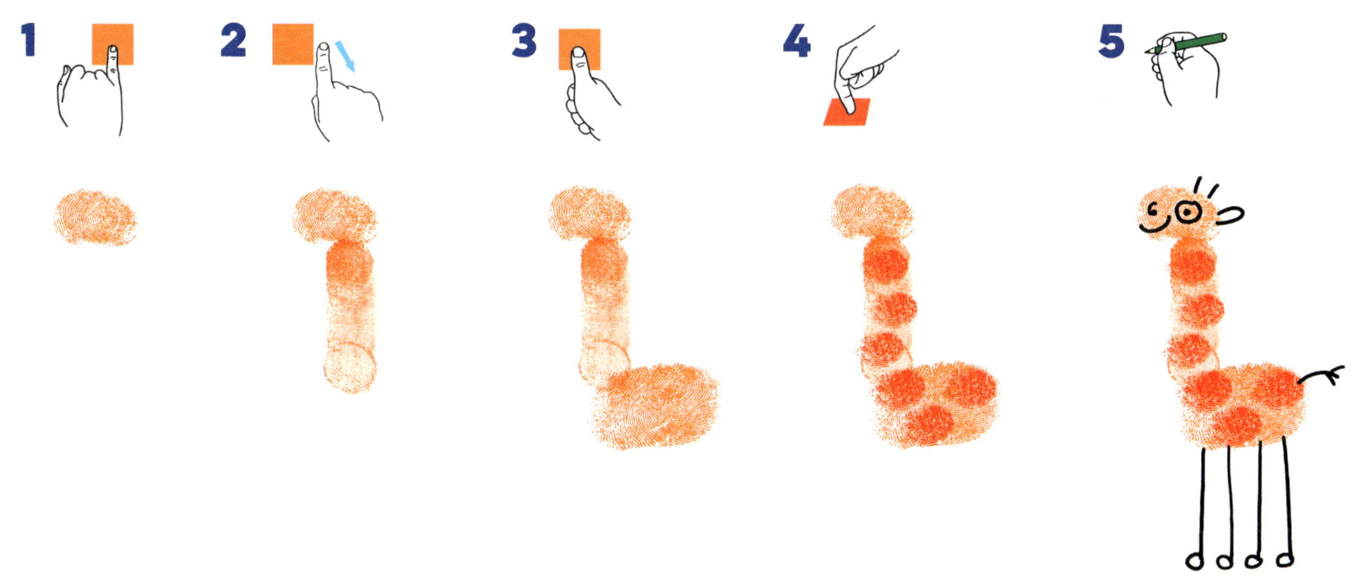

Zebra

Elefant

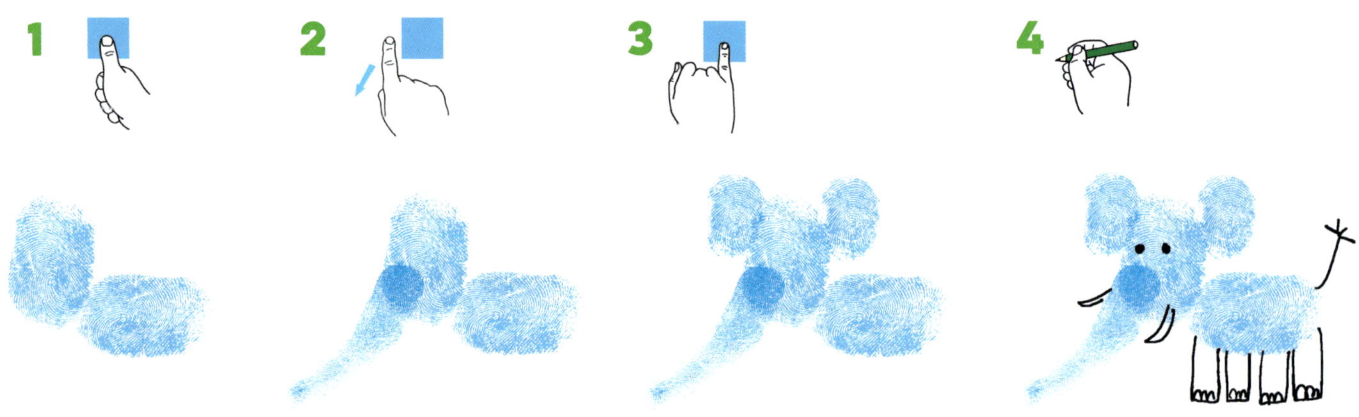

Nashorn

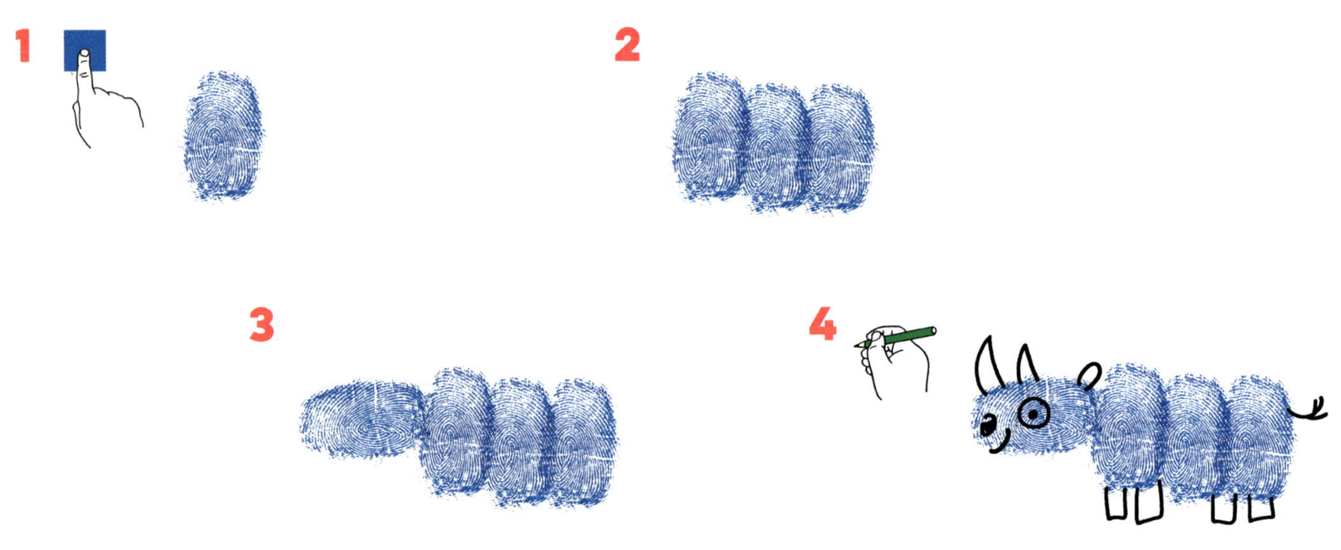

Nilpferd

Krokodil

Chamäleon

Schlange

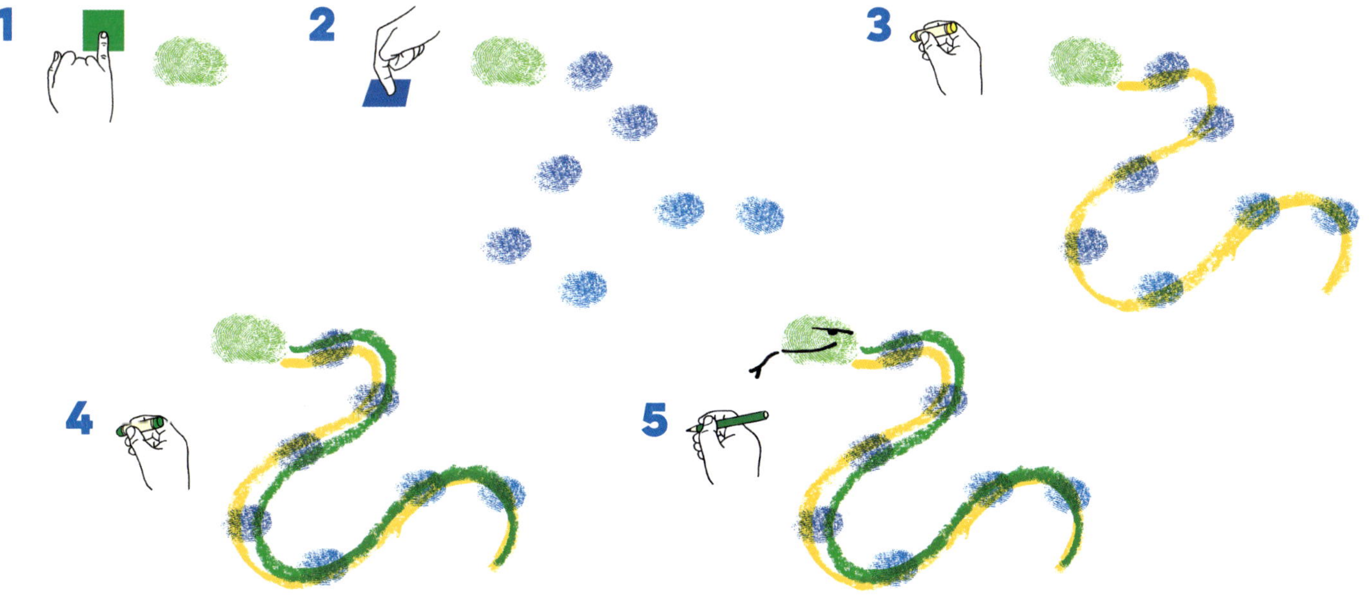

Gecko

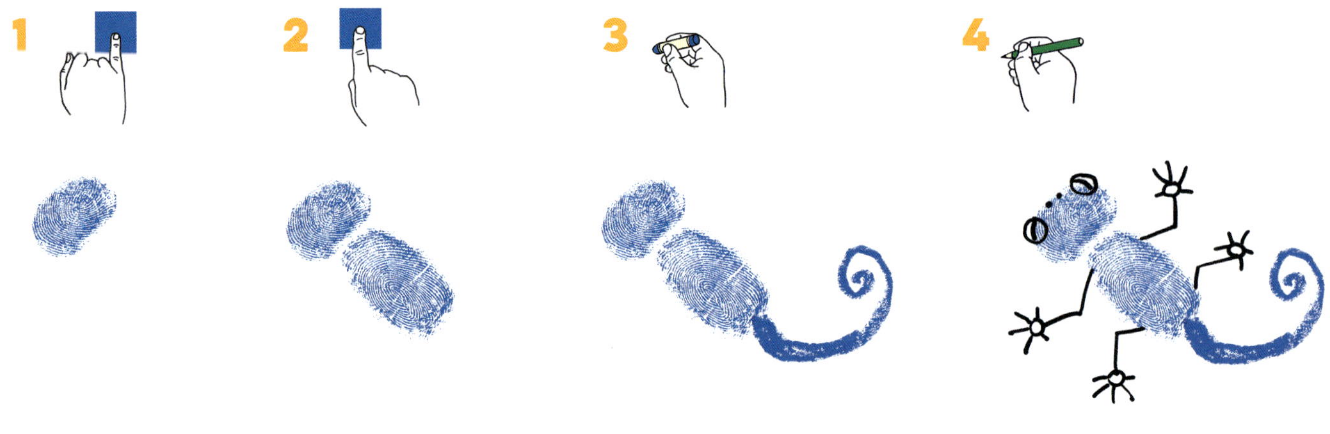

Schildkröte

Frosch

Schnecke

Skorpion

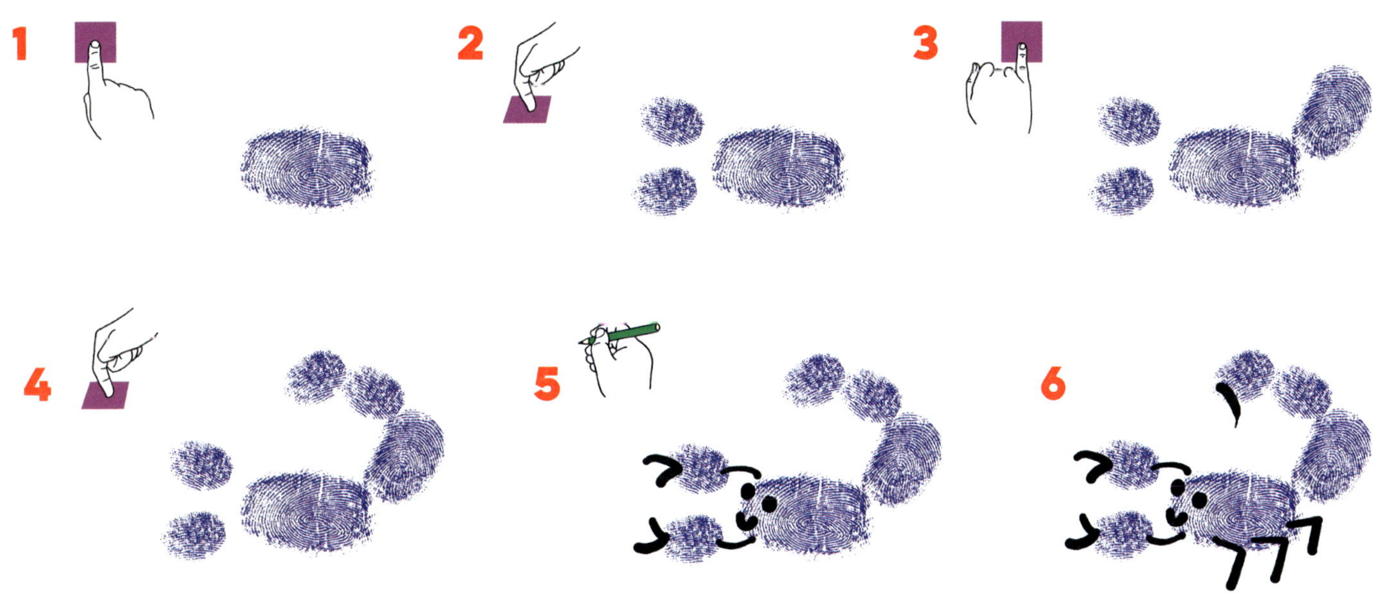

Raupe

Schmetterling

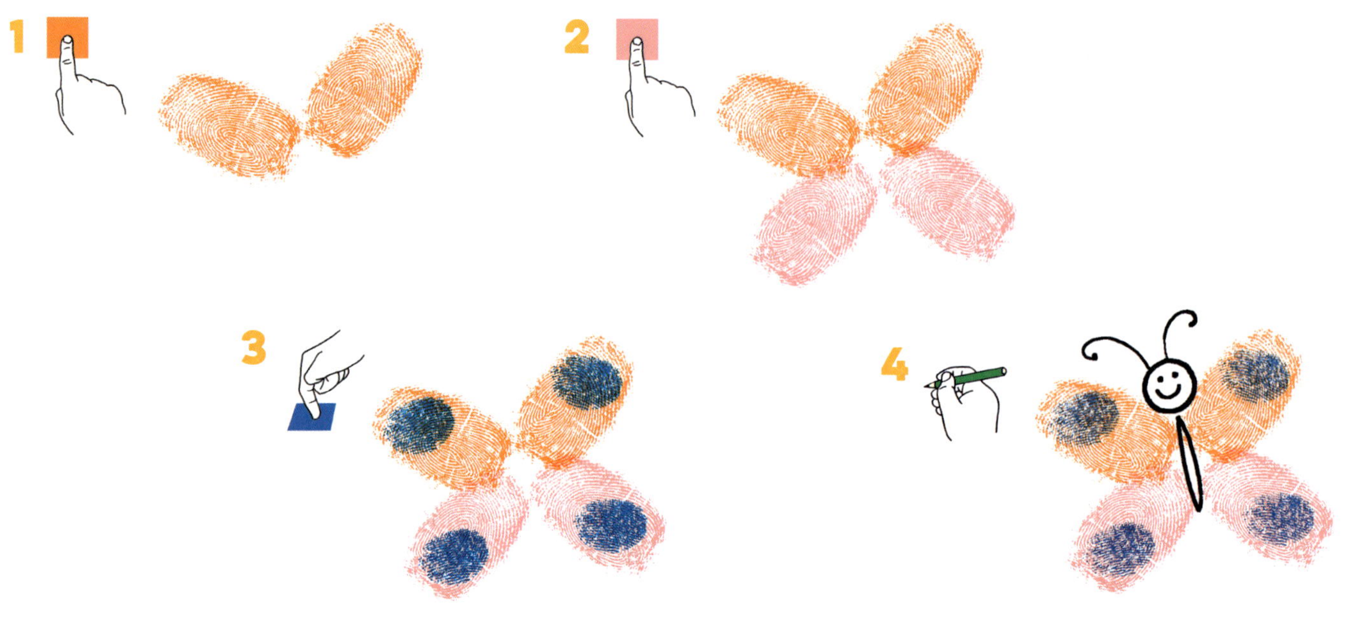

Libelle

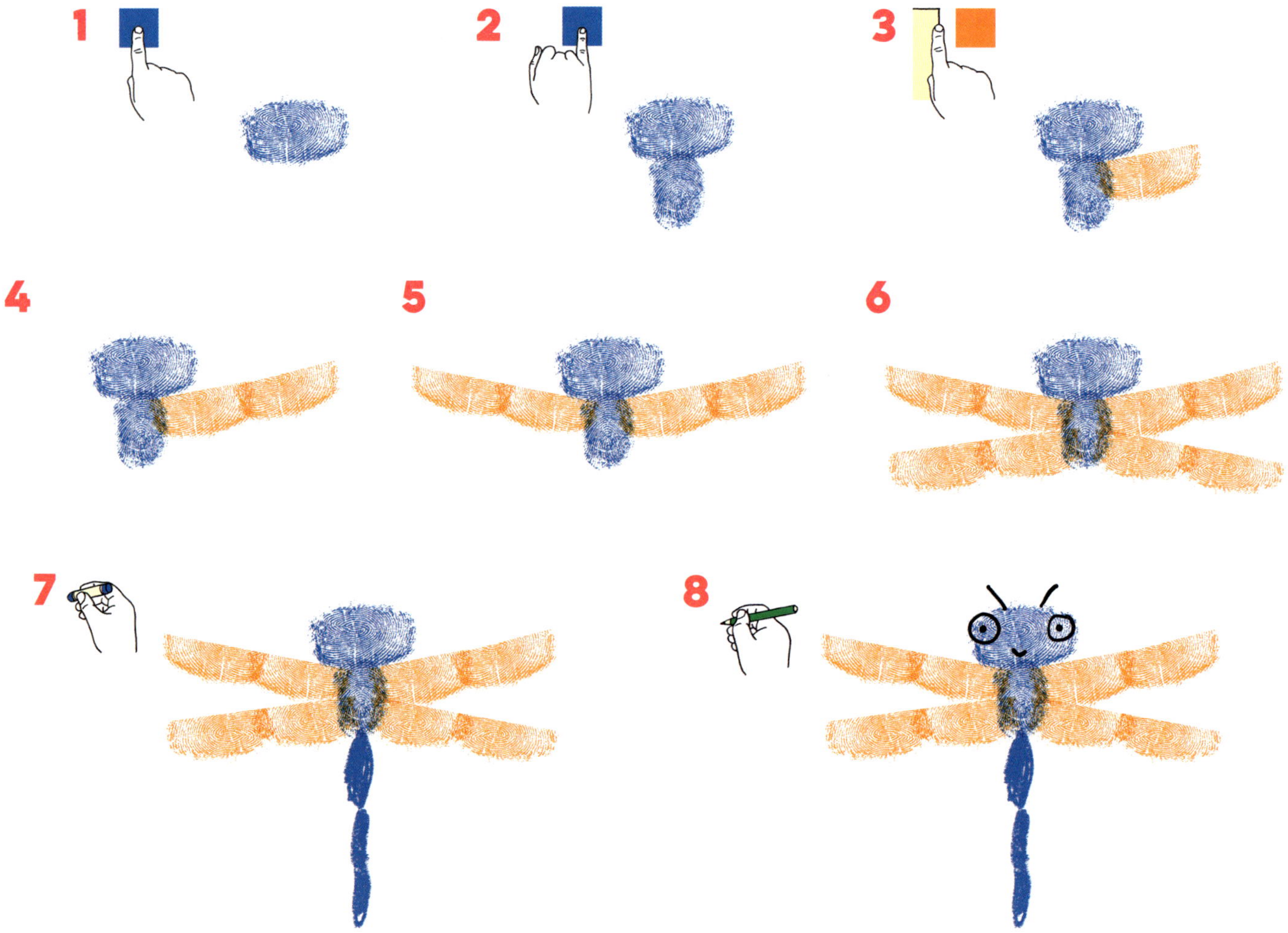

1

2

3

4

5

6

7

8

Heuschrecke

1

2

3

4

5

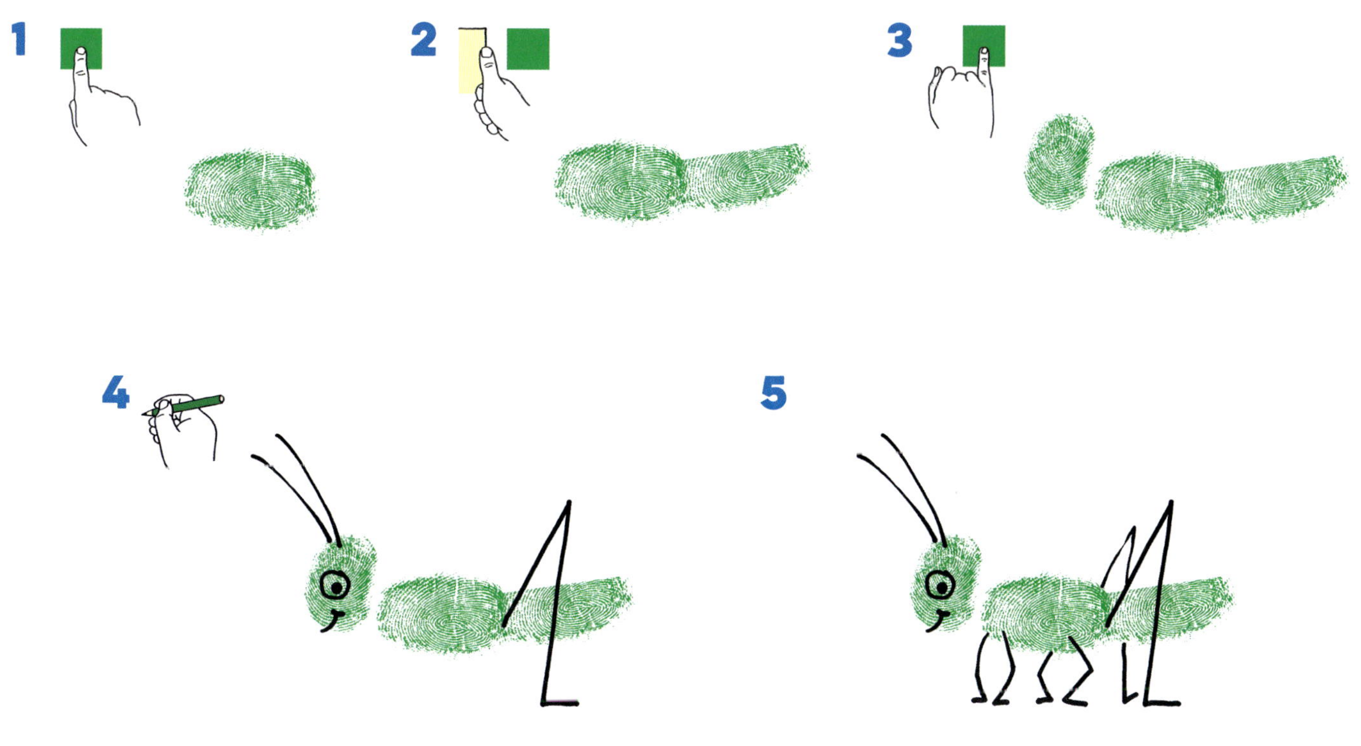

Ameise

1

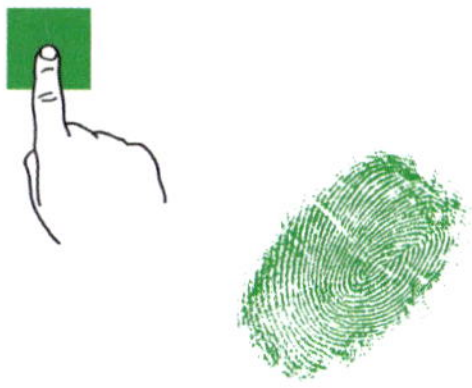

2

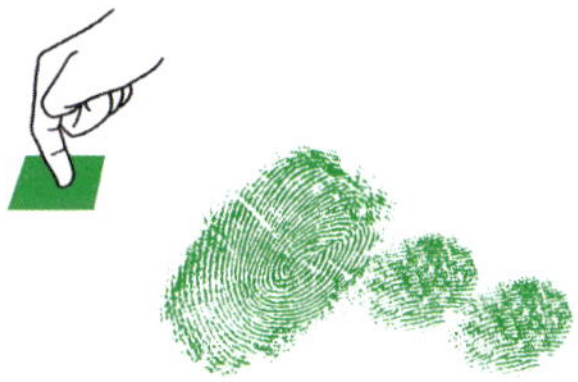

3

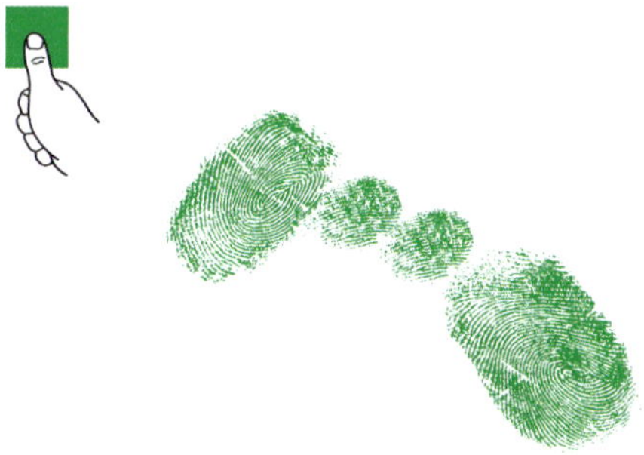

4

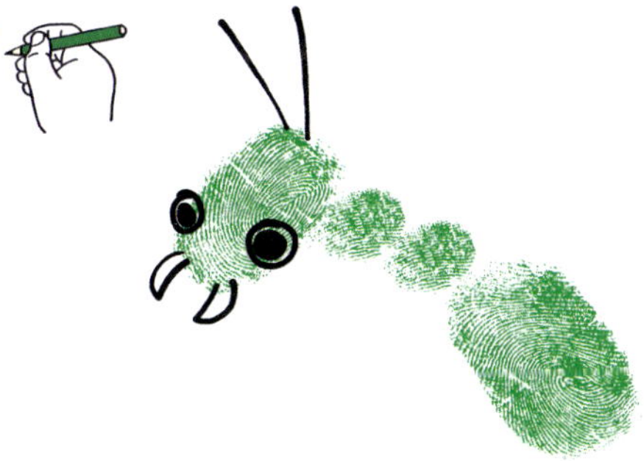

5

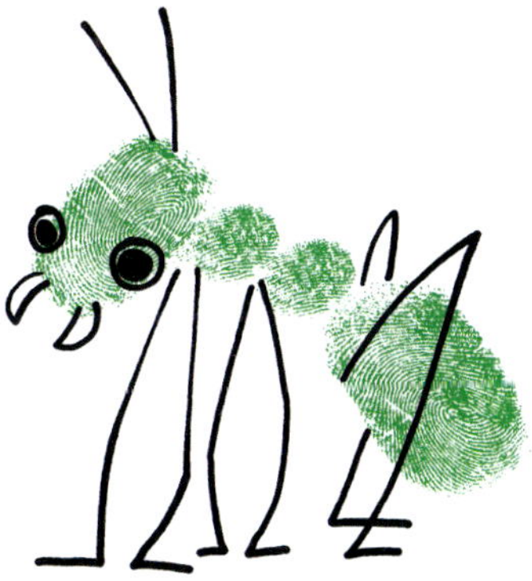

Spinne

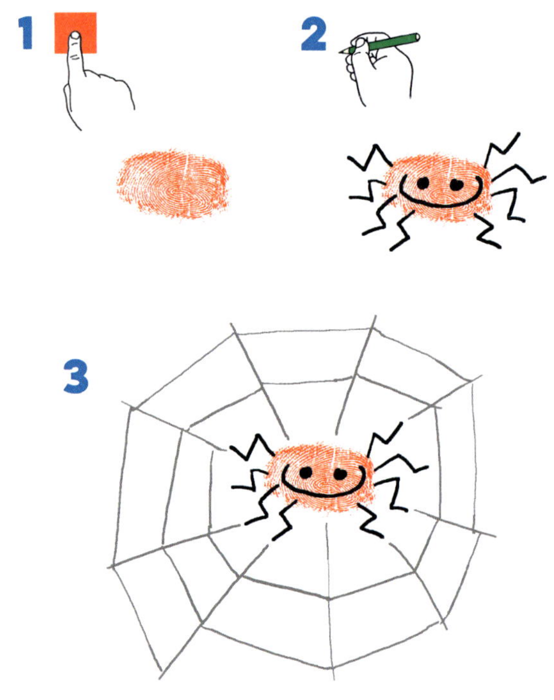

Biene

Marienkäfer

Hirschkäfer

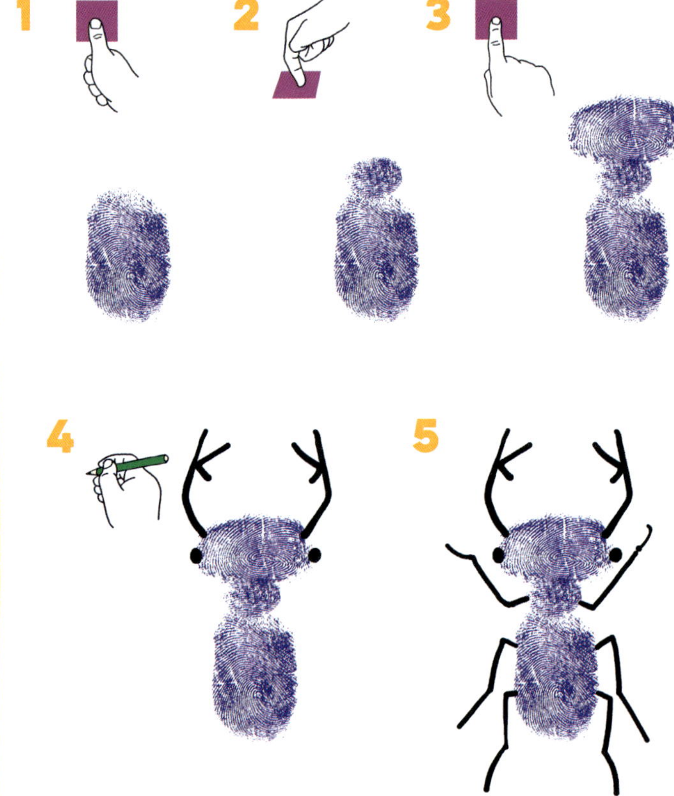

Eule

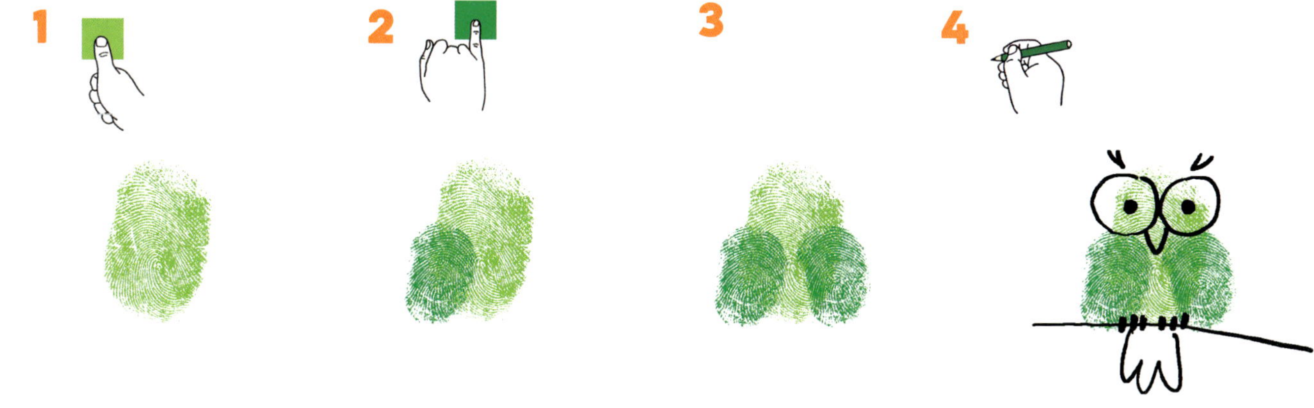

Taube

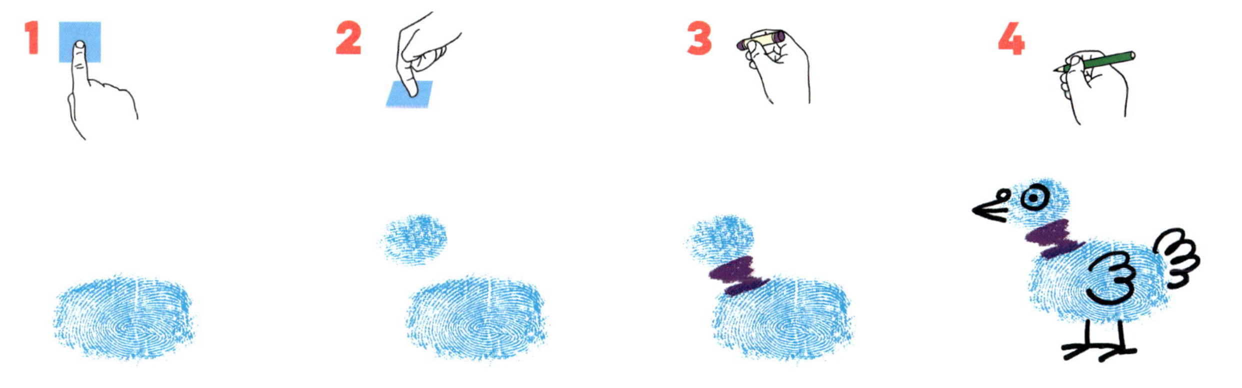

Rabe

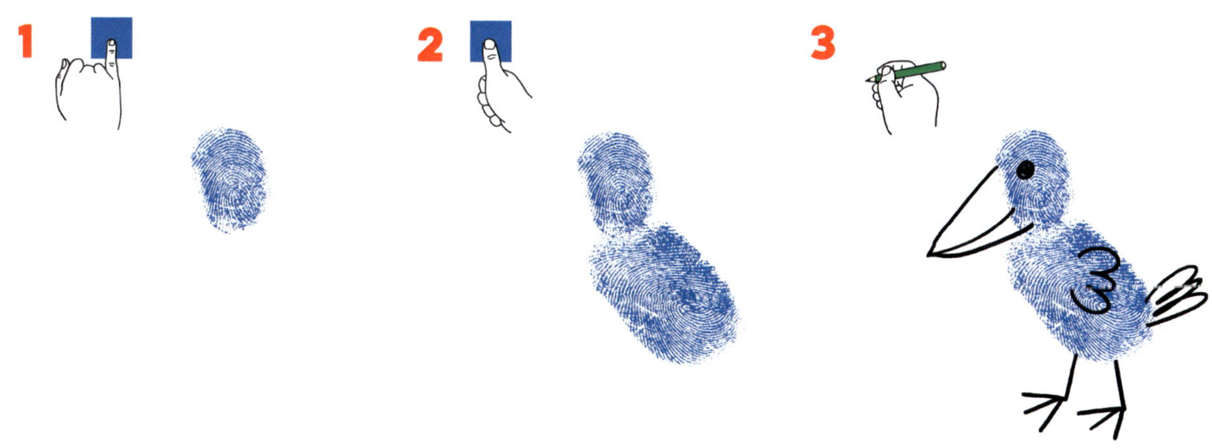

Hahn

1

2

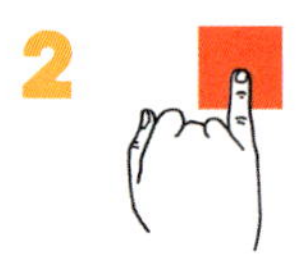

3

4

Huhn

1

2

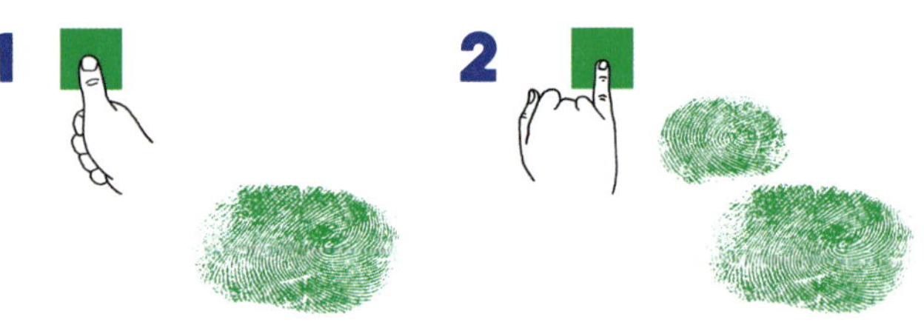

3

4

Küken

1

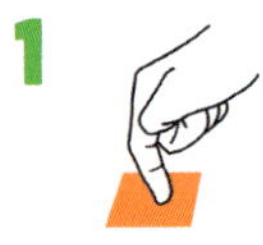

2

3

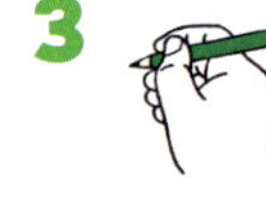

4

5

Gans

1

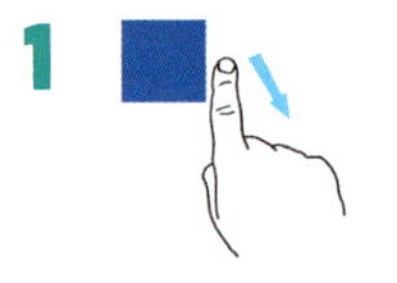

2

3

4

Ente

Schwan

Pfau

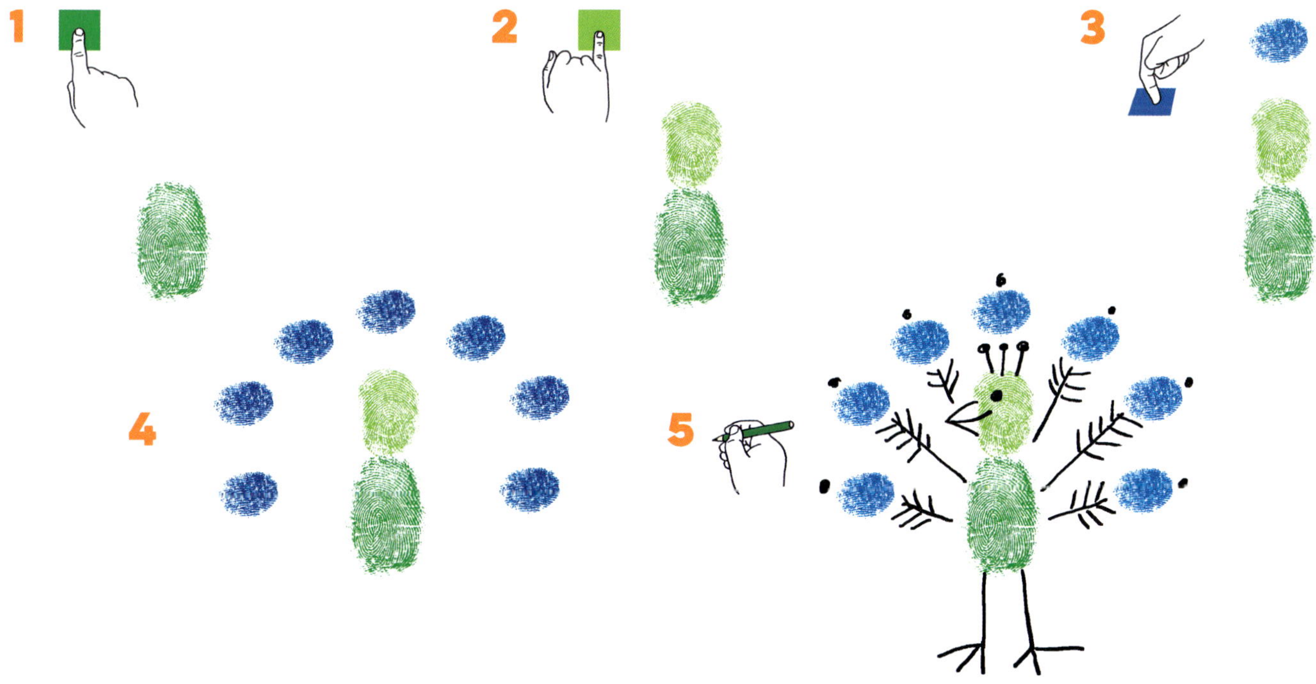

Specht

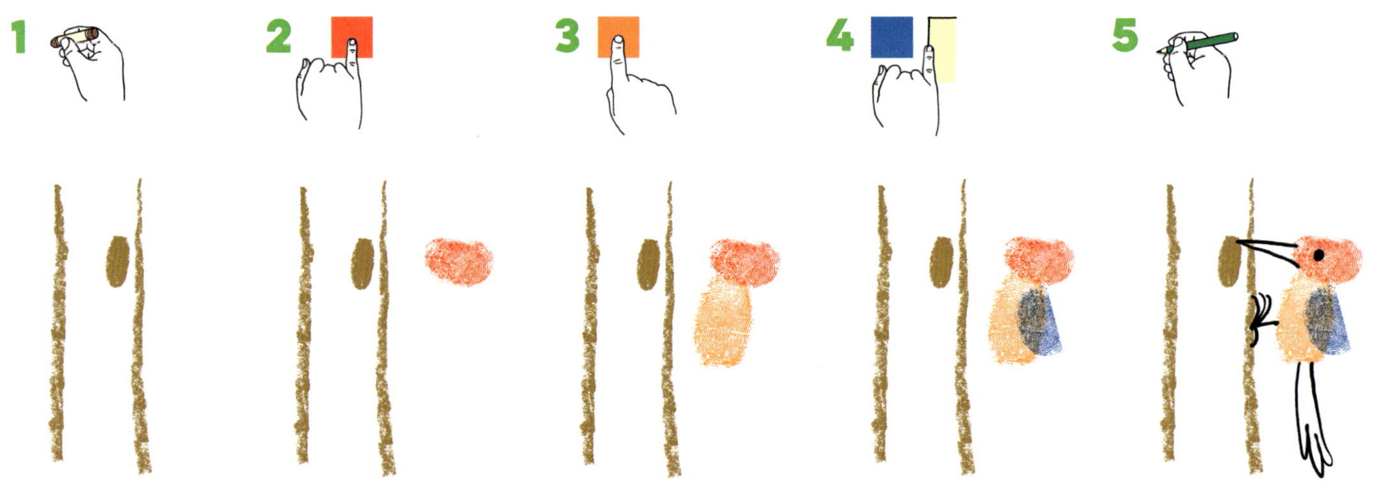

Schwalbe

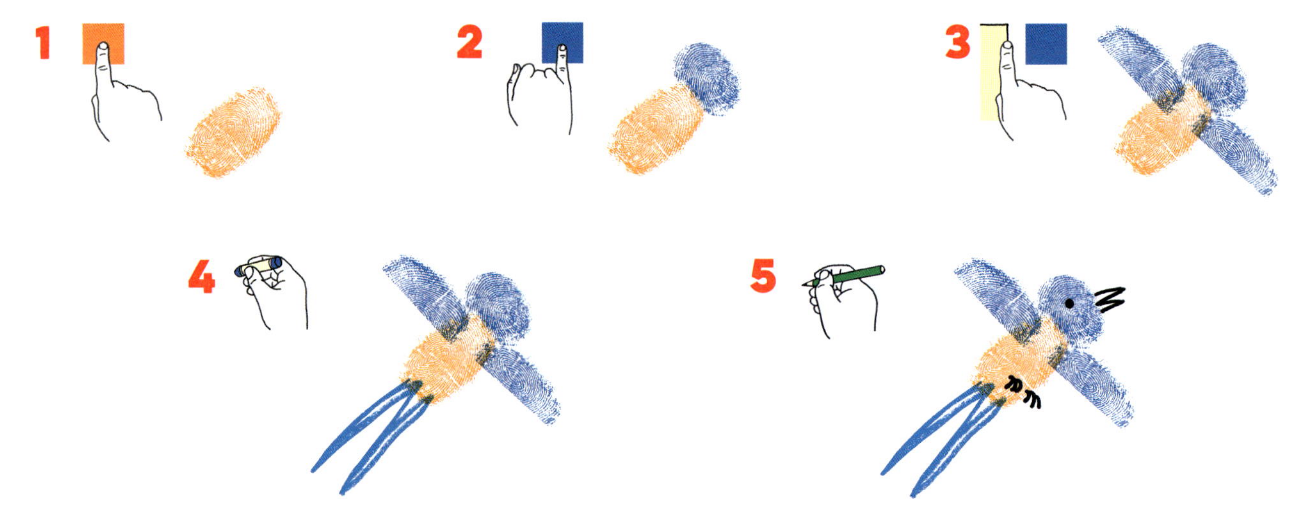

Storch

Kranich

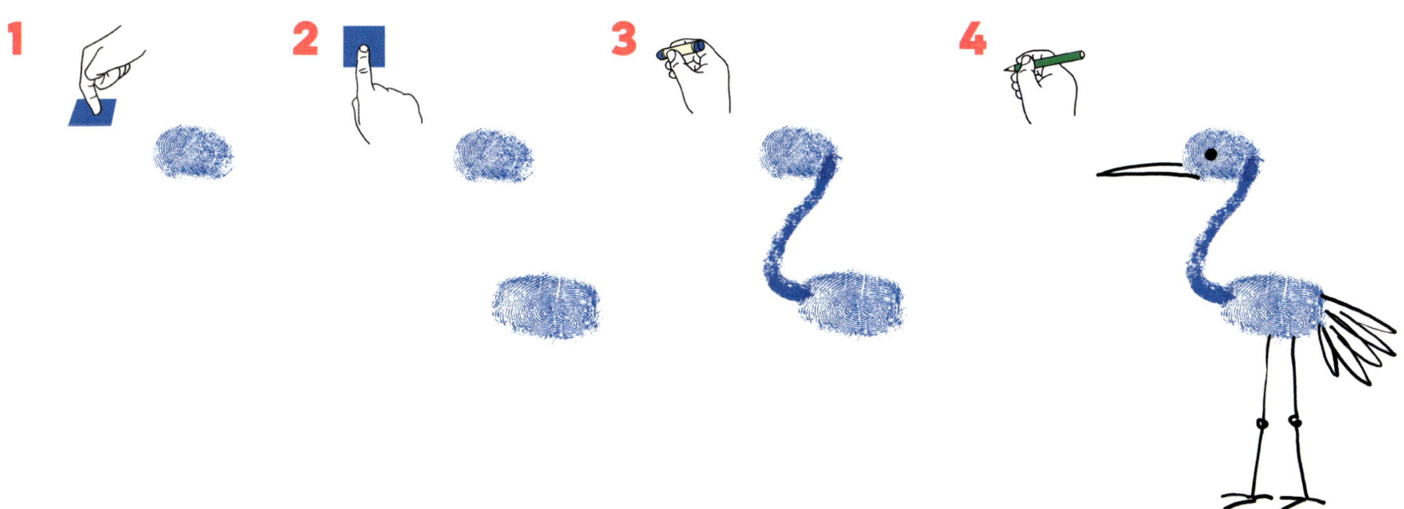

Strauß

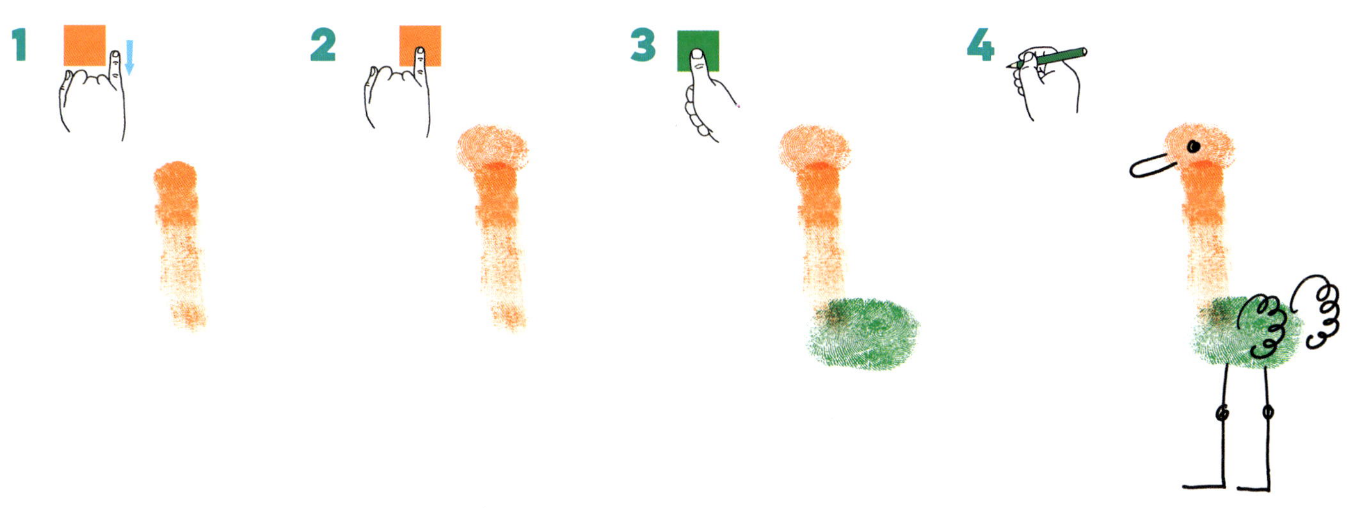

Flamingo

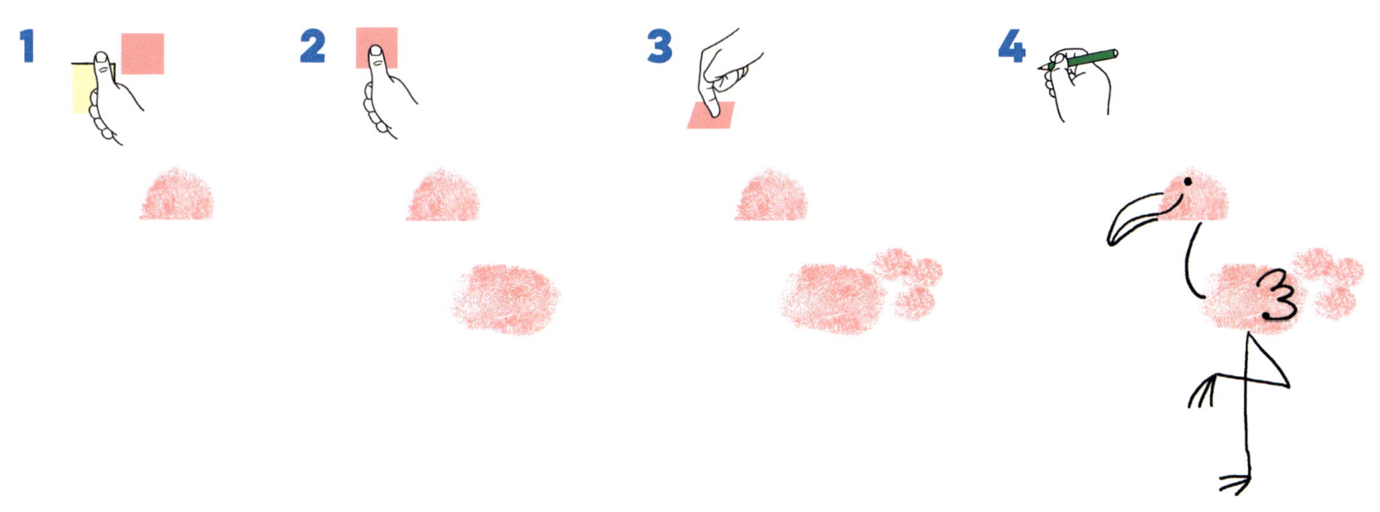

Tukan

Papagei

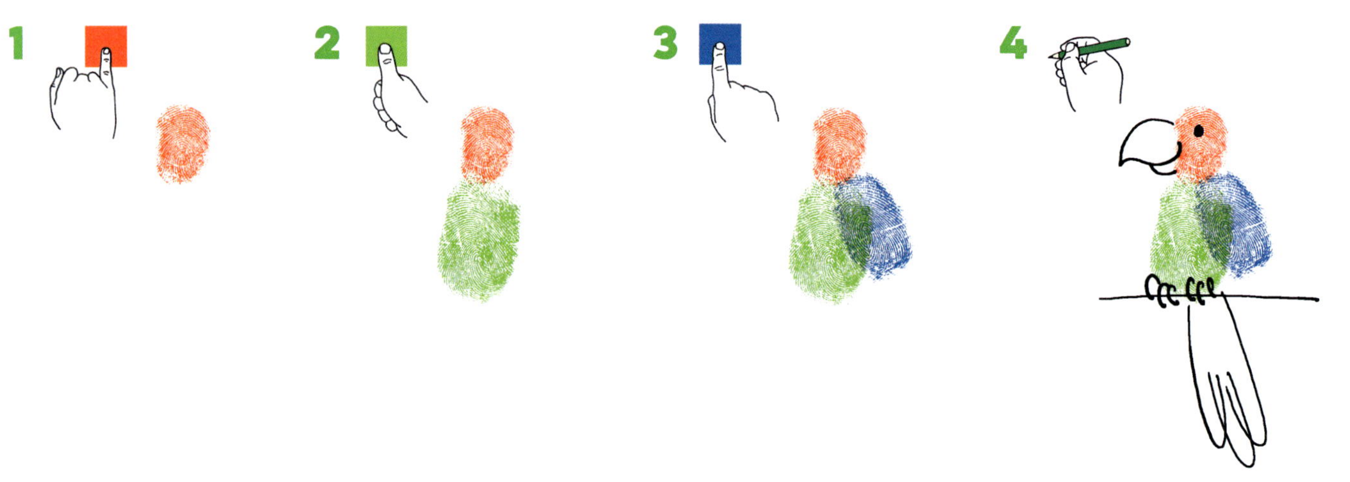

Kakadu

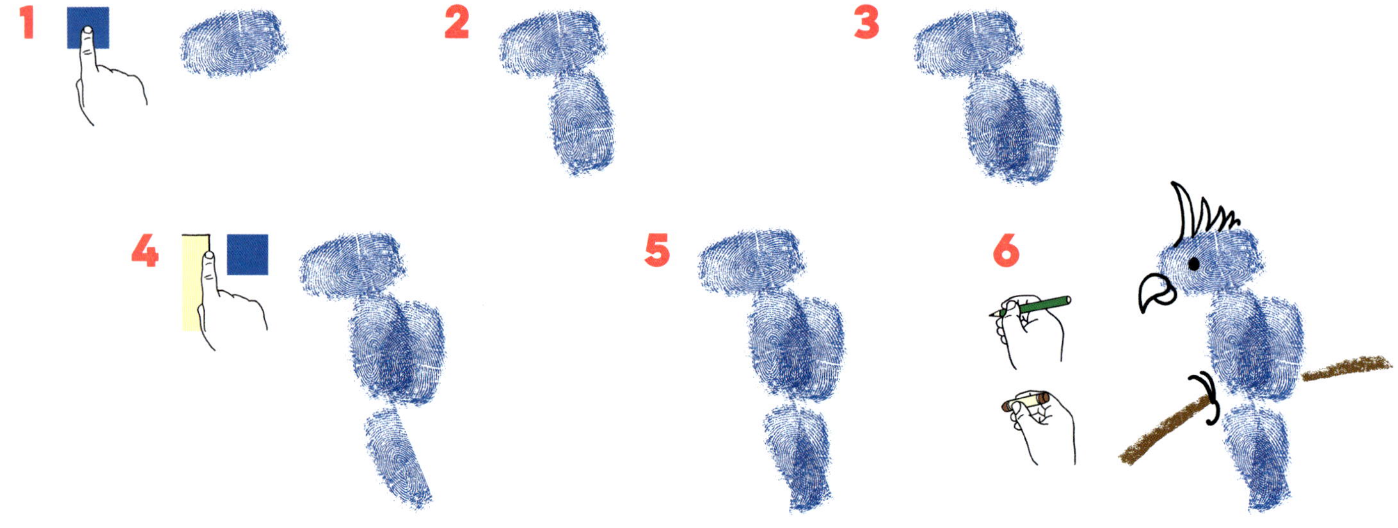

Kolibri

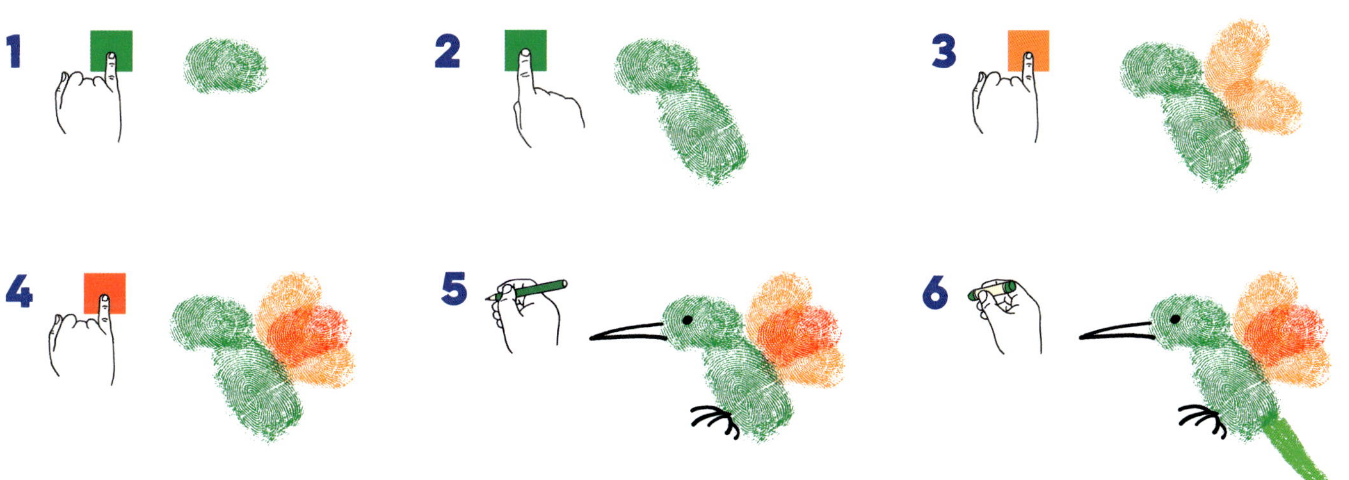

Pelikan

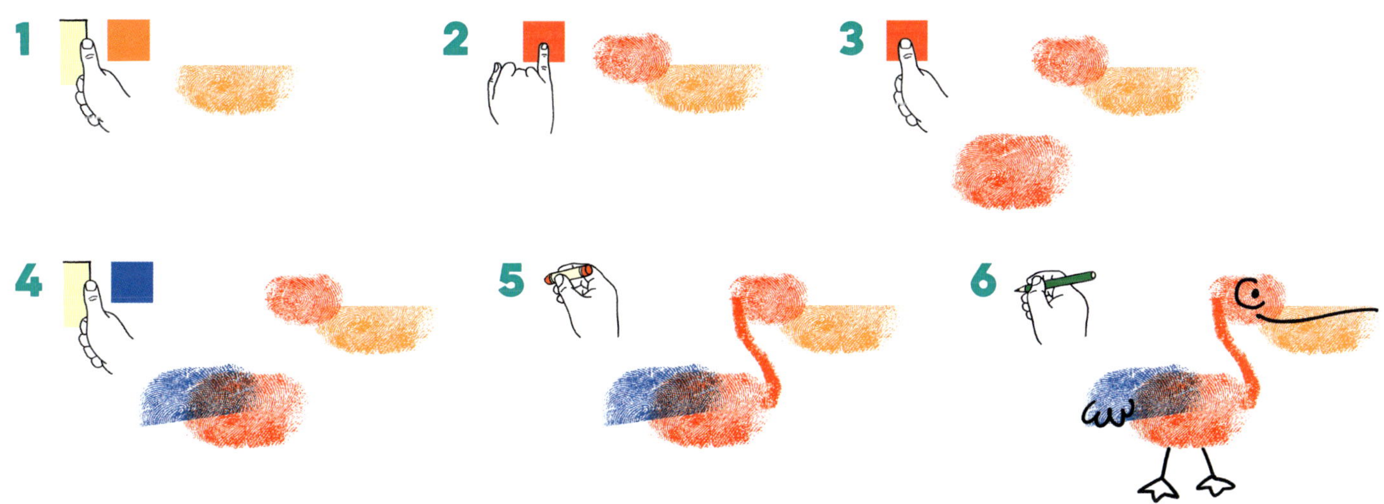

Pinguin

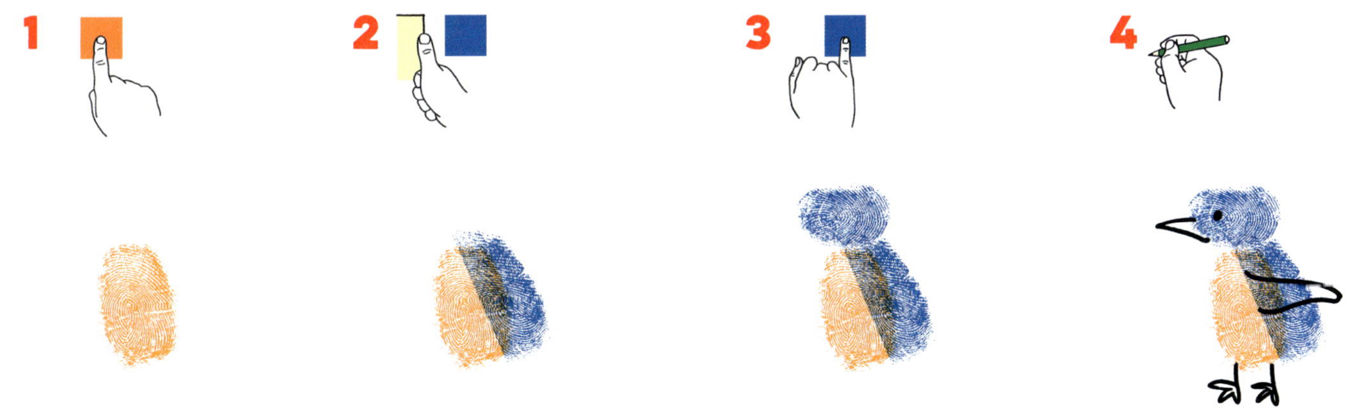

Fisch

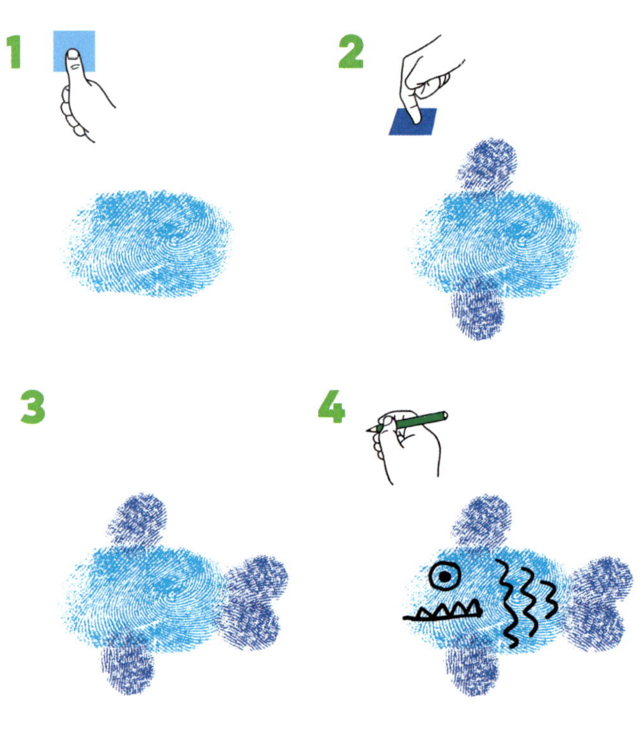

Zebrafisch

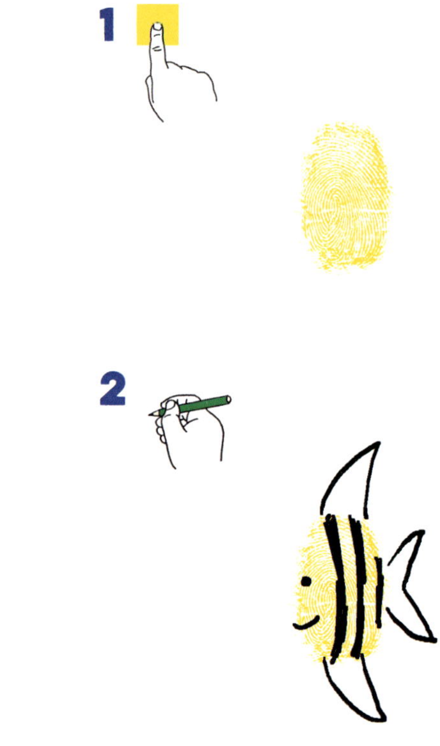

Hai

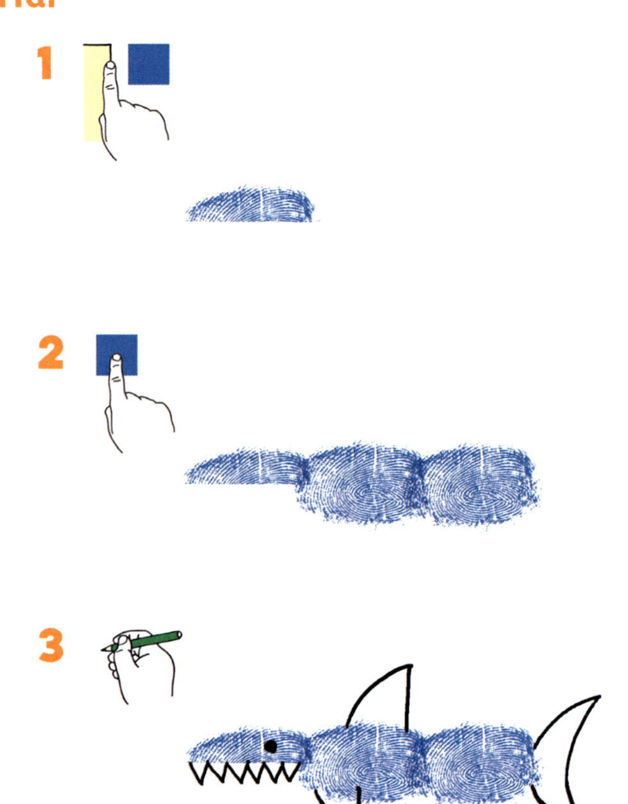

Seestern

Oktopus

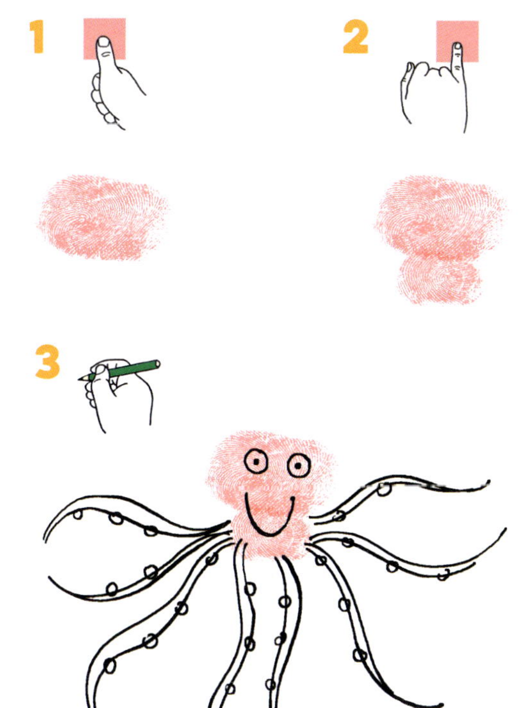

Qualle

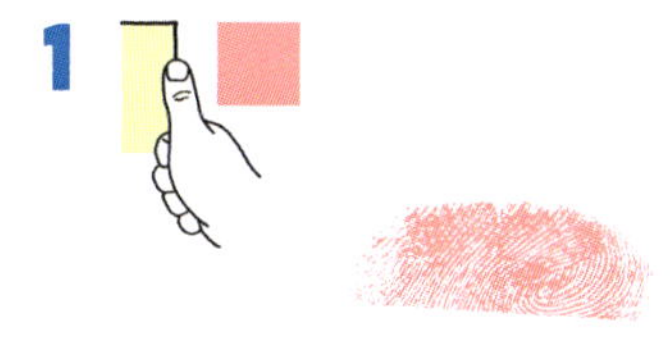

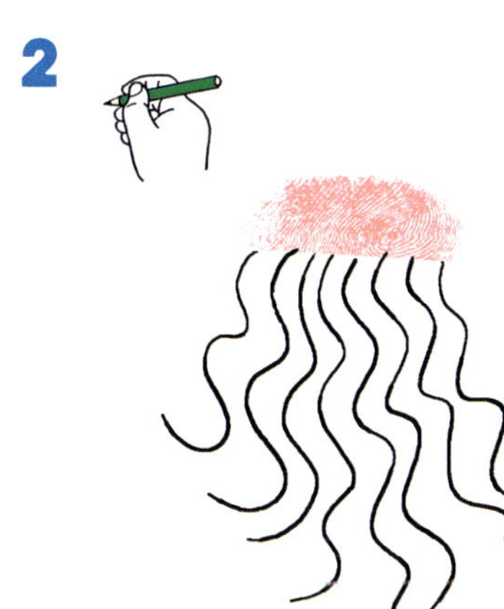

Hummer

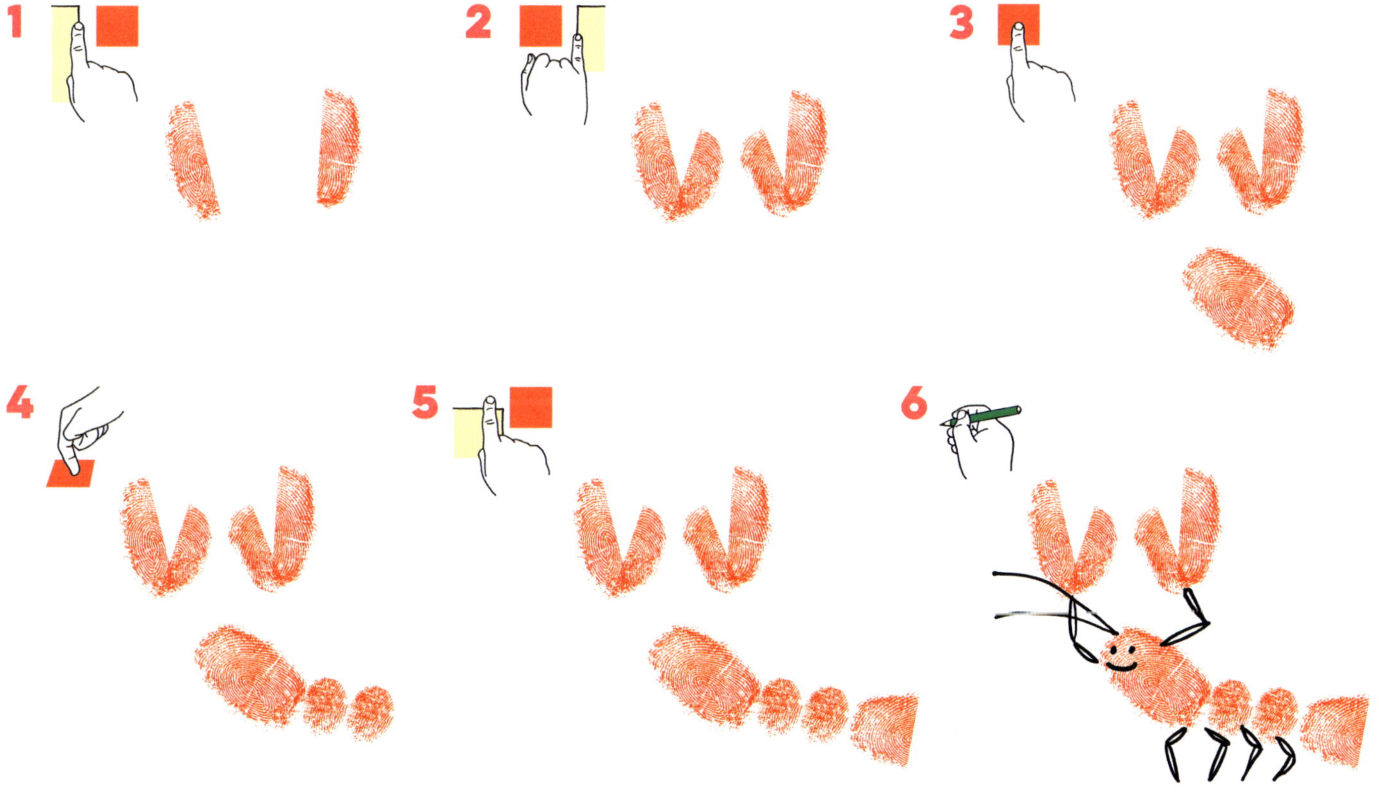

1

2

3

4

5

6

Krabbe

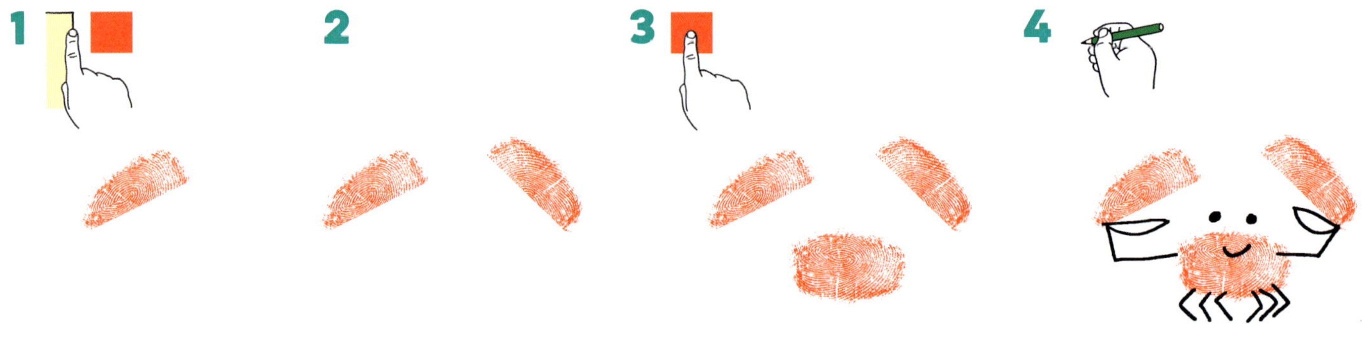

Seepferdchen

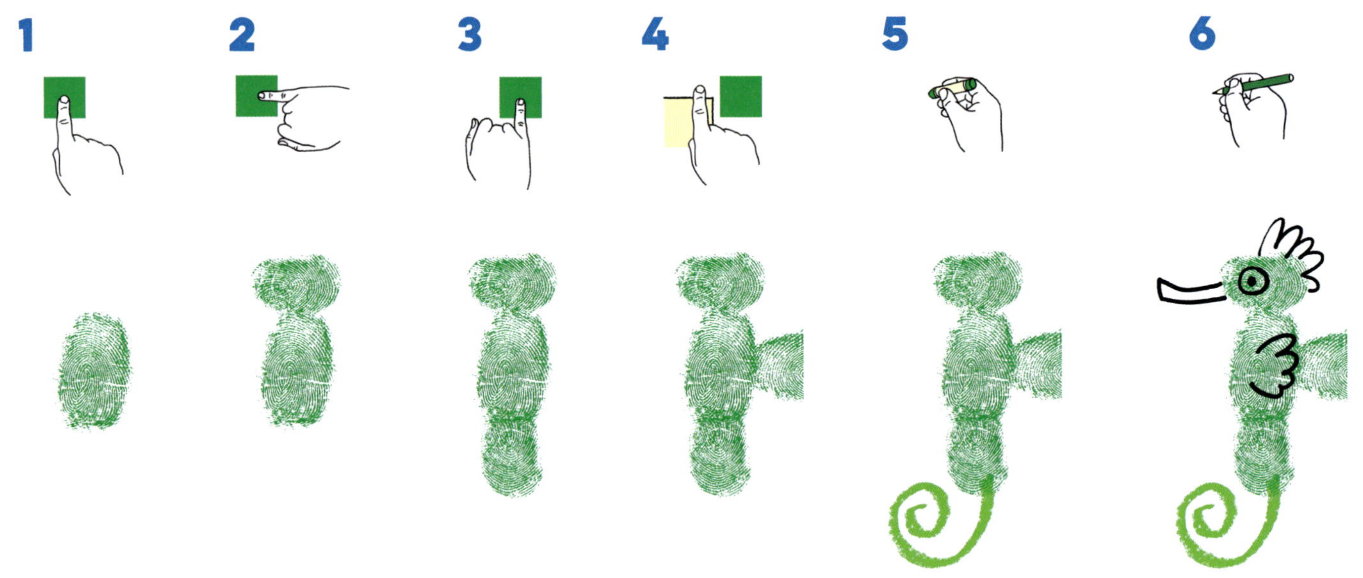

Robbe

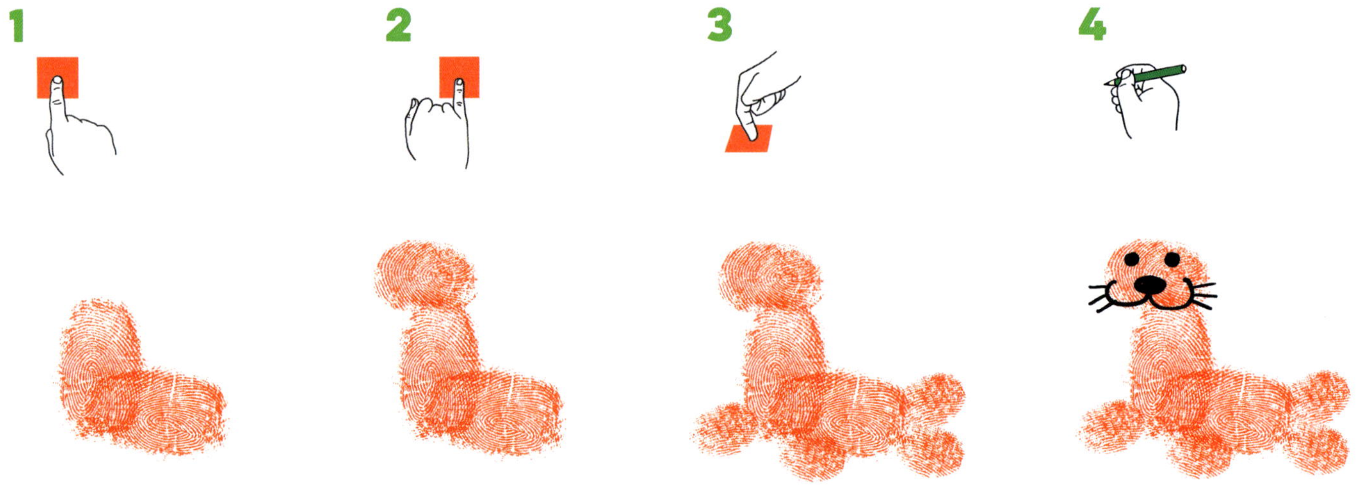

Tyrannosaurus Rex

Velociraptor

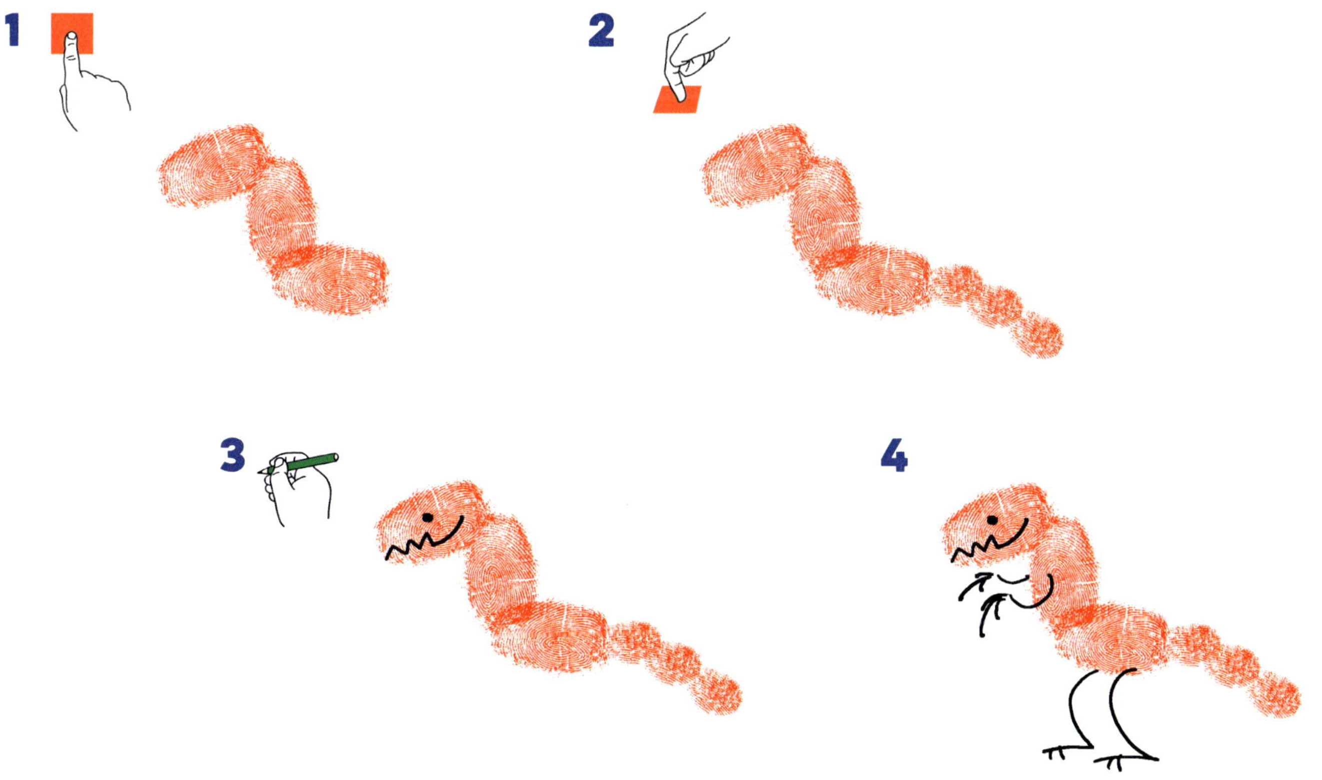

Pteranodon

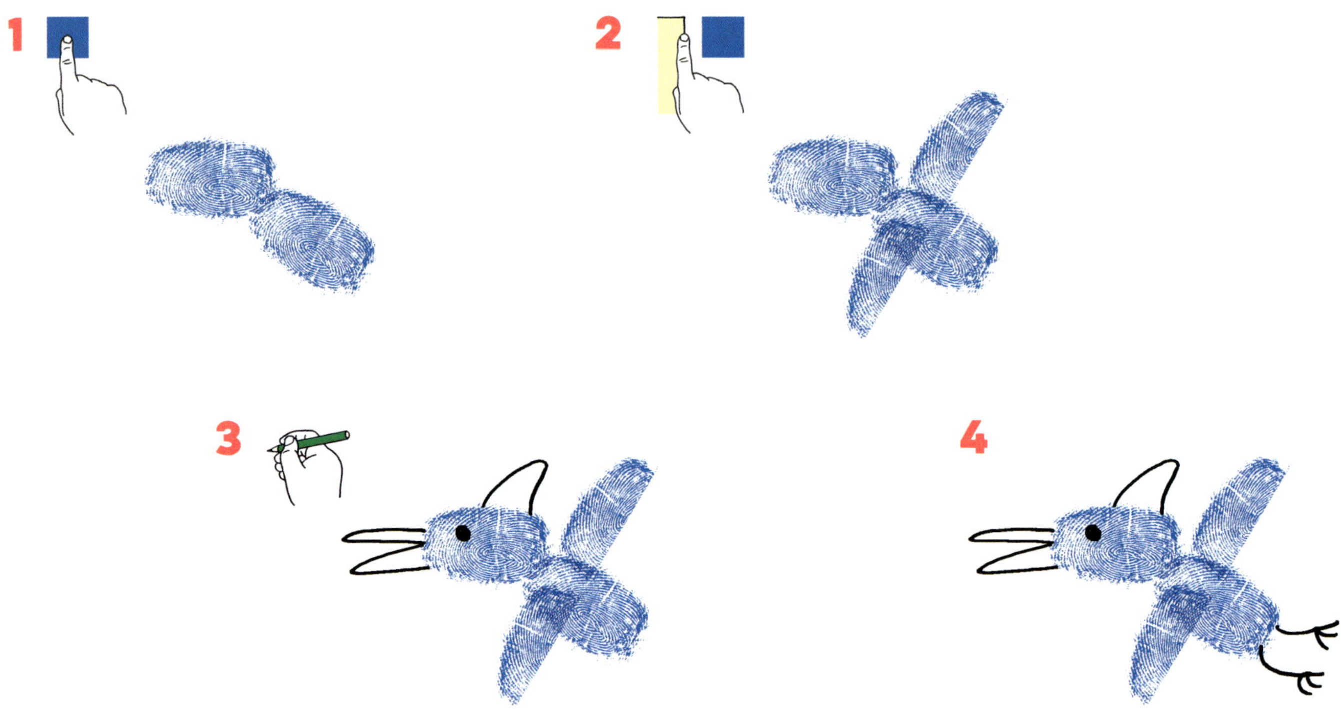

Triceratops

Stegosaurier

1

2

3

4

5

Brontosaurier

1

2

3

4

5

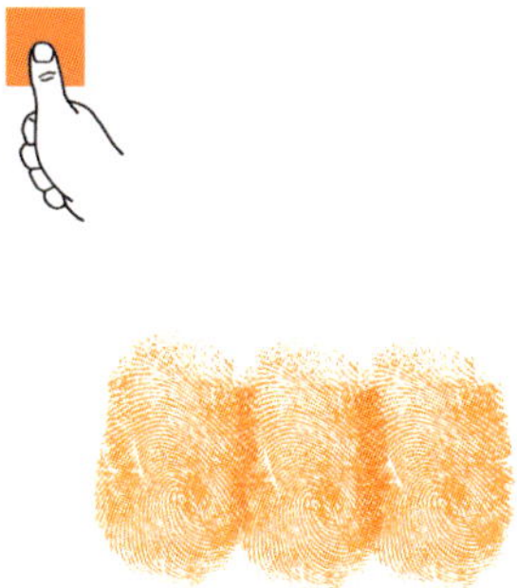

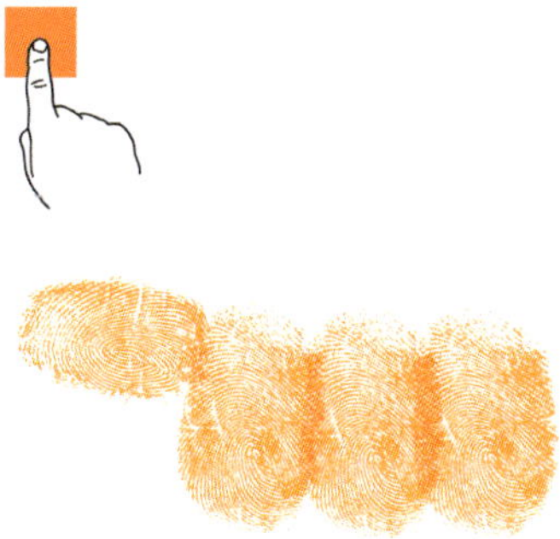

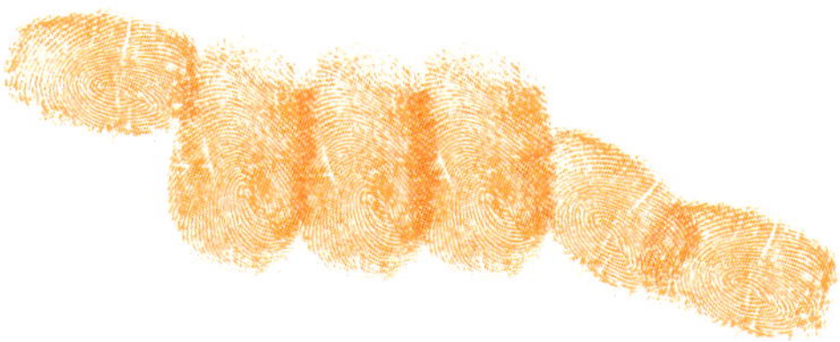

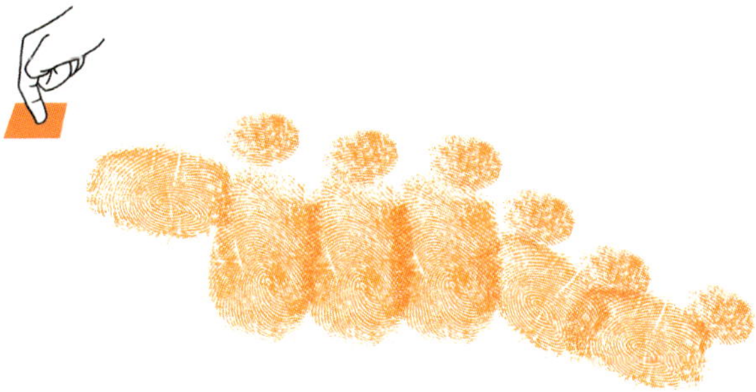

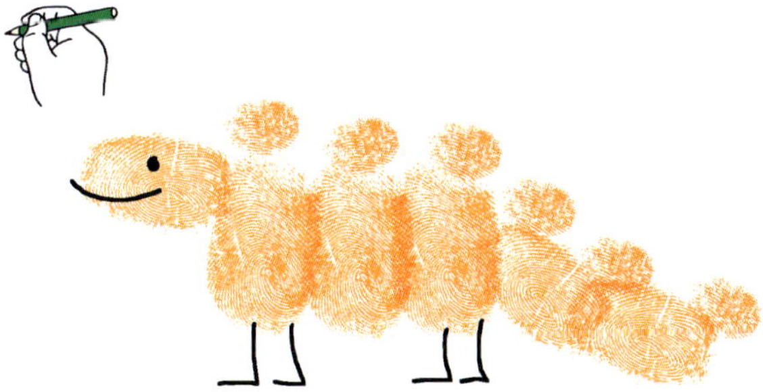

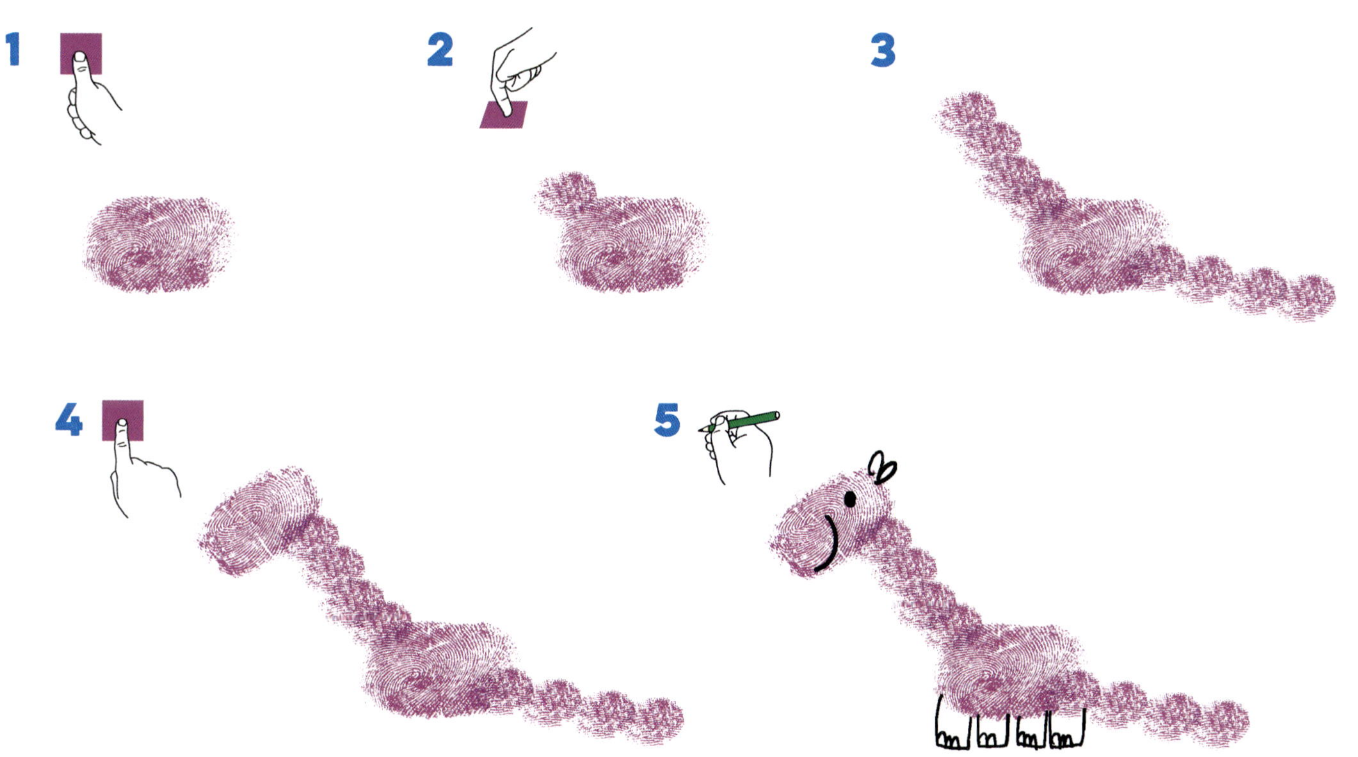

Bauer

Bäuerin

Förster

Tierarzt

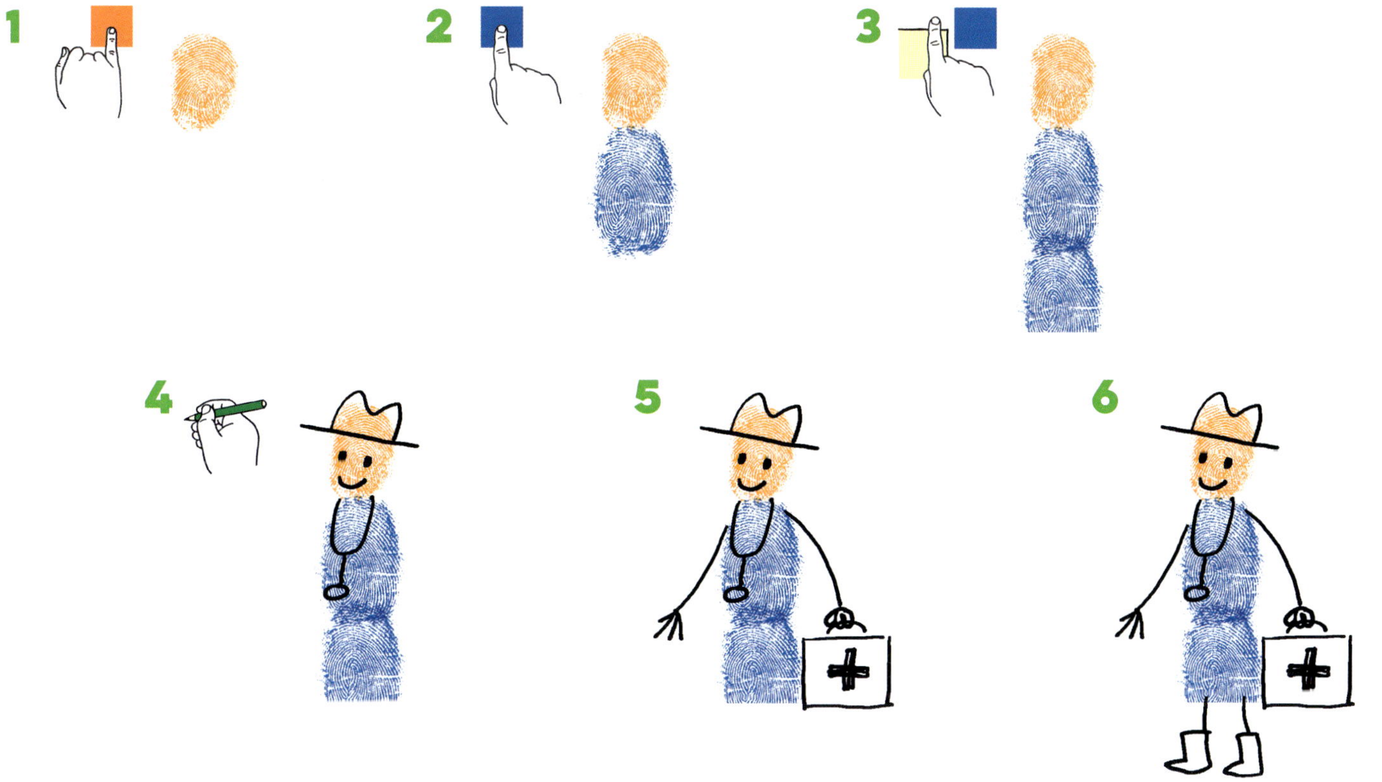

1

2

3

4

5

6

Schäfer

1

2

3

4

5

Bauarbeiter

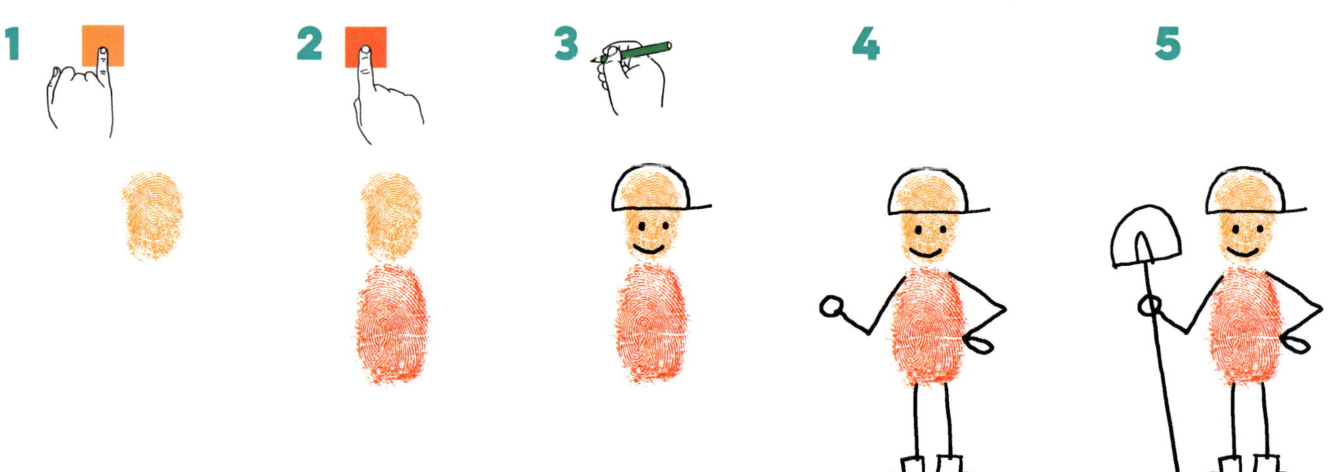

Bauarbeiter (fegt)

Bauarbeiter (hämmert)

Bauarbeiter (mit Presslufthammer)

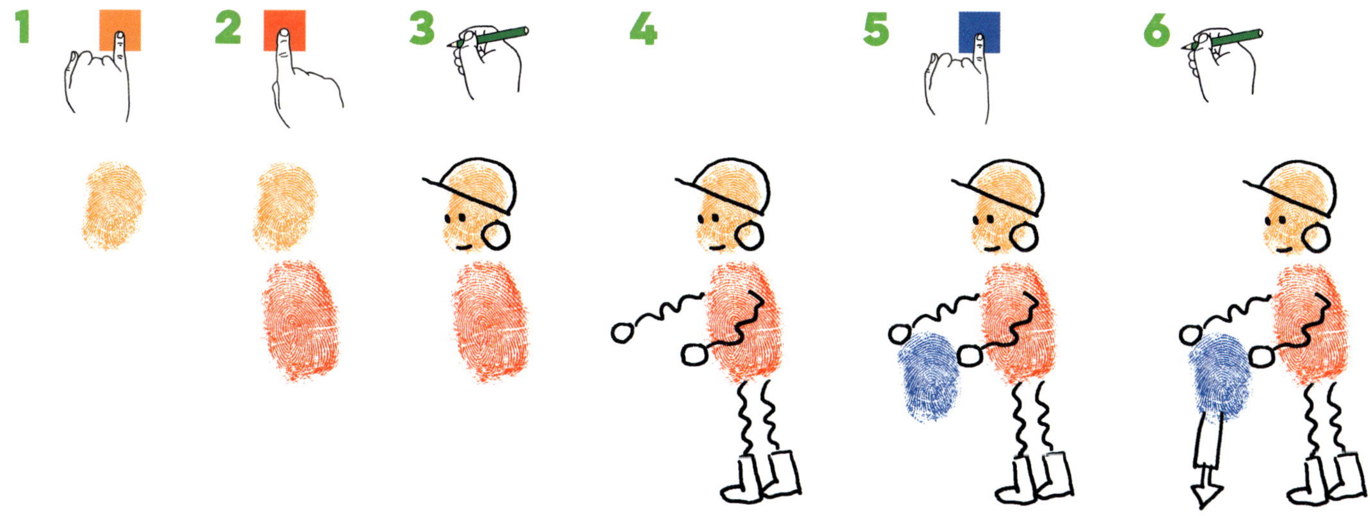

Bauarbeiter (rüttelt)

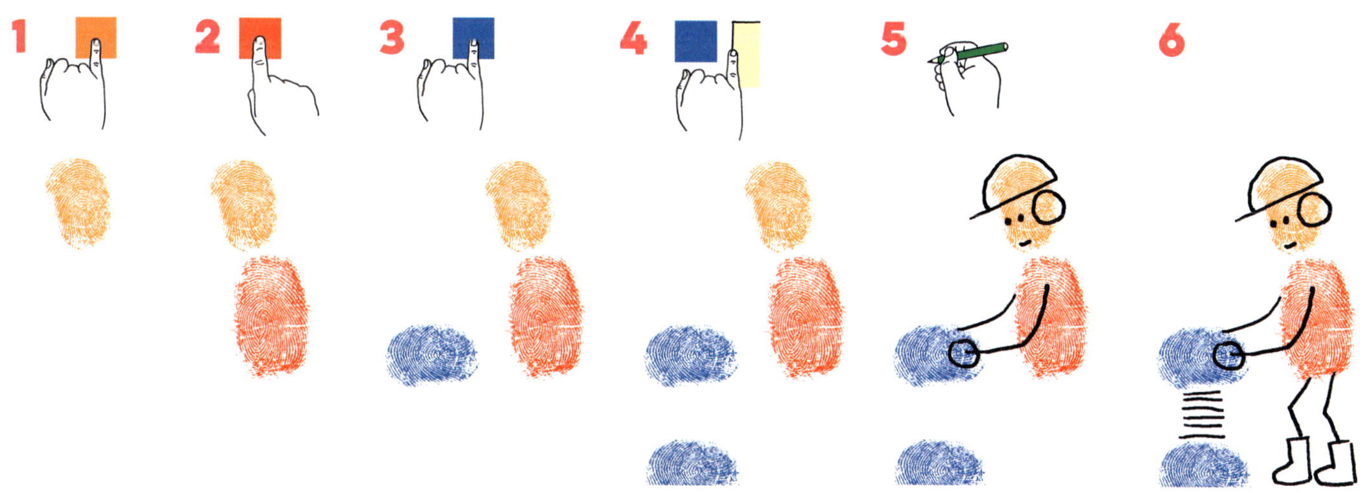

Bauarbeiter (pinselt)

Architekt

Vermesser

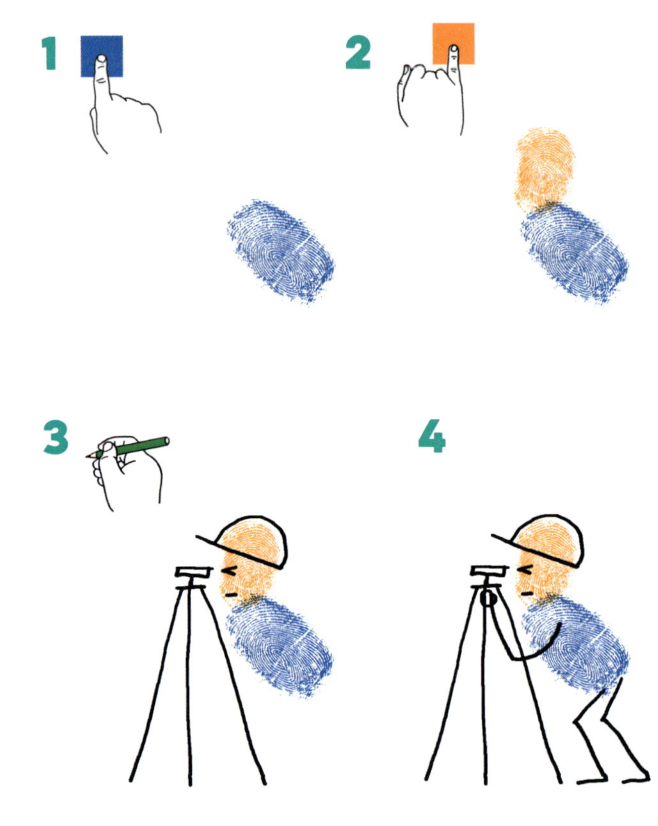

Zimmermann

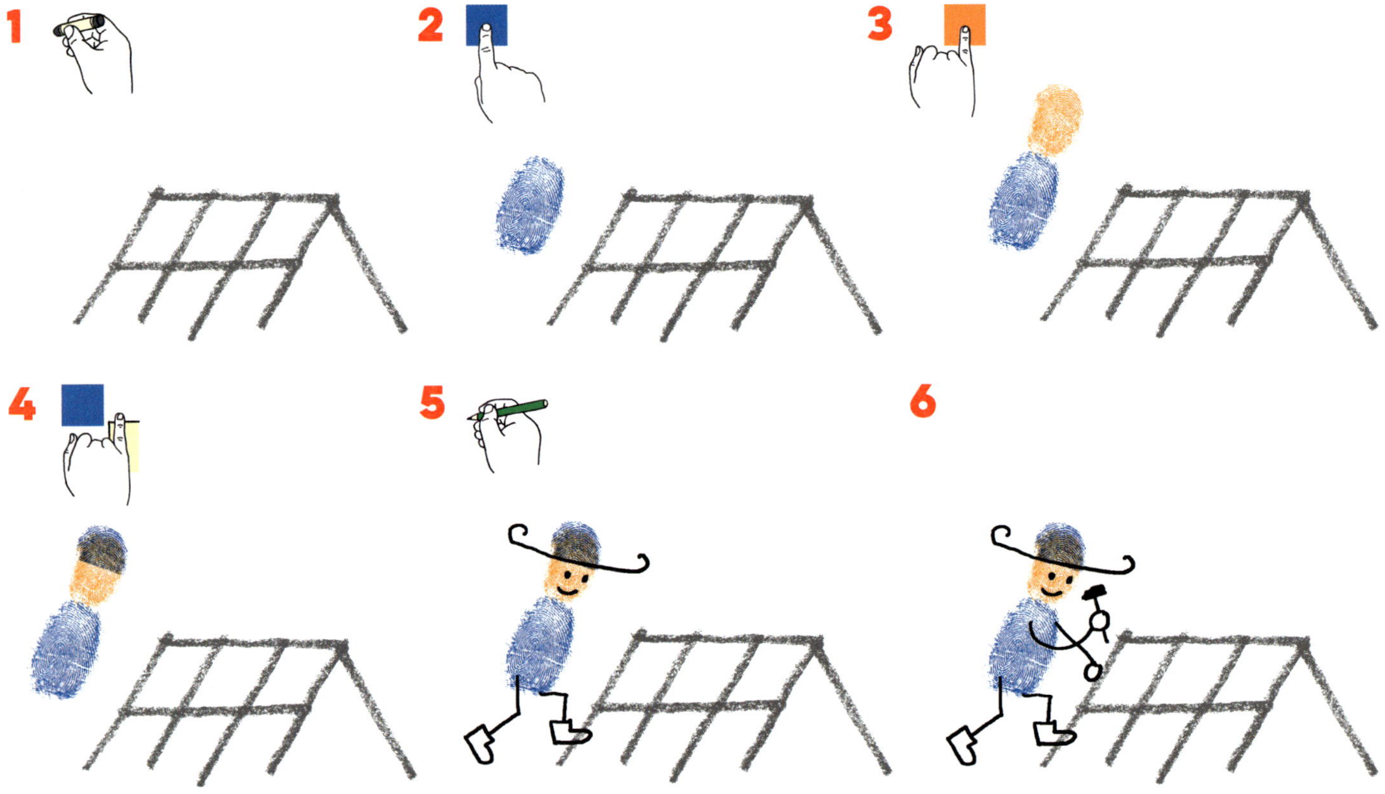

1

2

3

4

5

6

Dachdecker

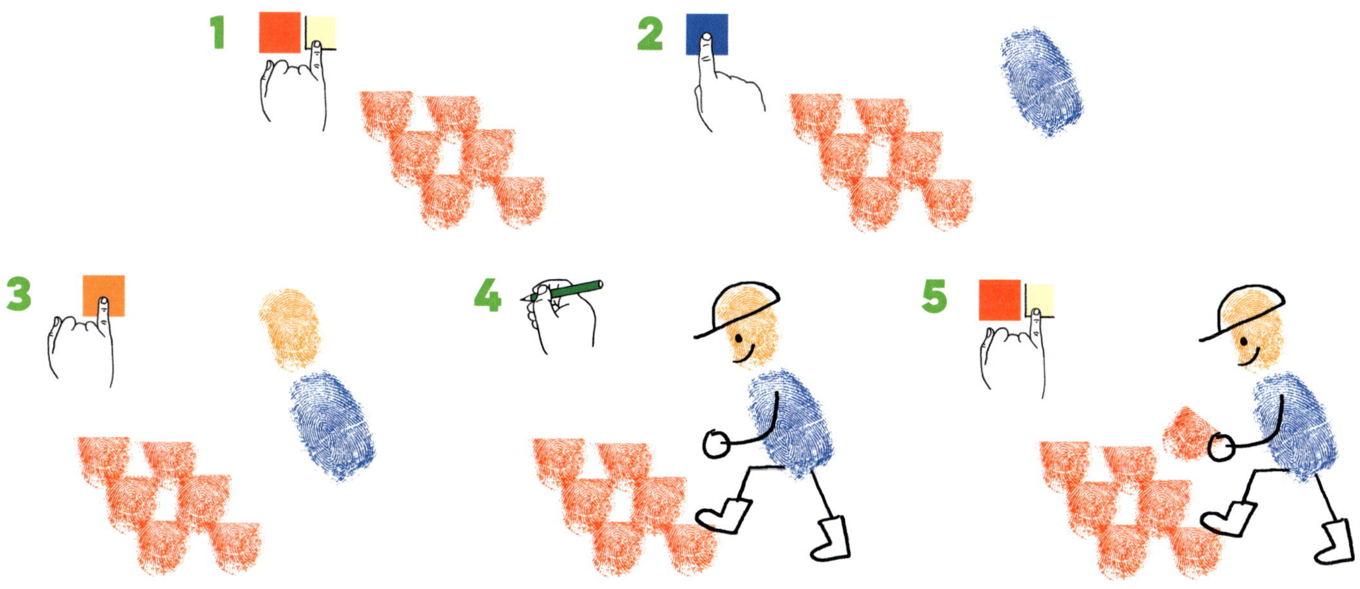

Maurer

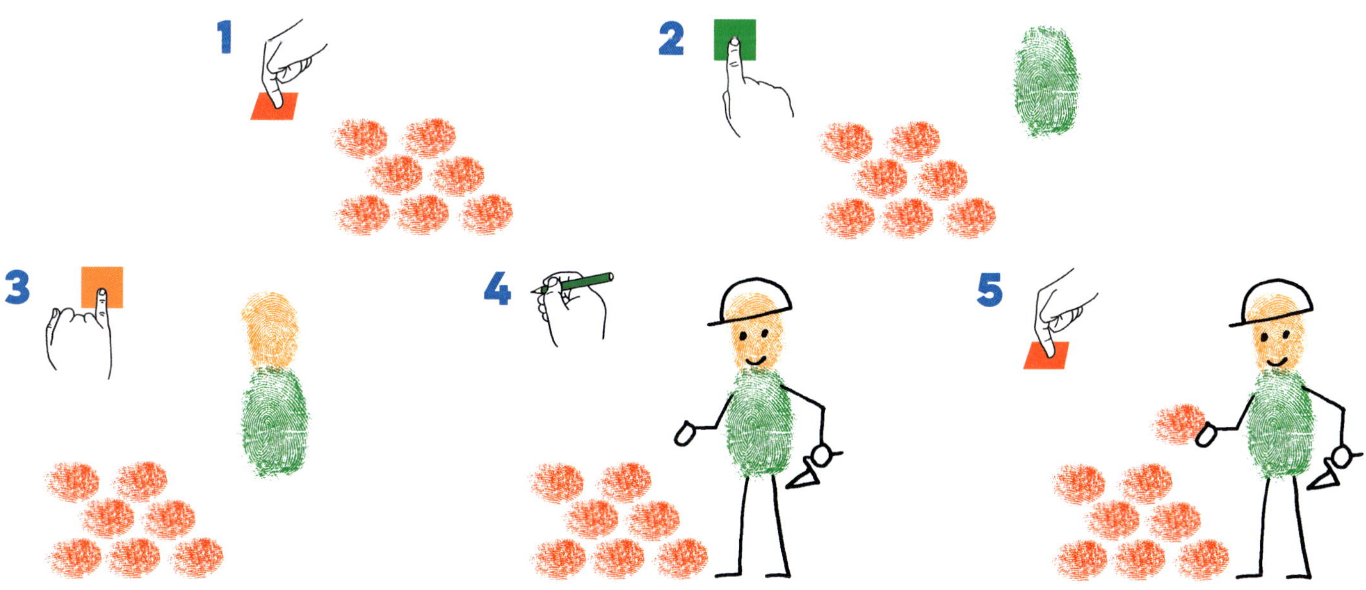

Anstreicher

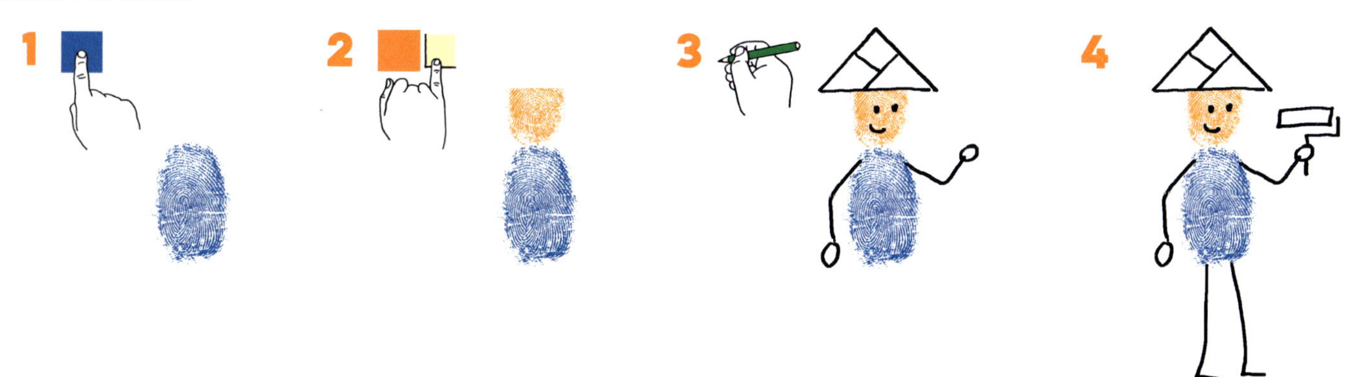

Forscherin

Ärztin

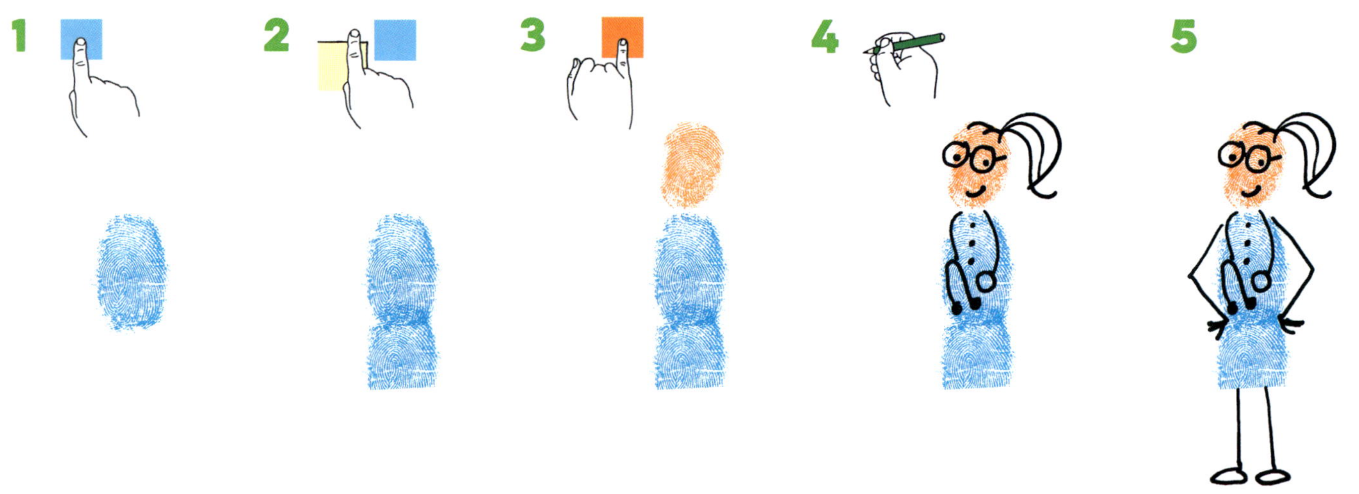

Künstlerin

Schauspieler

Detektivin

Junge

Mädchen

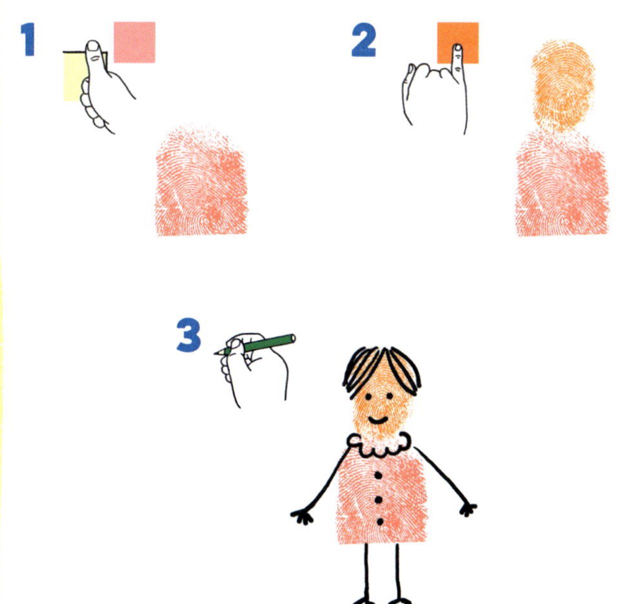

Boxer

1 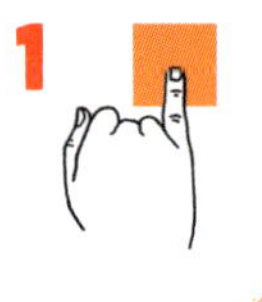

2  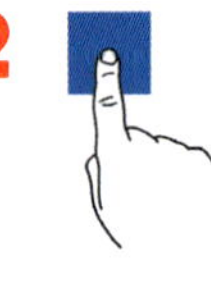

3 

Fußballerin

1 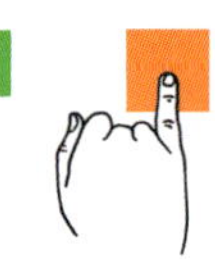 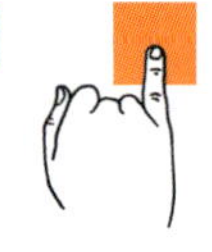

2  

3 

Tennisspieler

1 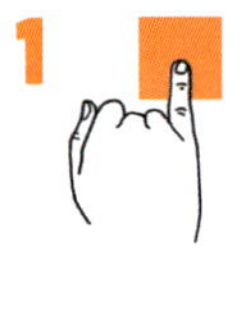

2  

3  

Golfer

1 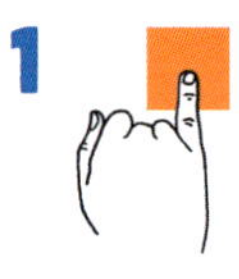

2 

3 

Skiläuferin

1 2

3

Rodler

1 2

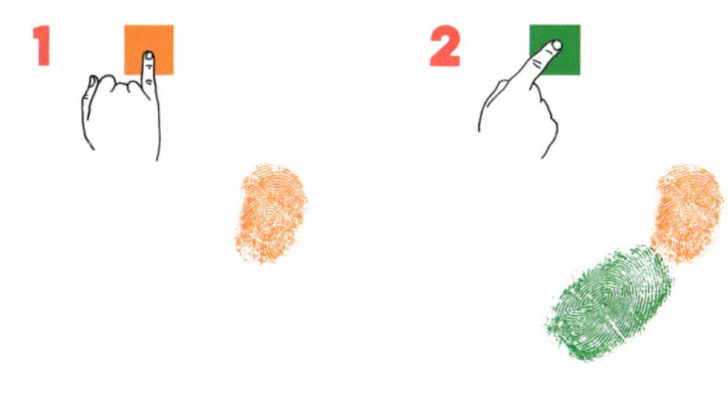

3 4

Schlittschuhläuferin

1 2

3 4

Taucher

1 2

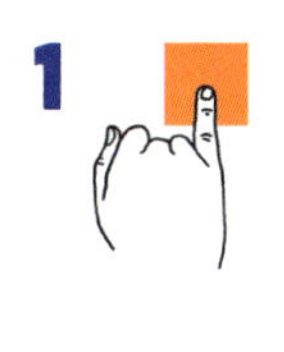

3

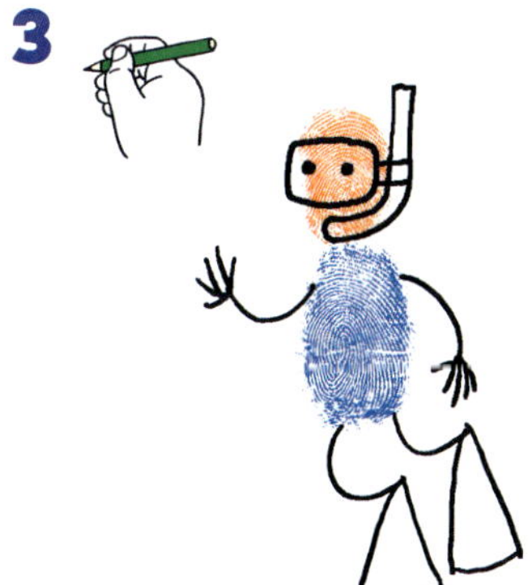

Tiefseetaucher

1 2 3 4 5

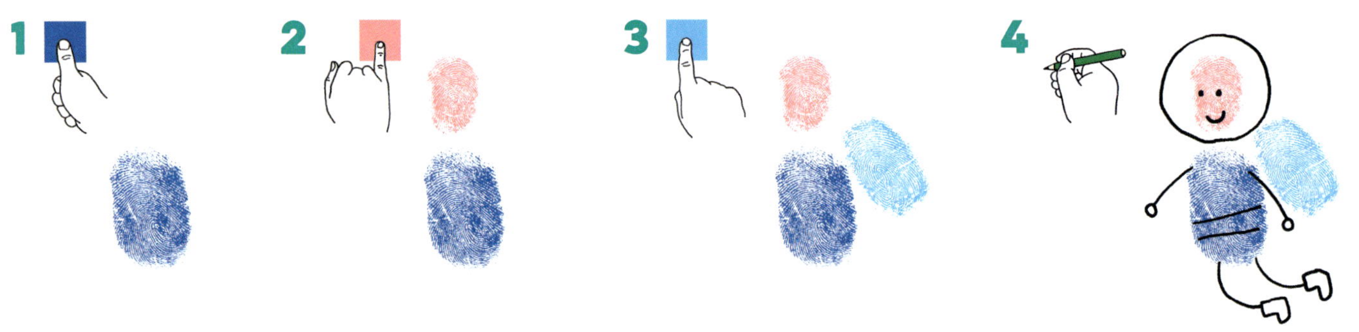

Astronaut

1 2 3 4

Fallschirmspringer

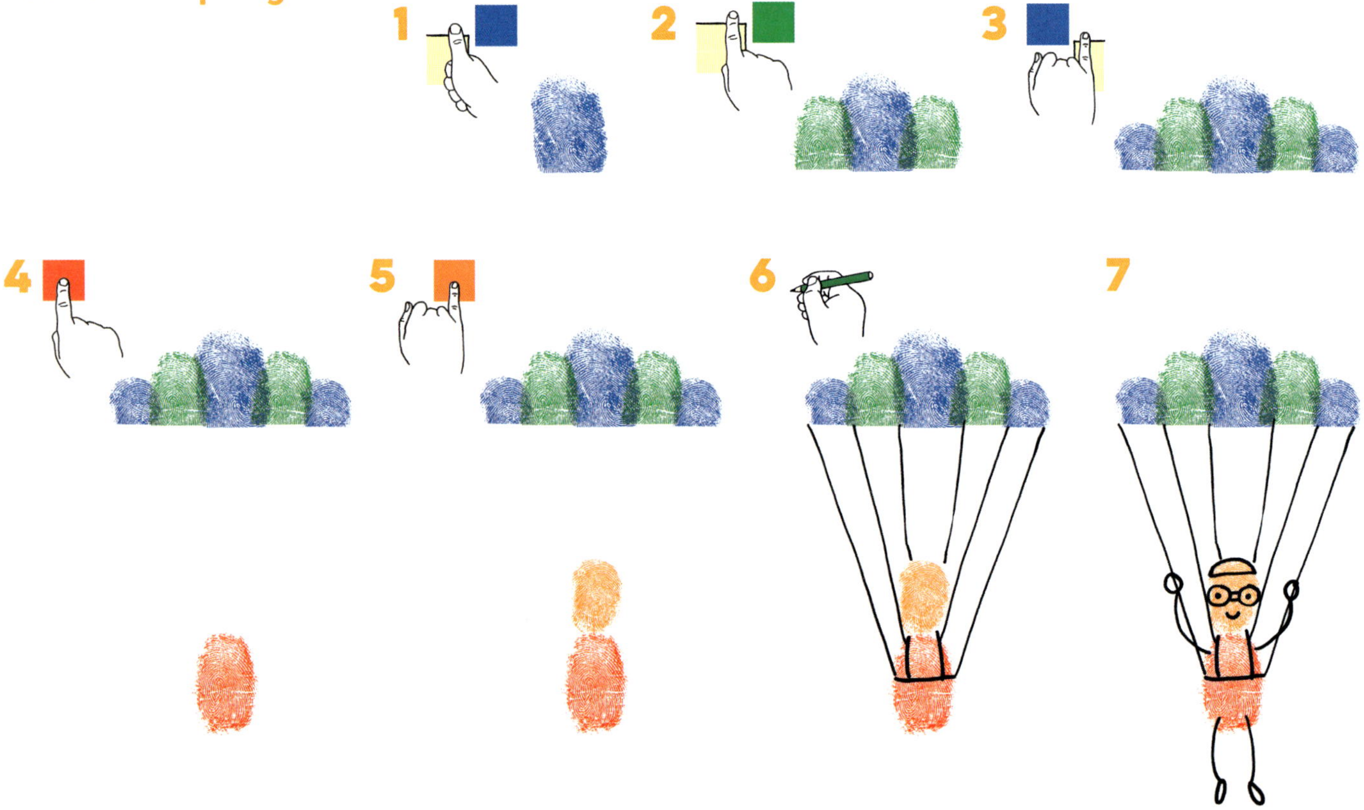

1 2 3

4 5 6 7

Polizist

Einbrecher

Räuber

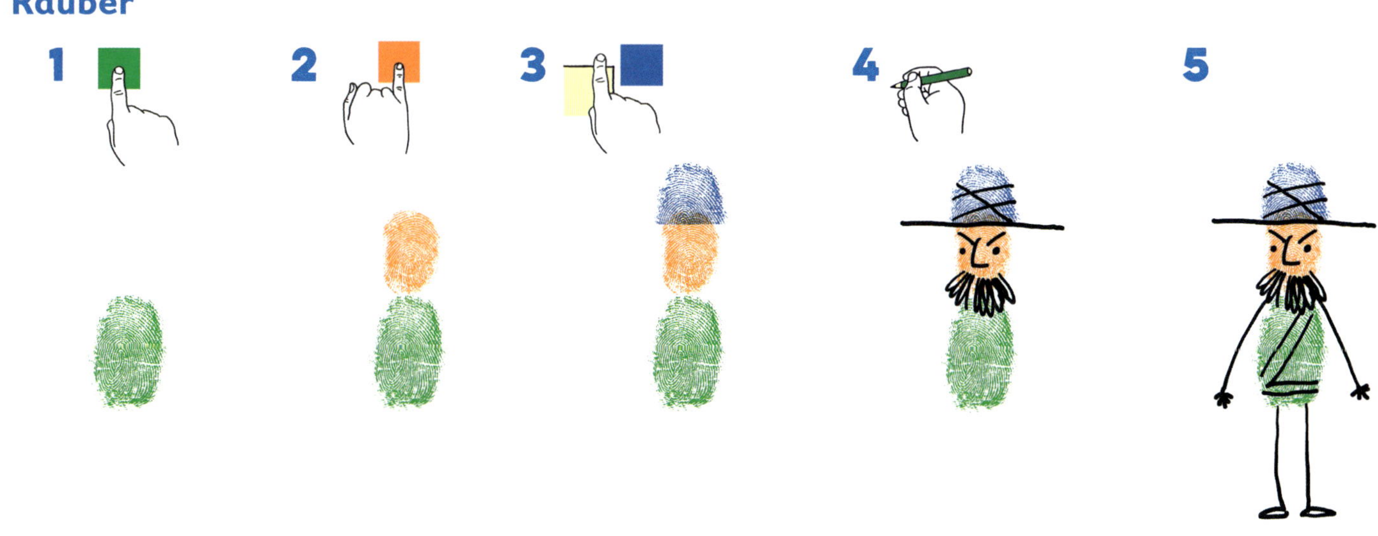

Zirkusdirektor

Jongleur

Clown

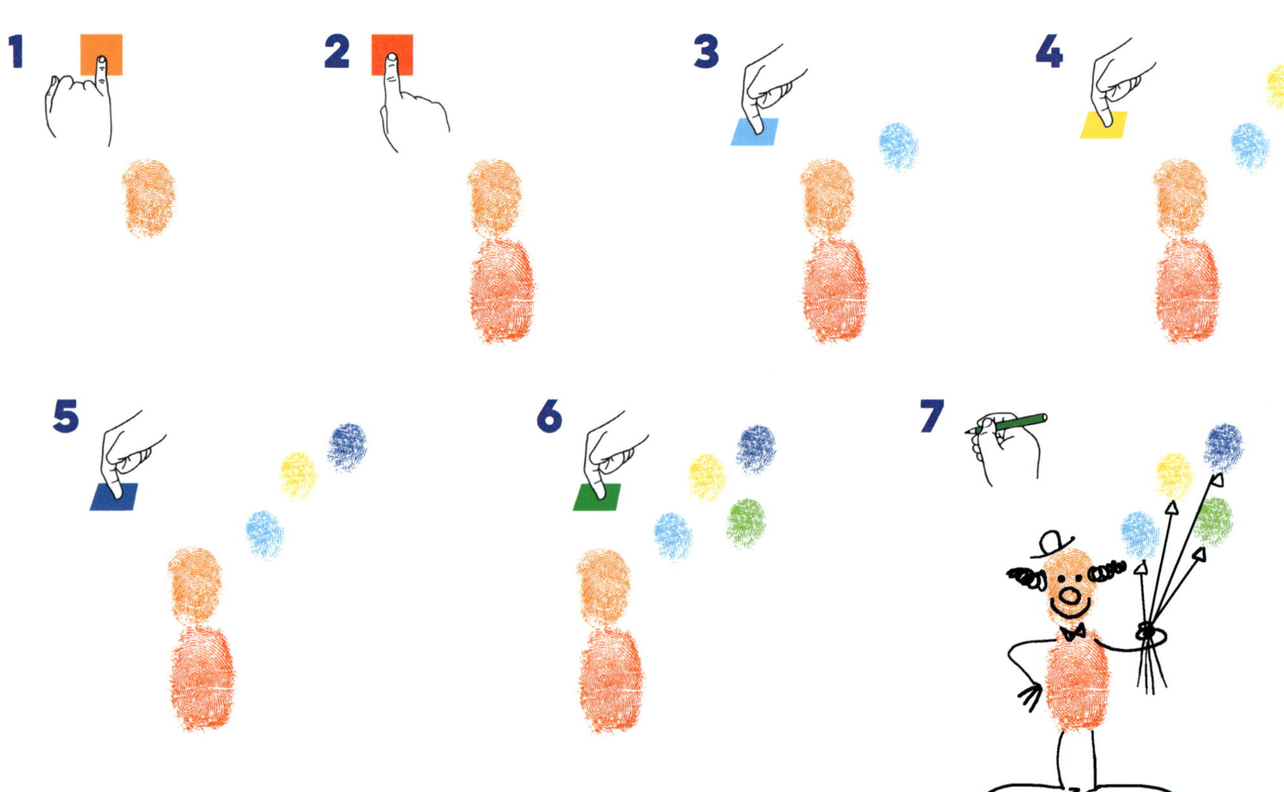

Verrückter Wissenschaftler

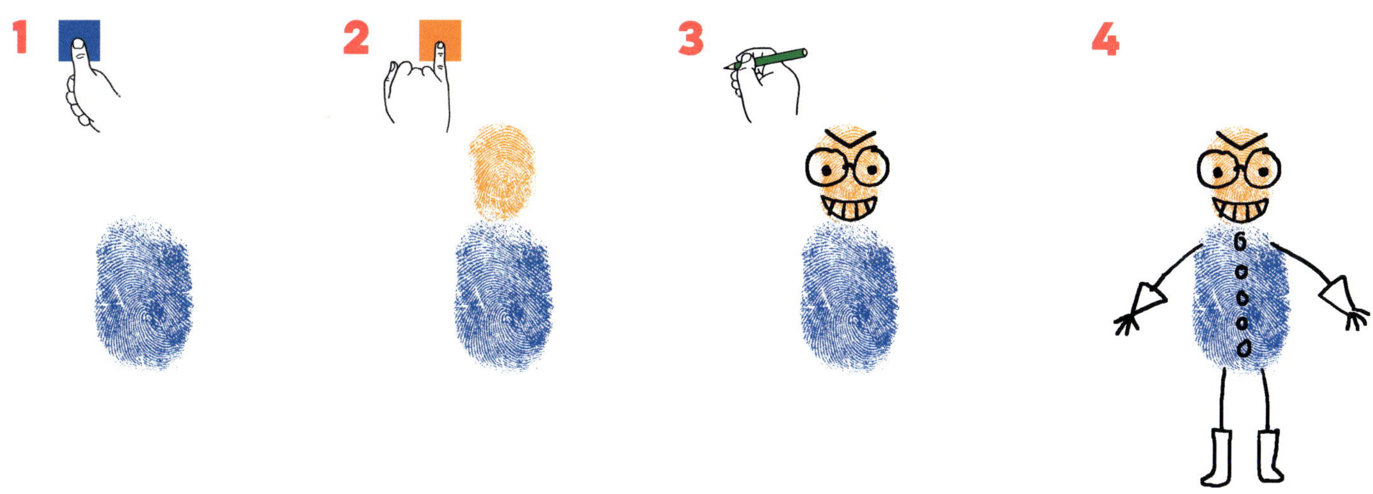

Superheld

Tarzan

Indianerin

Indianer

Cowboy

Wikinger

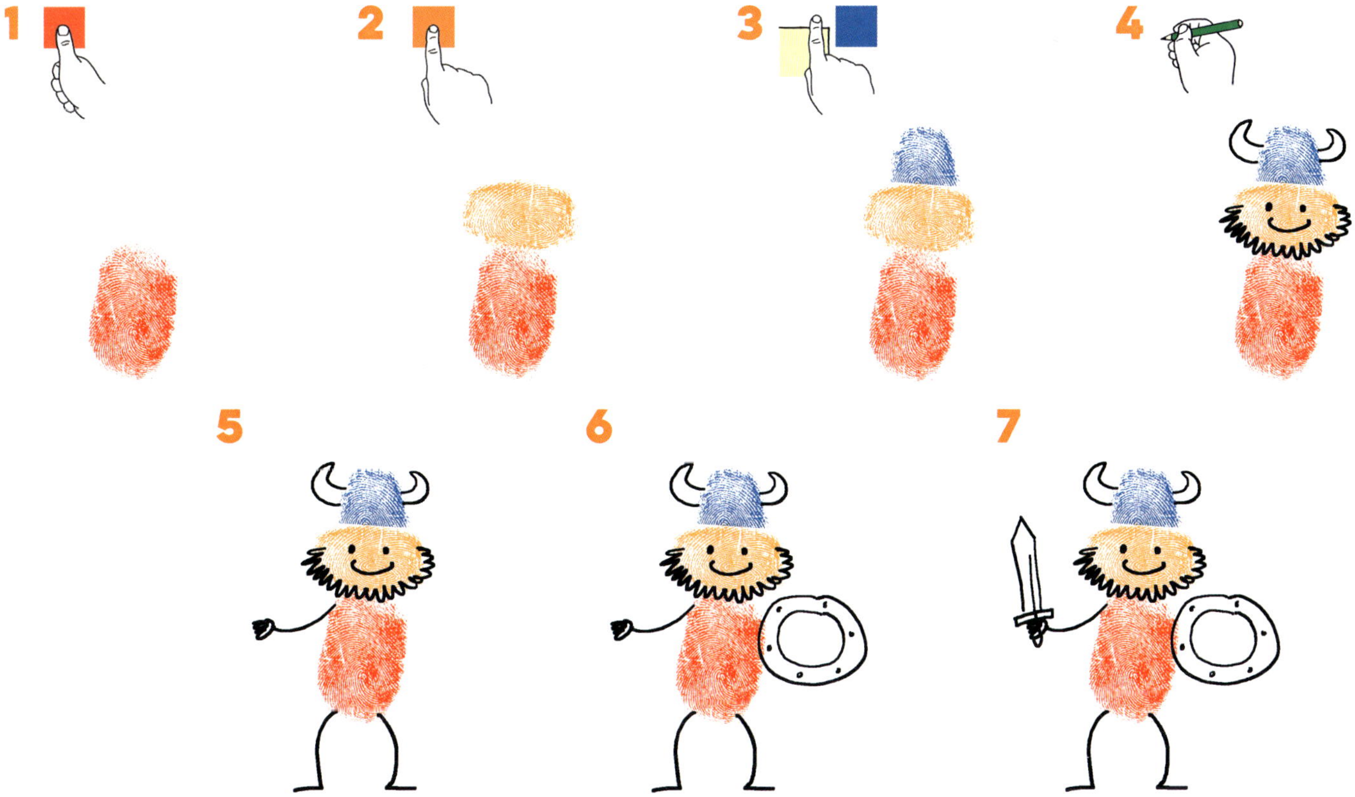

1

2

3

4

5

6

7

Wikingerin

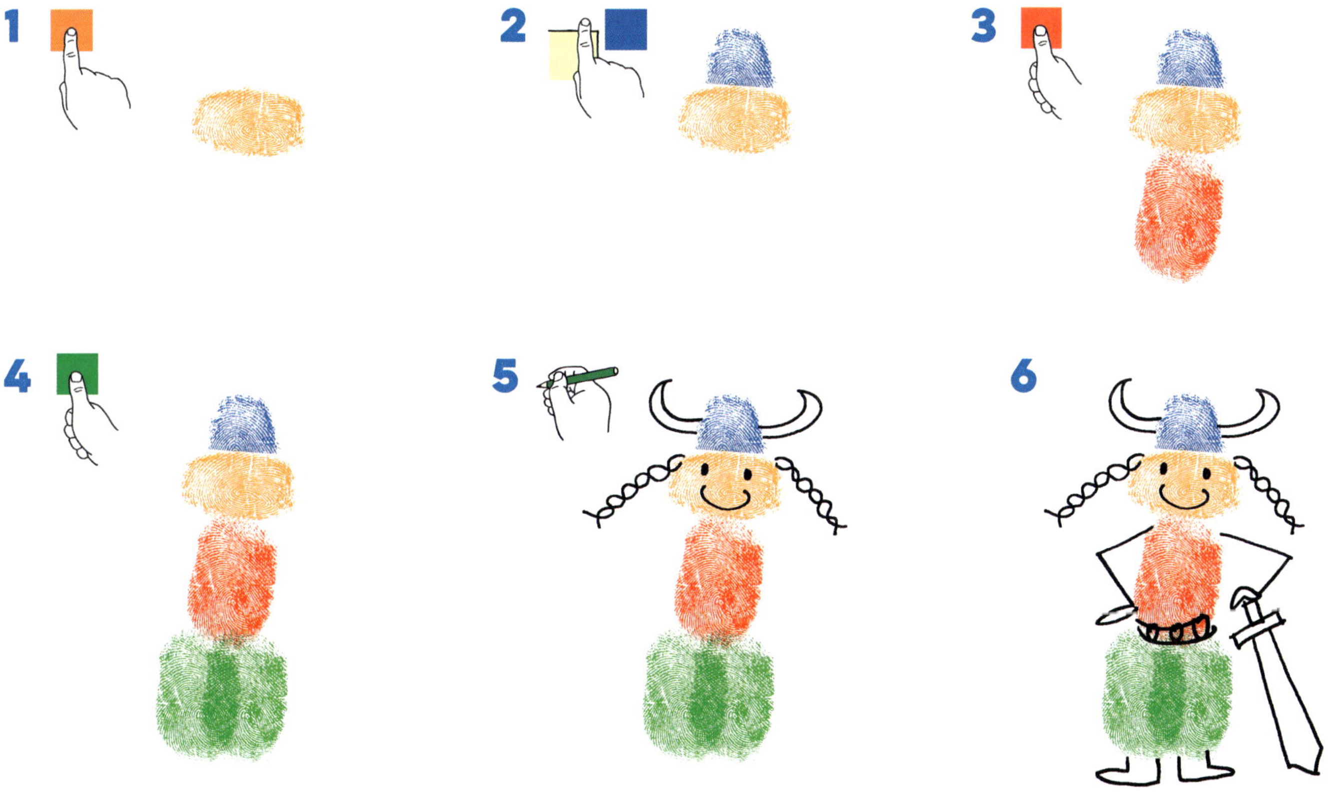

1

2

3

4

5

6

Pirat

Sultan

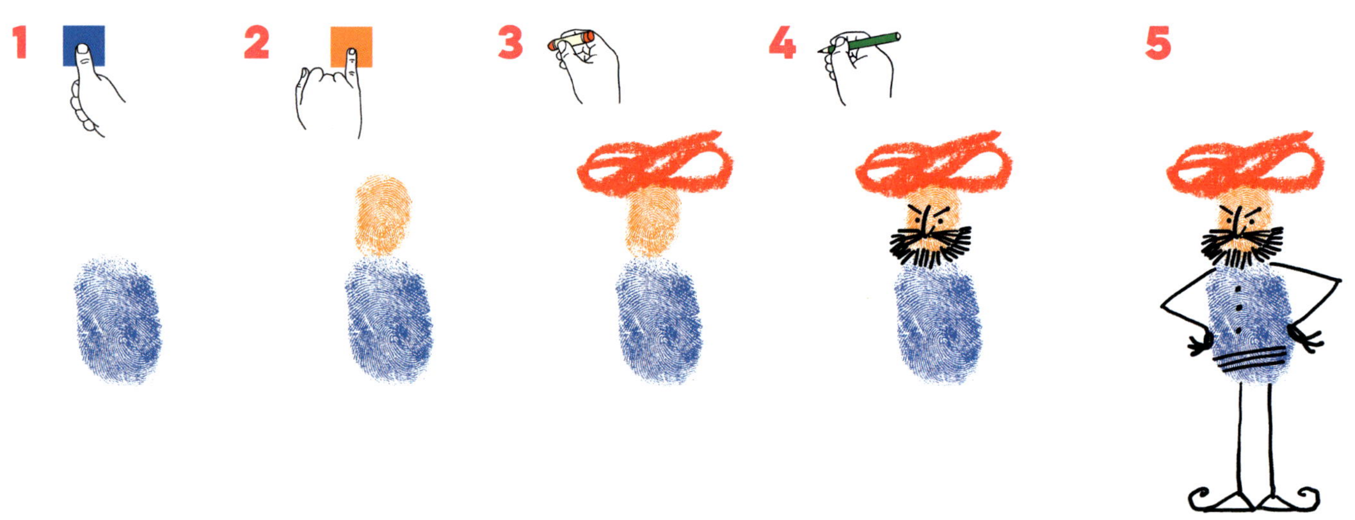

Ritter

Prinzessin

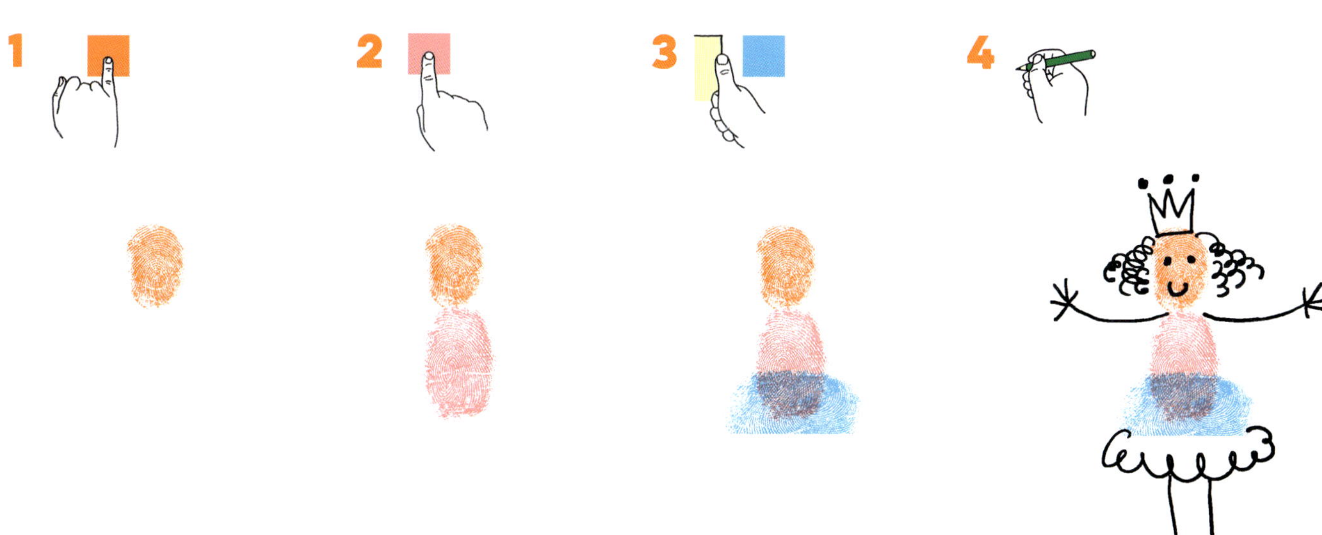

König

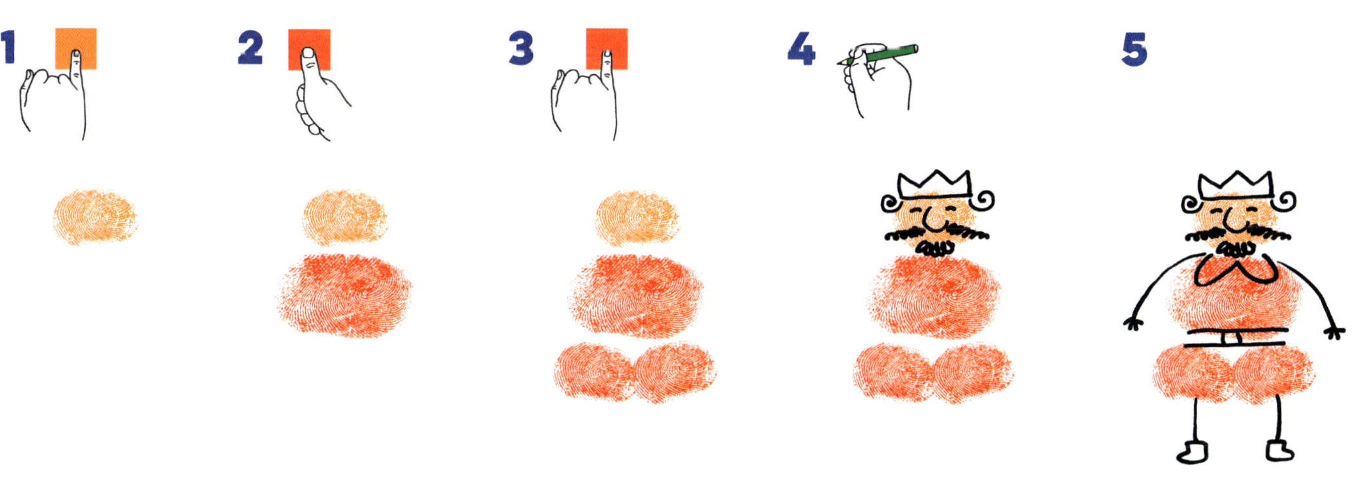

Prinz

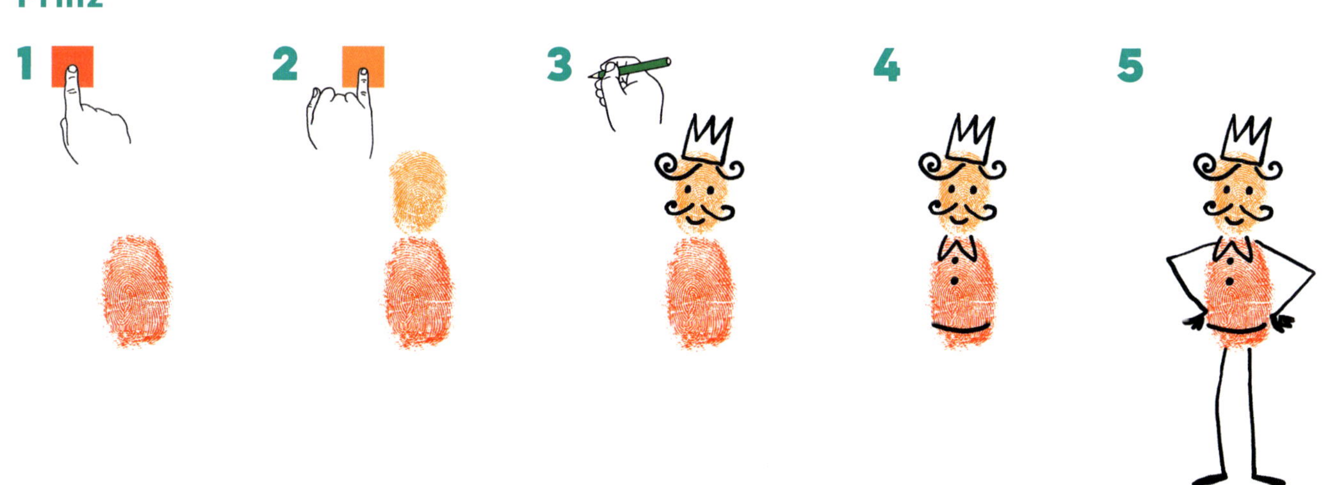

Alien (Nummer 1)

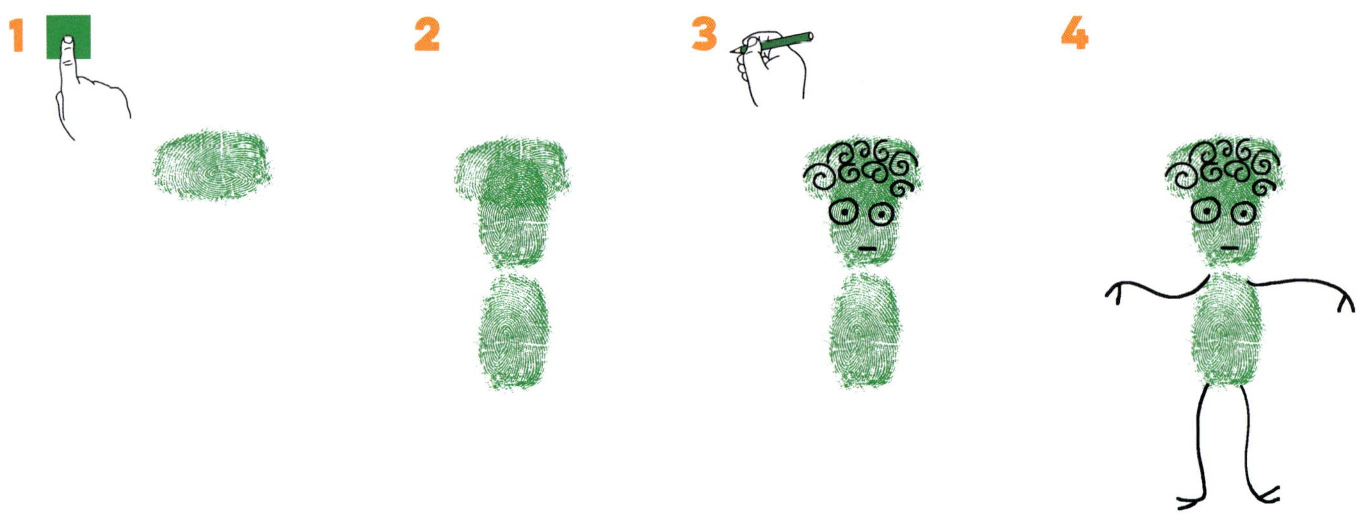

Alien (Nummer 2)

Alien (Nummer 3)

Roboter (Nummer 1)

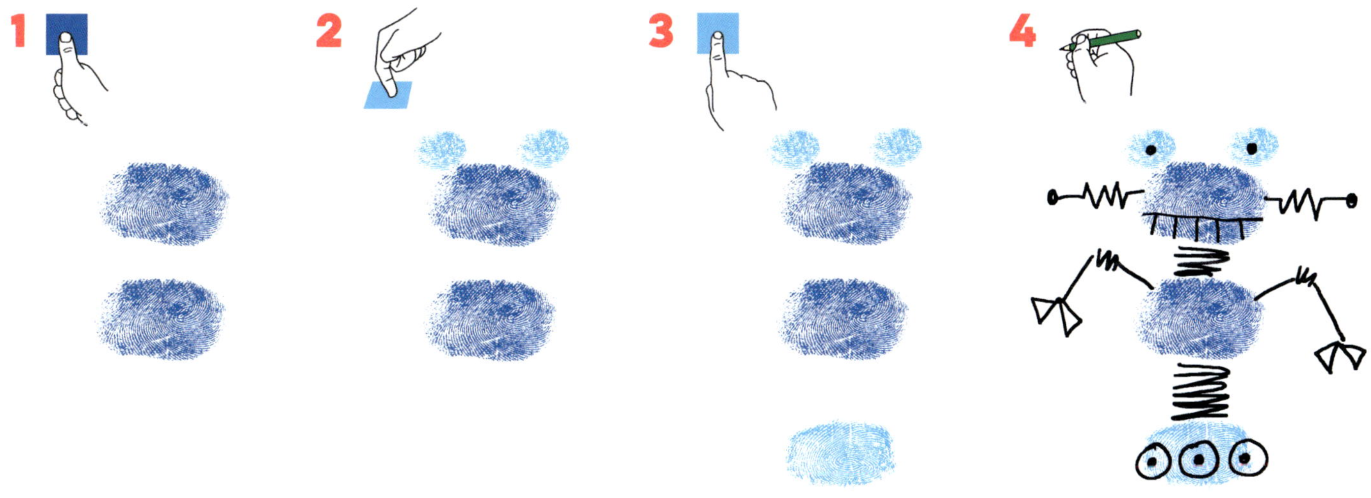

Roboter (Nummer 2)

Roboter (Nummer 3)

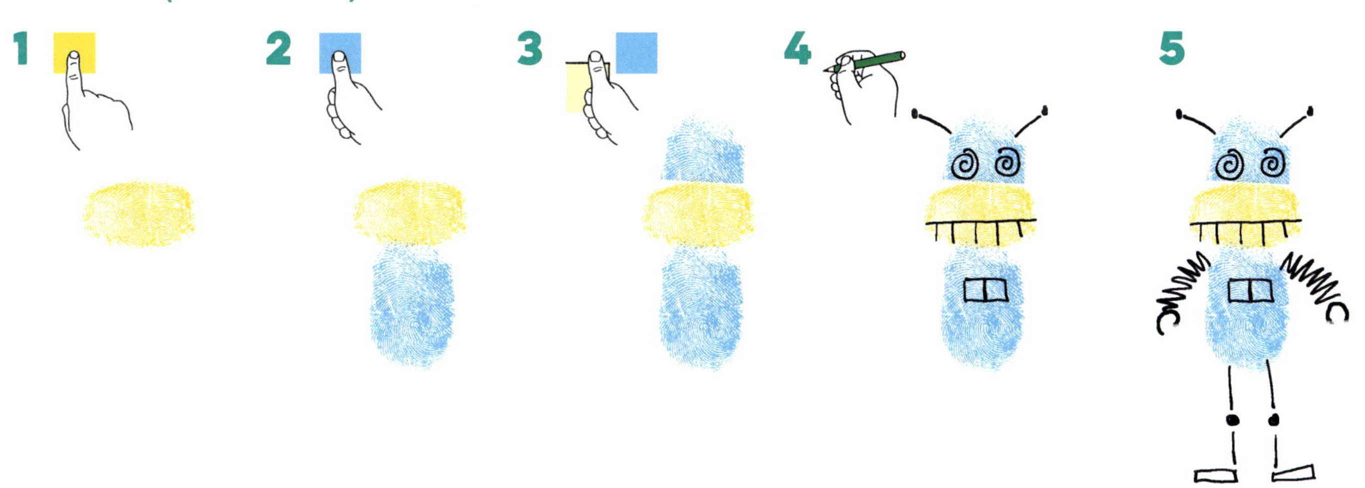

Gespenst

Kopfloser Geist

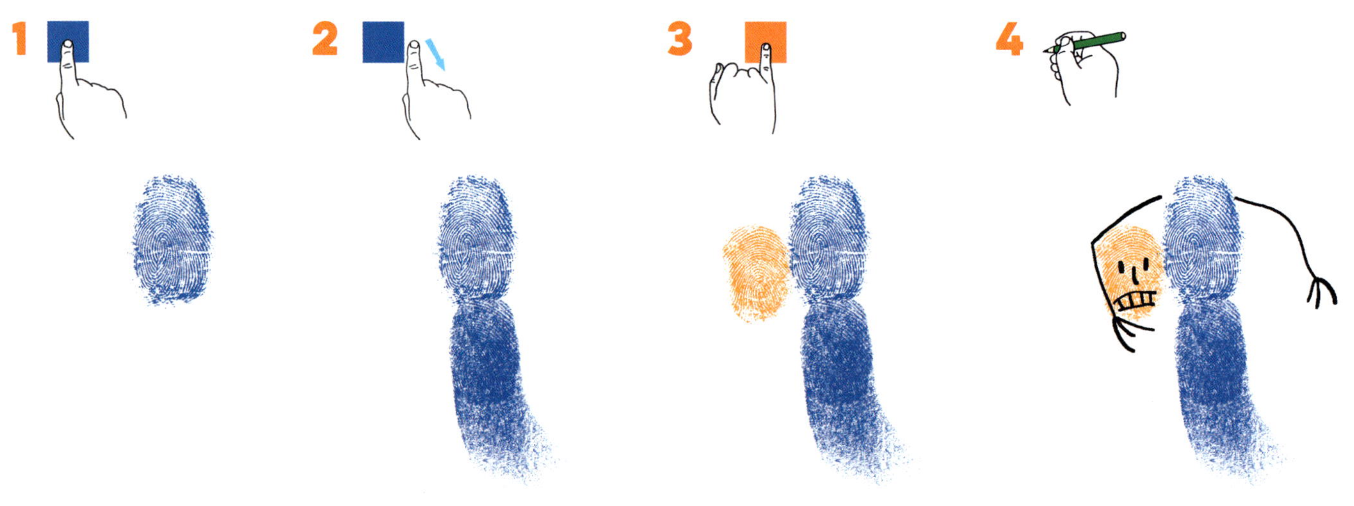

Skelett

Vampir

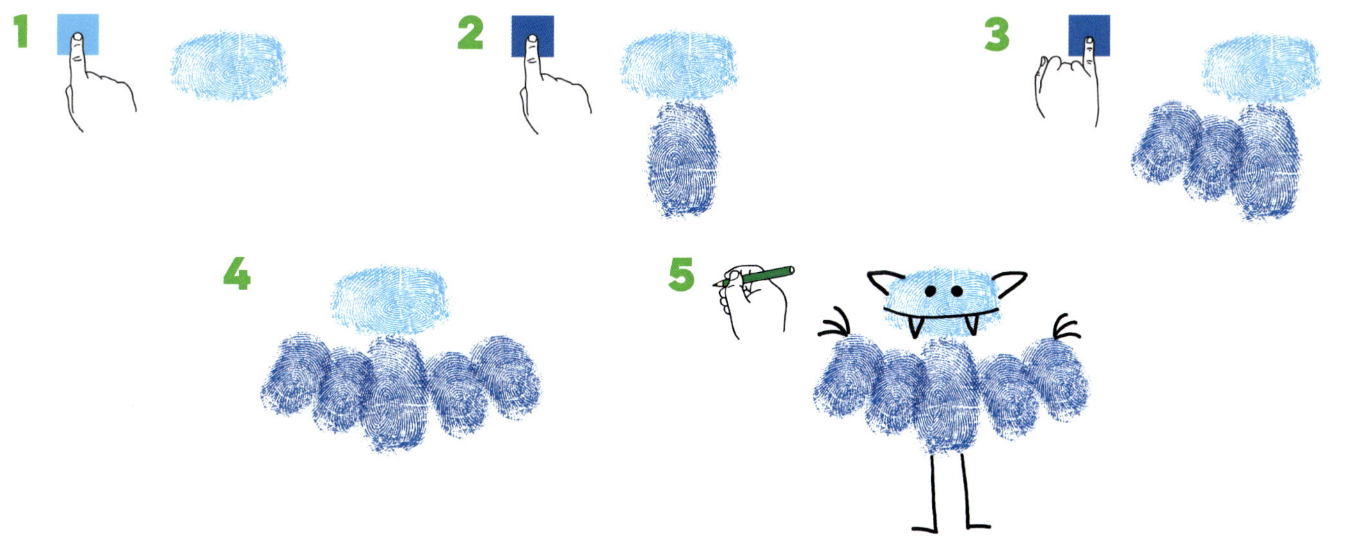

Dracula

Zombie

Mumie

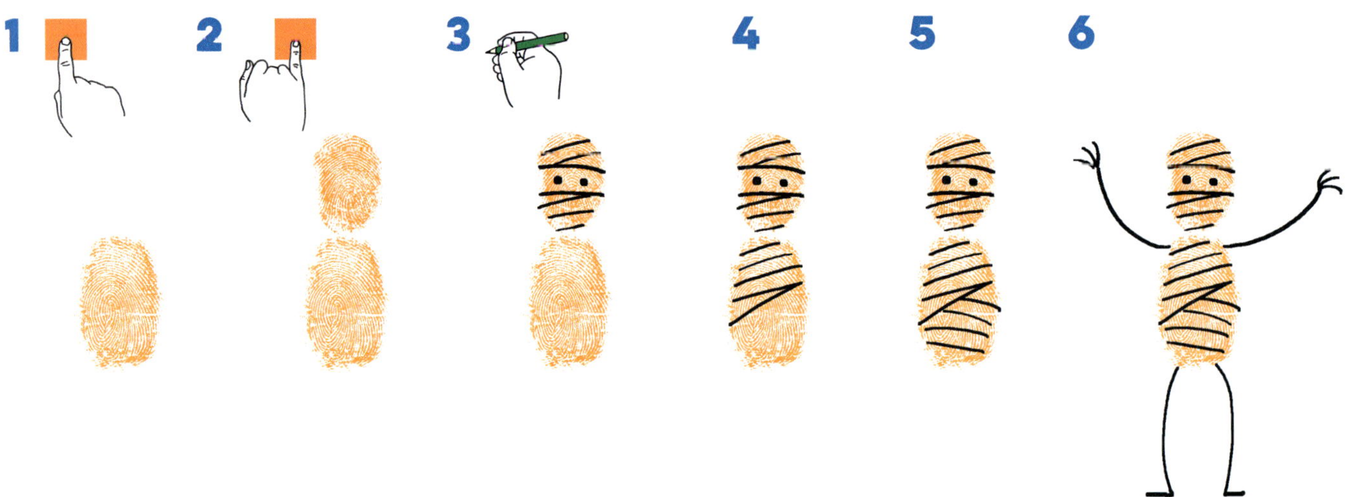

Werwolf

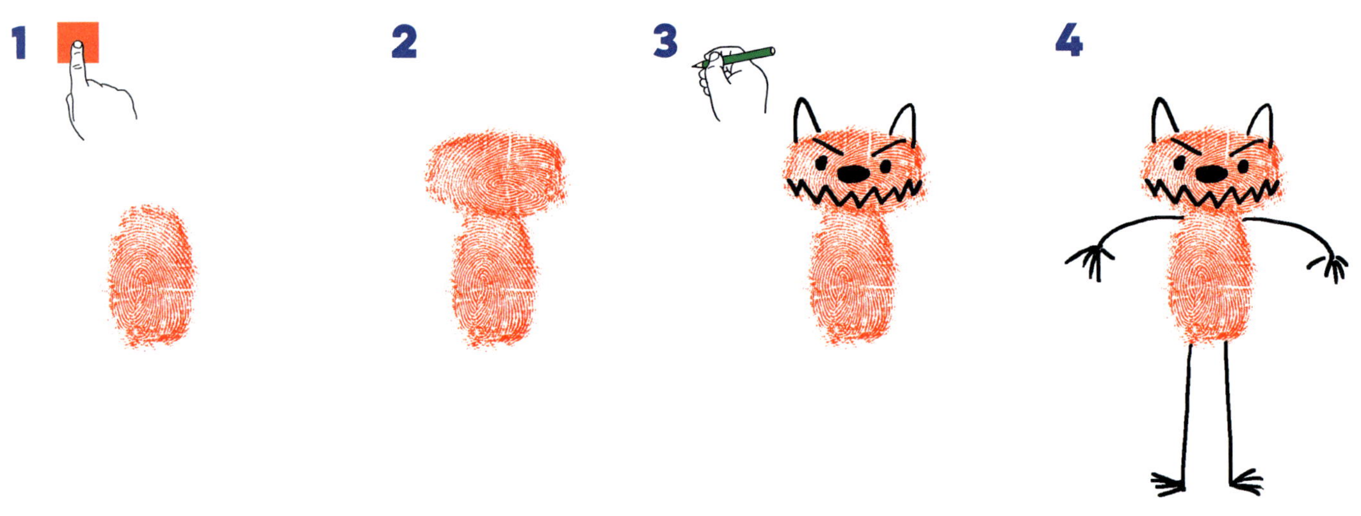

Frankensteins Monster

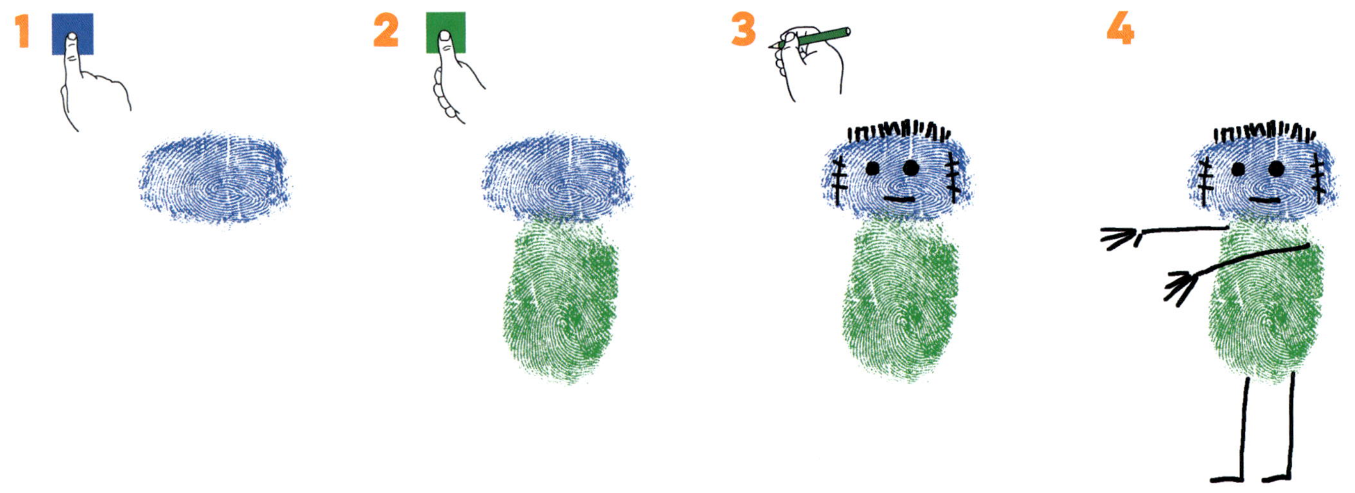

Gargoyle

Zyklop

King Kong

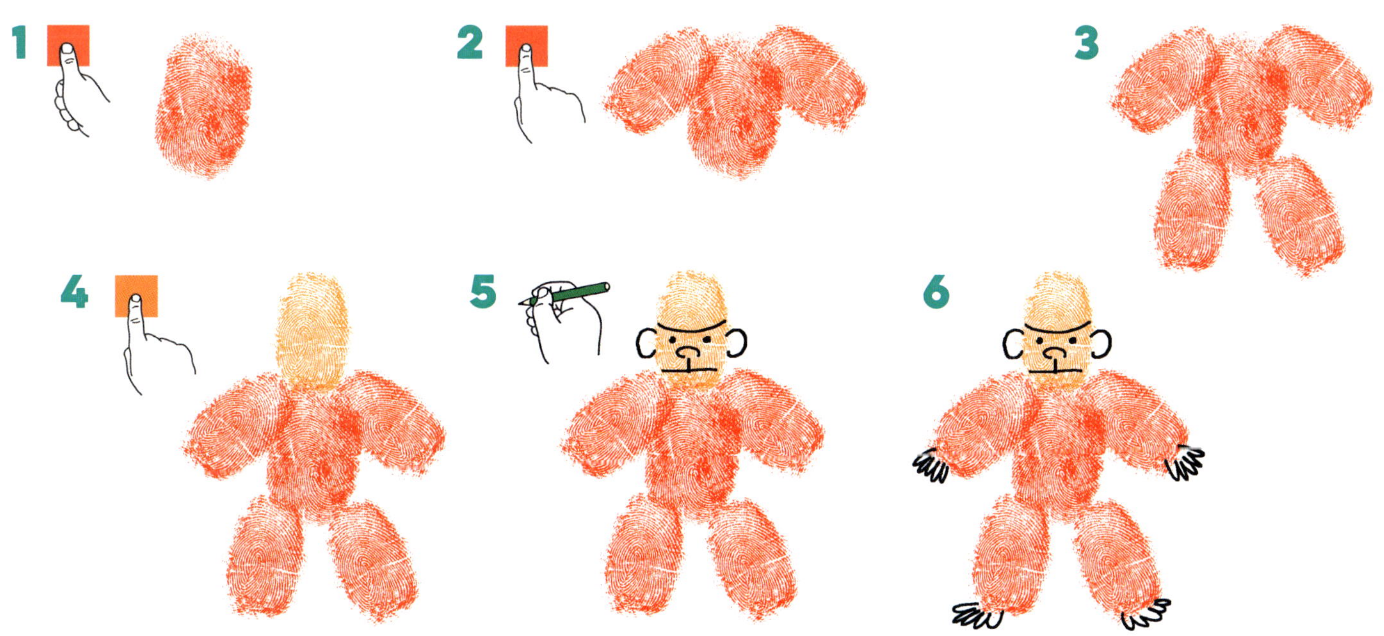

Yeti

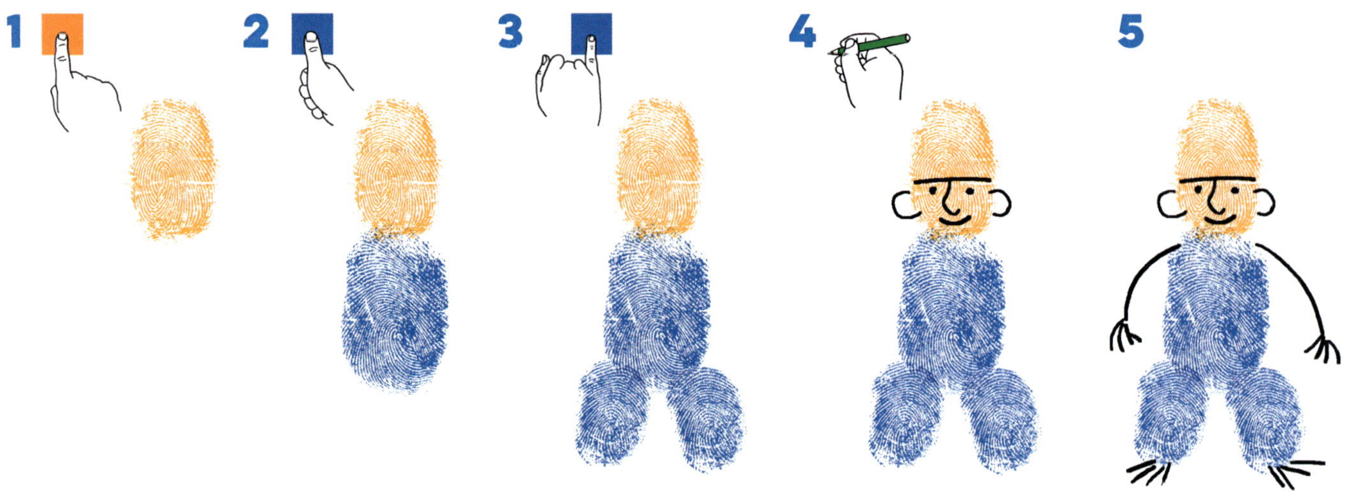

Faun

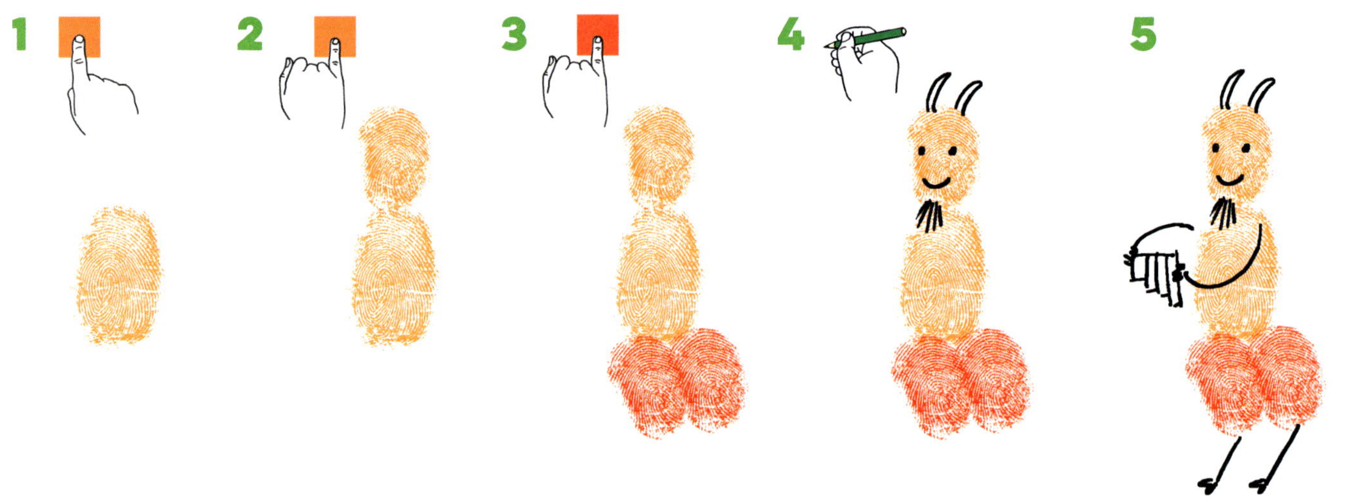

Zentaur

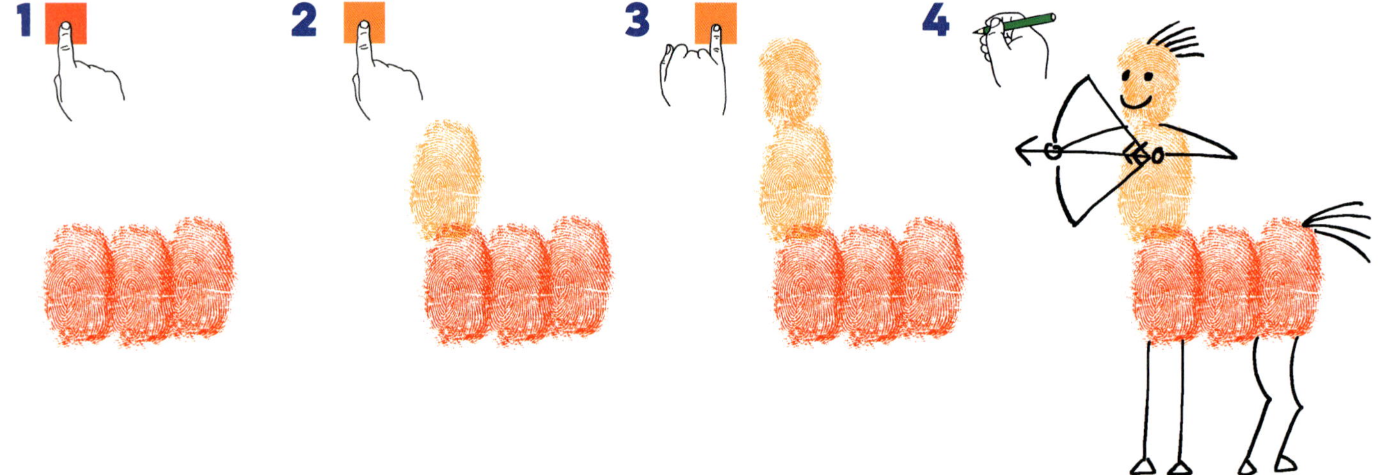

Sphinx

Pegasus

1

2

3

4

5

6

7

Phönix

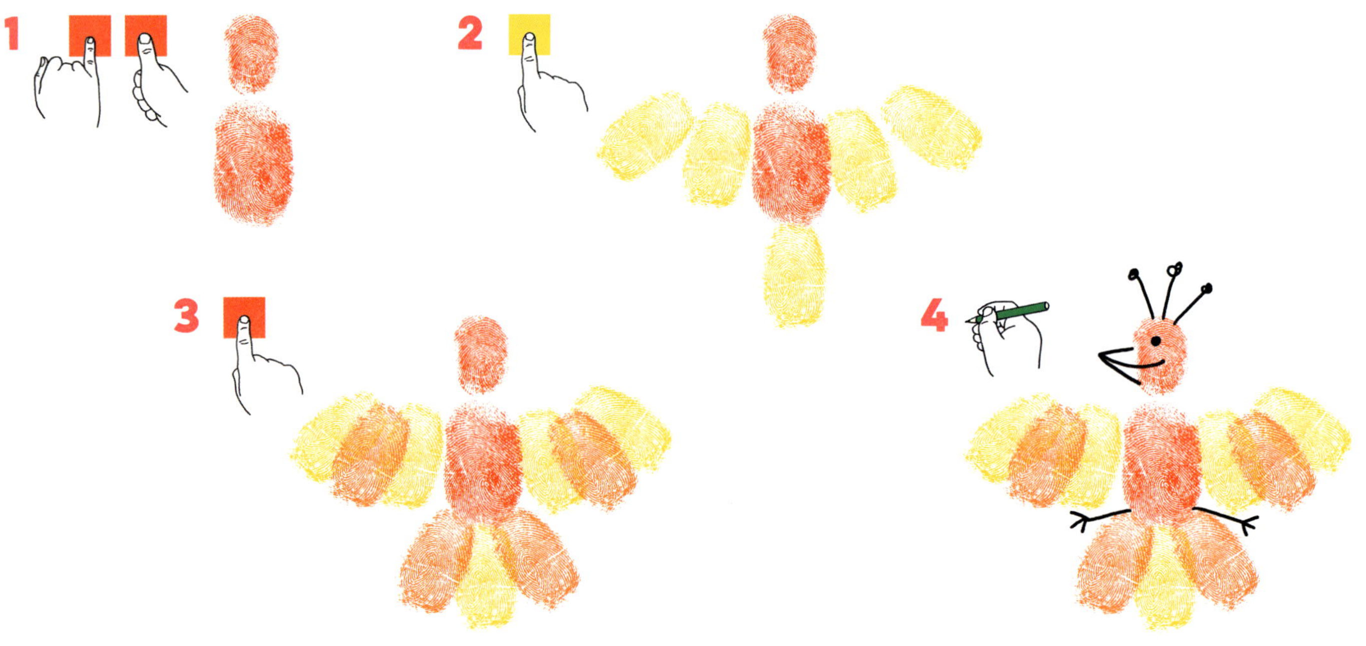

Greif

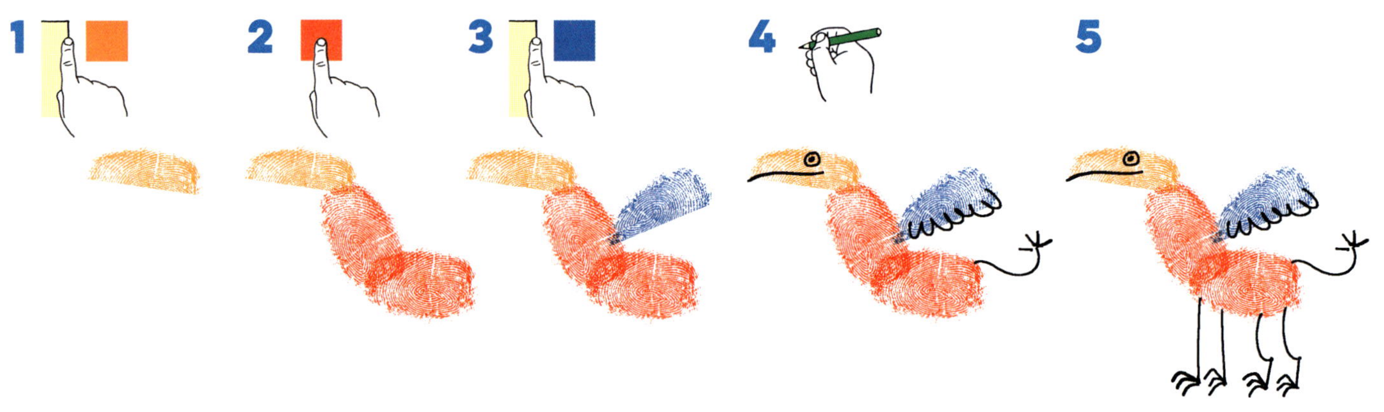

Regenbogenschlange

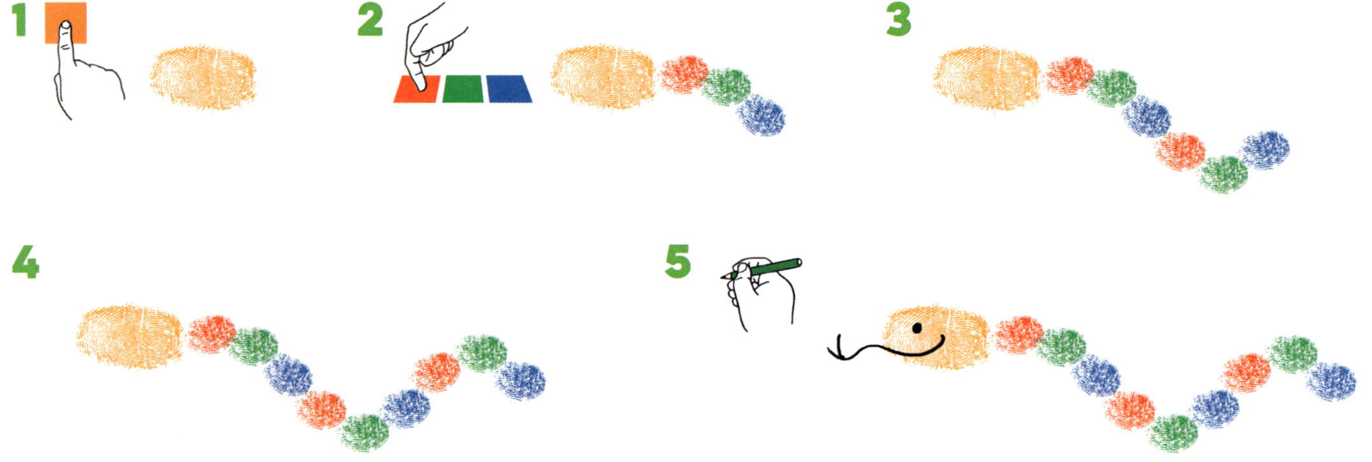

Seeschlange

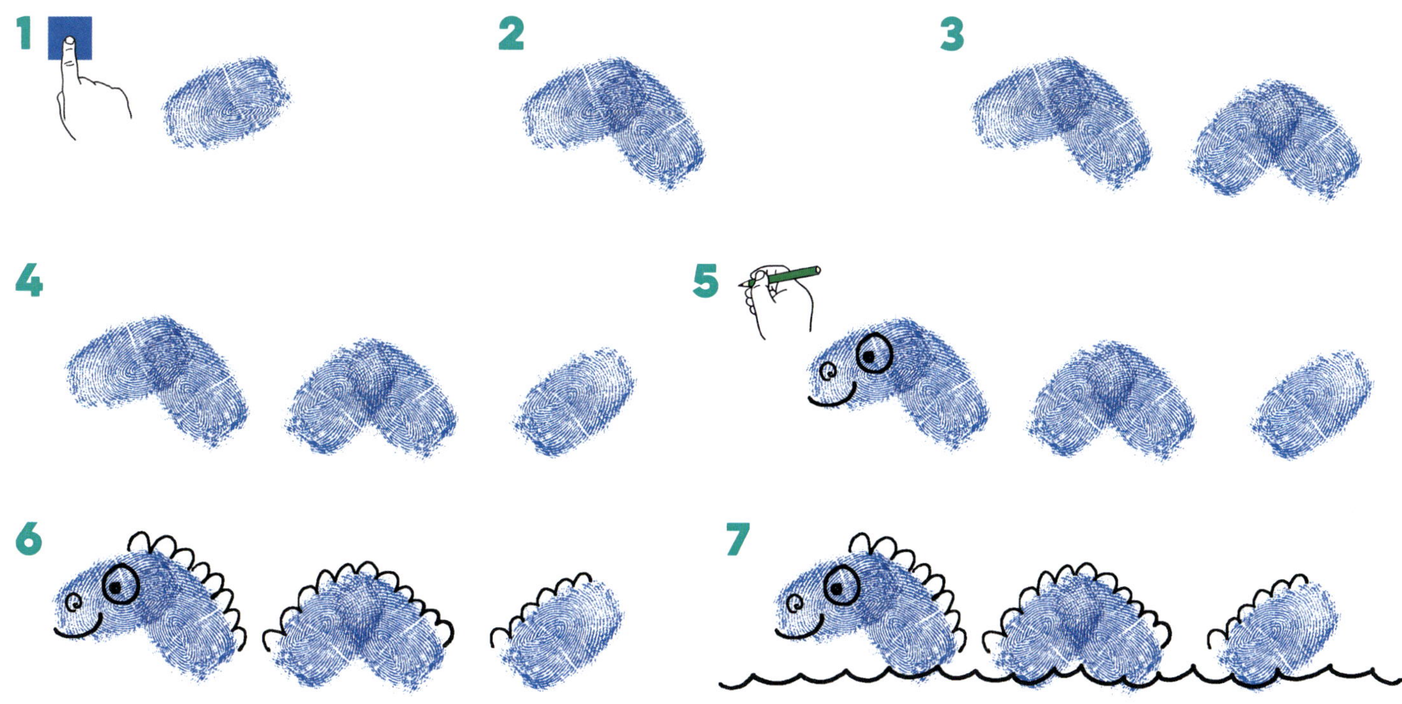

Riesenkrake

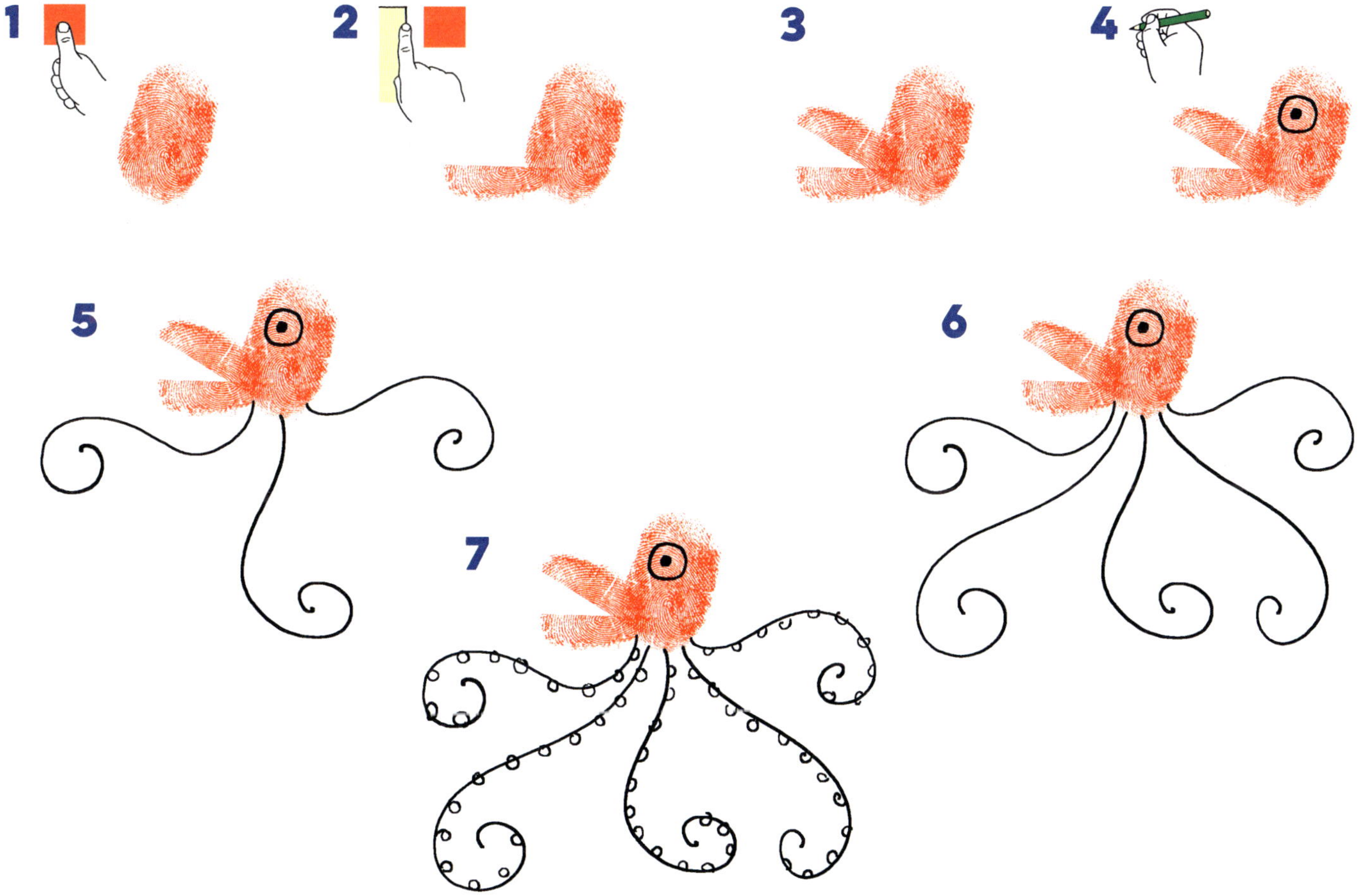

1 2 3 4

5 6

7

Lindwurm

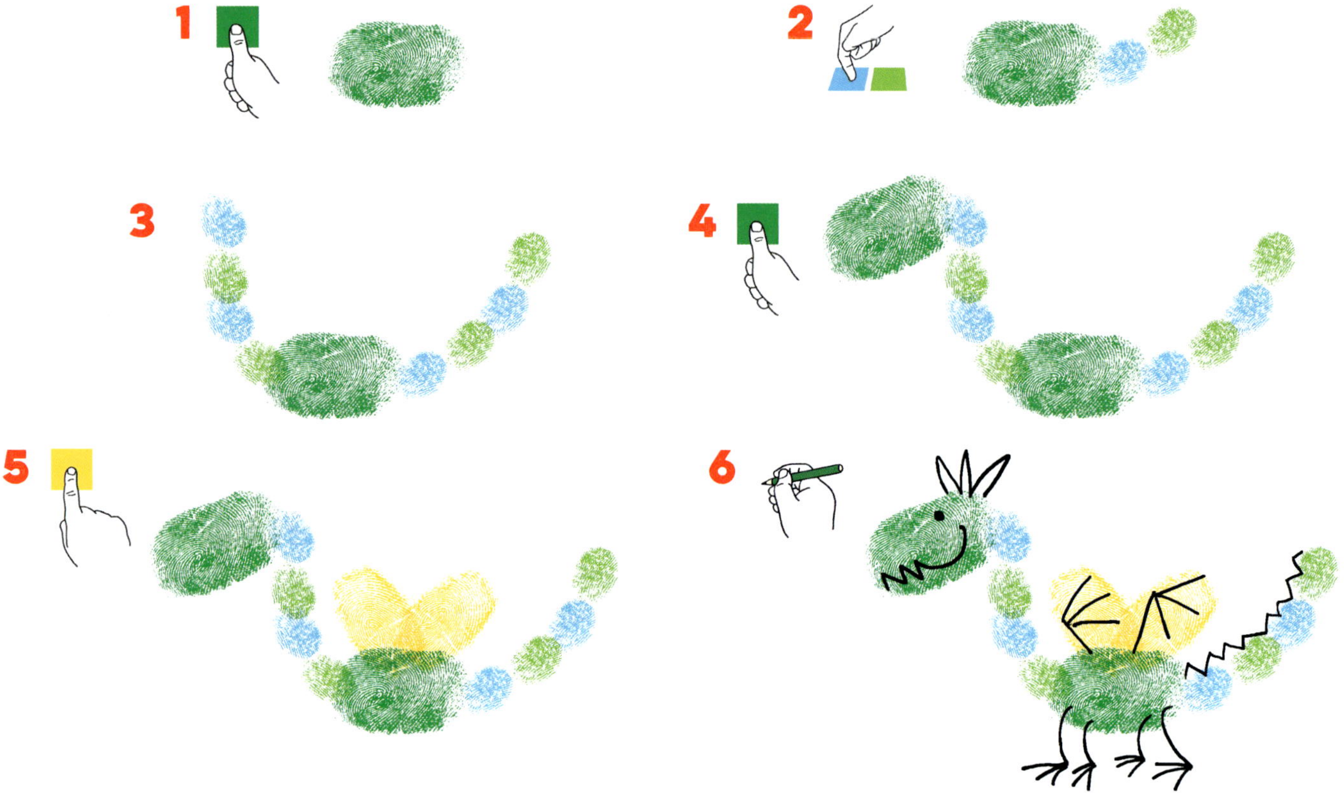

1

2

3

4

5

6

Drache

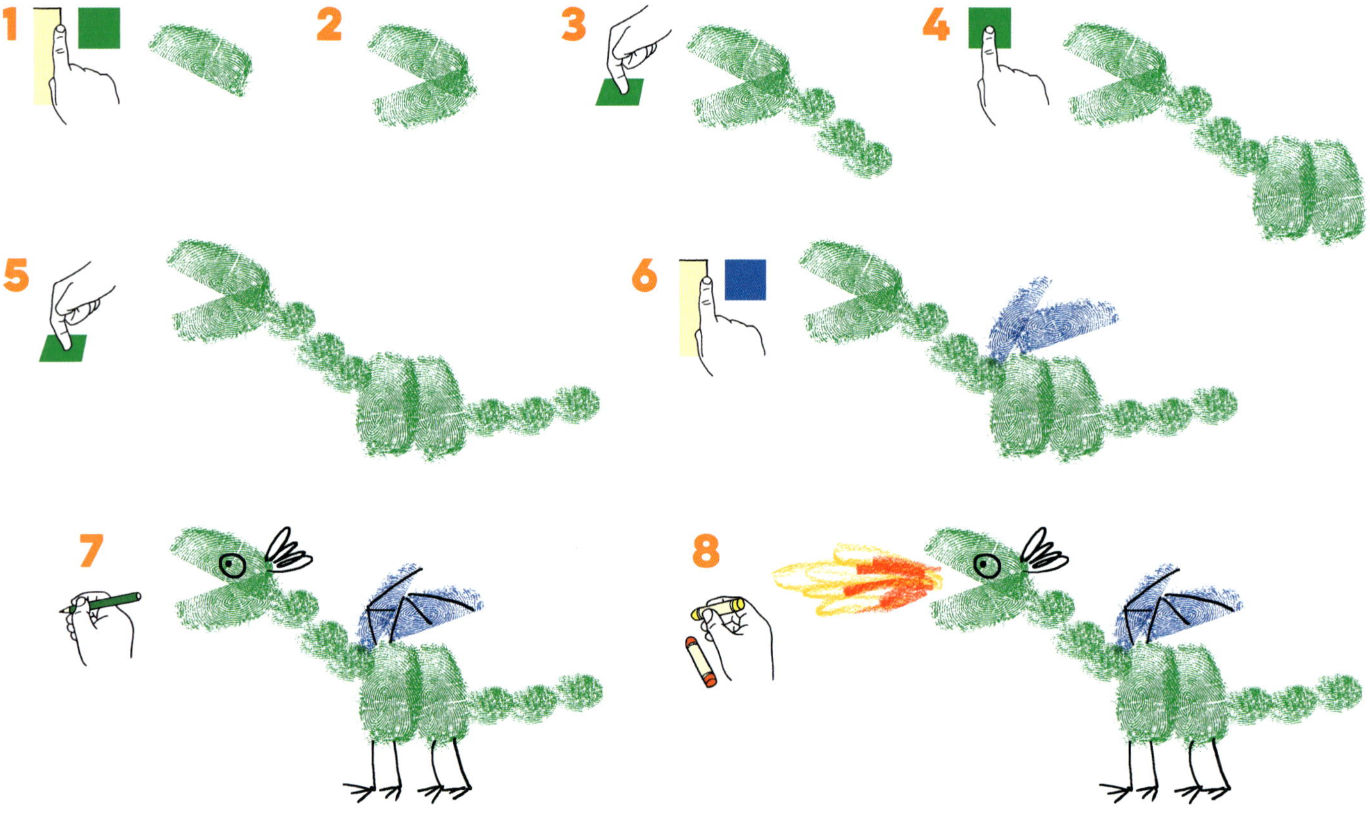

1

2

3

4

5

6

7

8

Glücksdrache

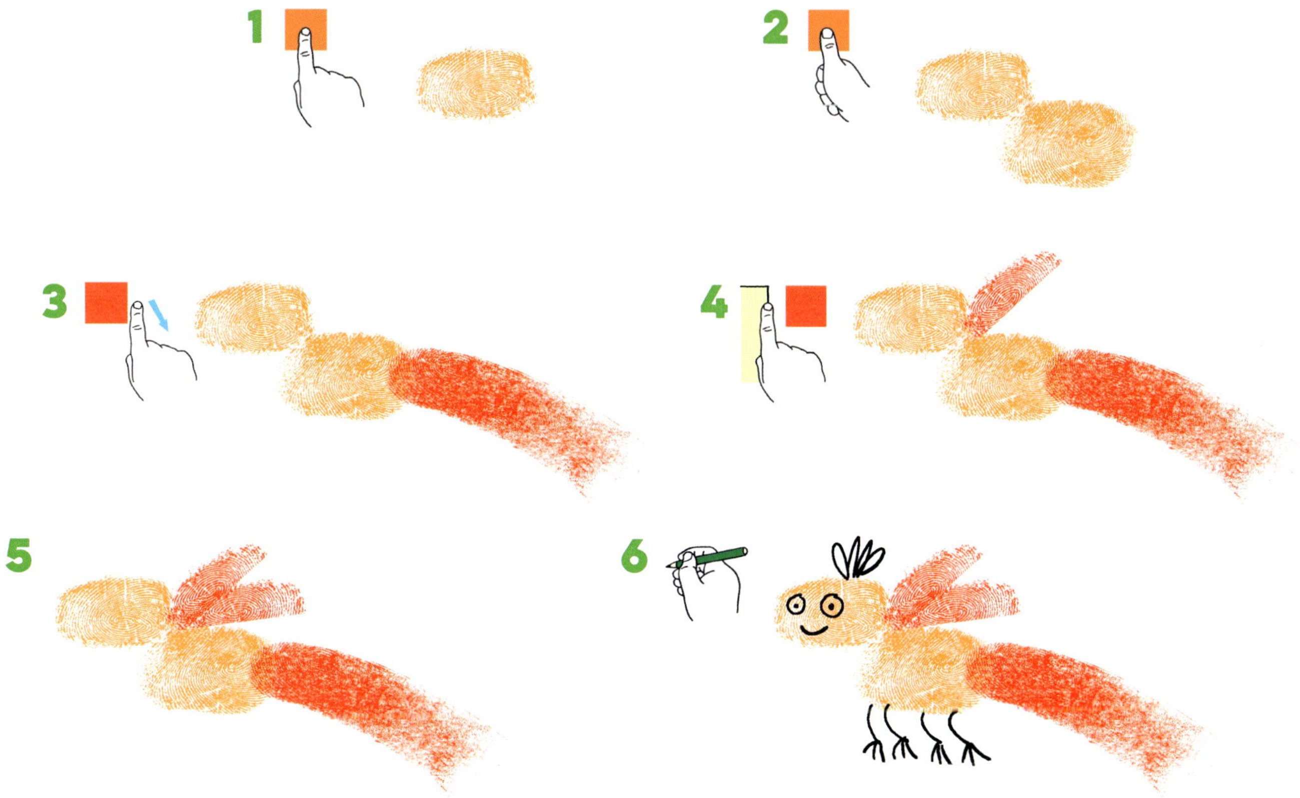

1

2

3

4

5

6

Einhorn

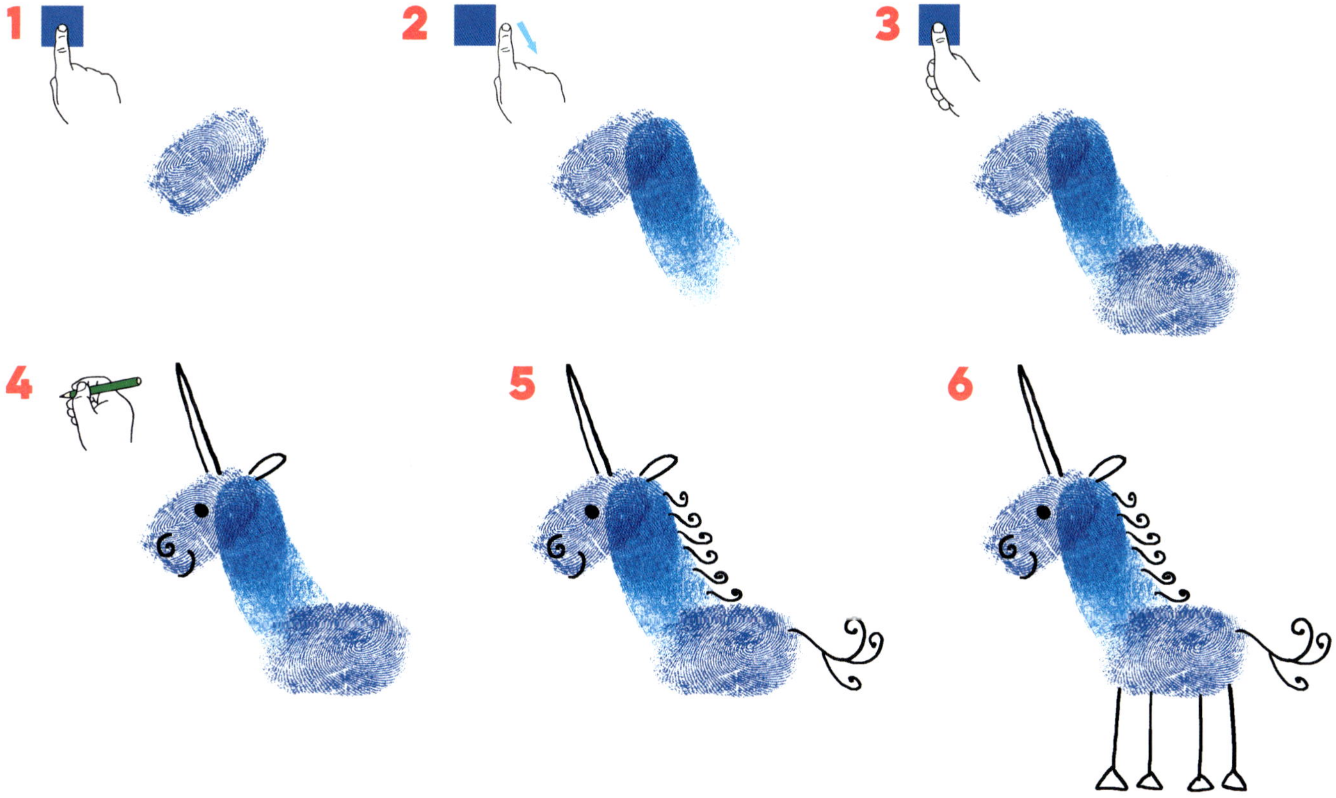

1

2

3

4

5

6

Geflügelter Affe

Gestiefelter Kater

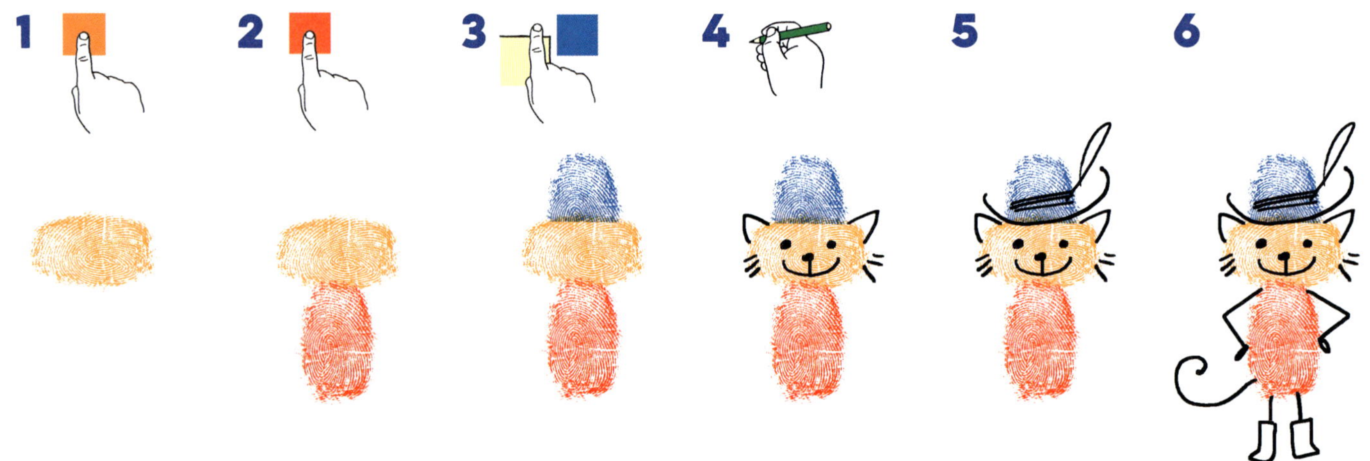

Flaschengeist

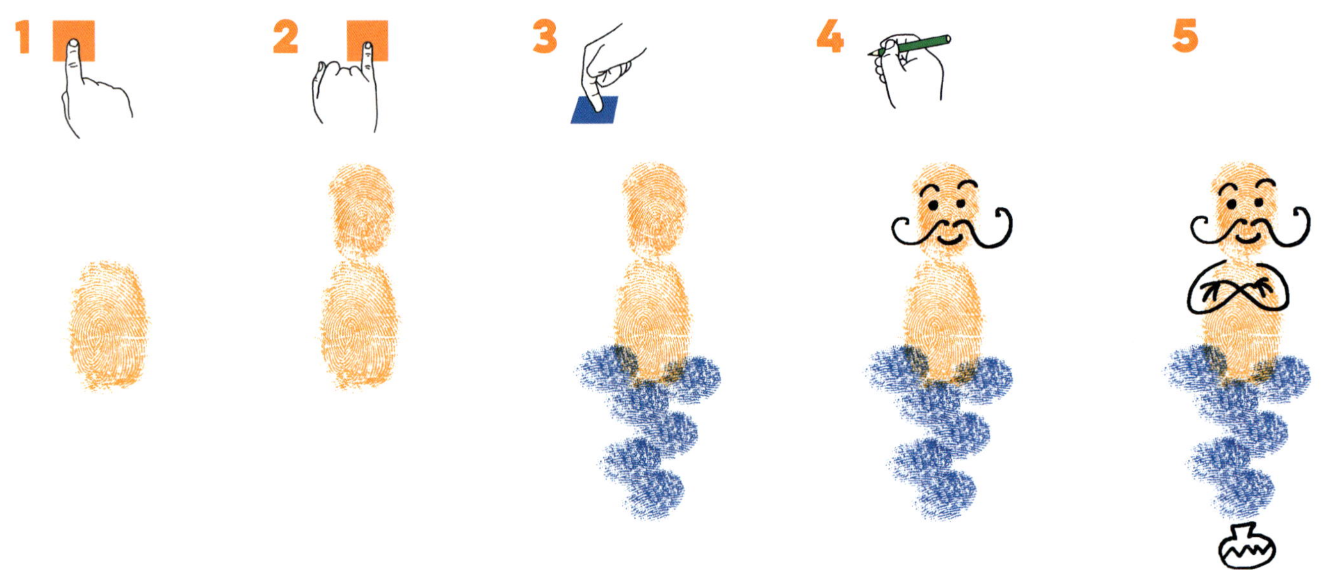

Nixe

Neptun

Wassermann

Teufel

Engel

Amor

Waldgeist

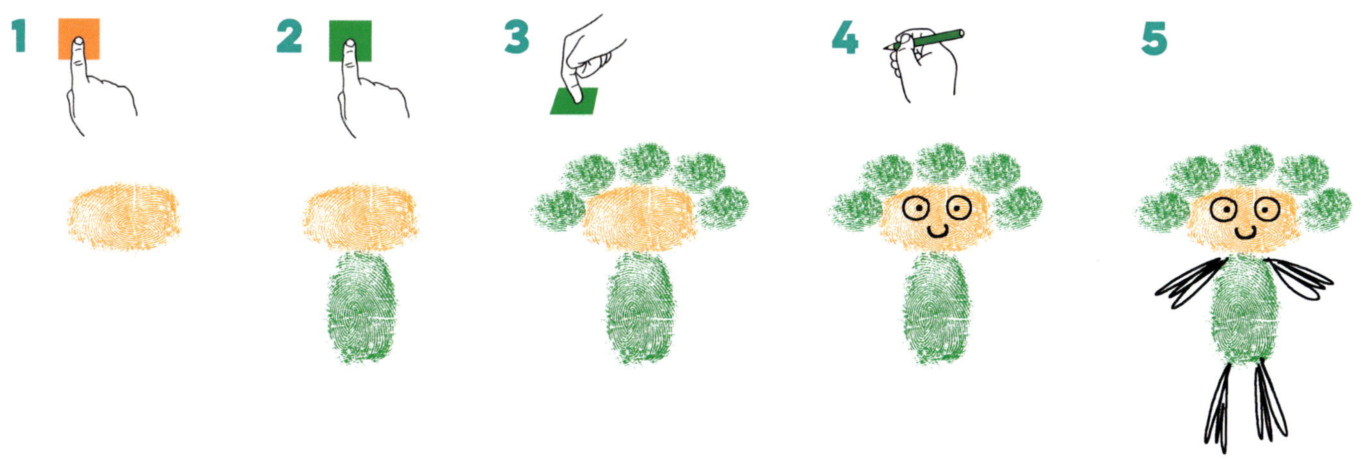

Blumenfee

Blumenelfe

Böse Fee

1
2
3
4
5
6
7

Schneekönigin

1
2
3
4
5
6
7

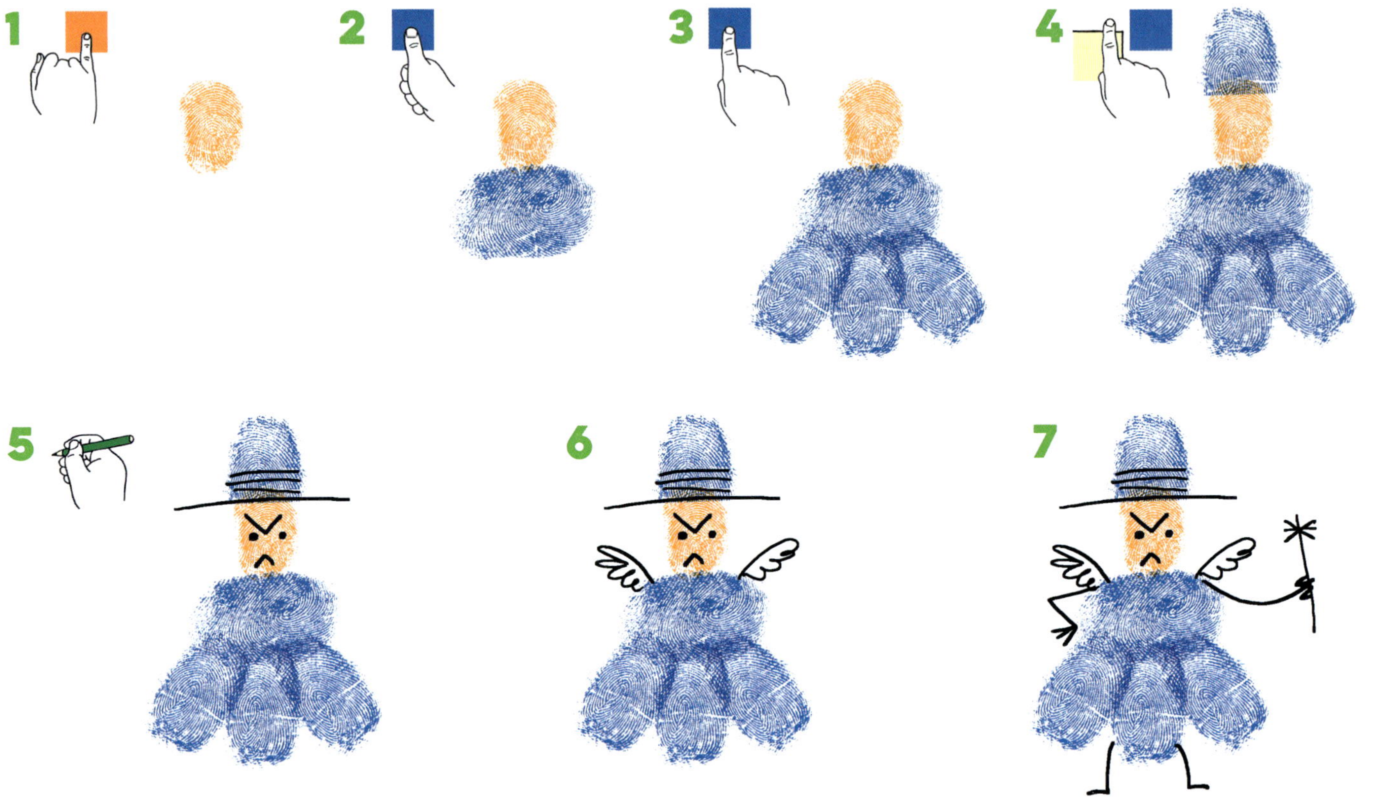

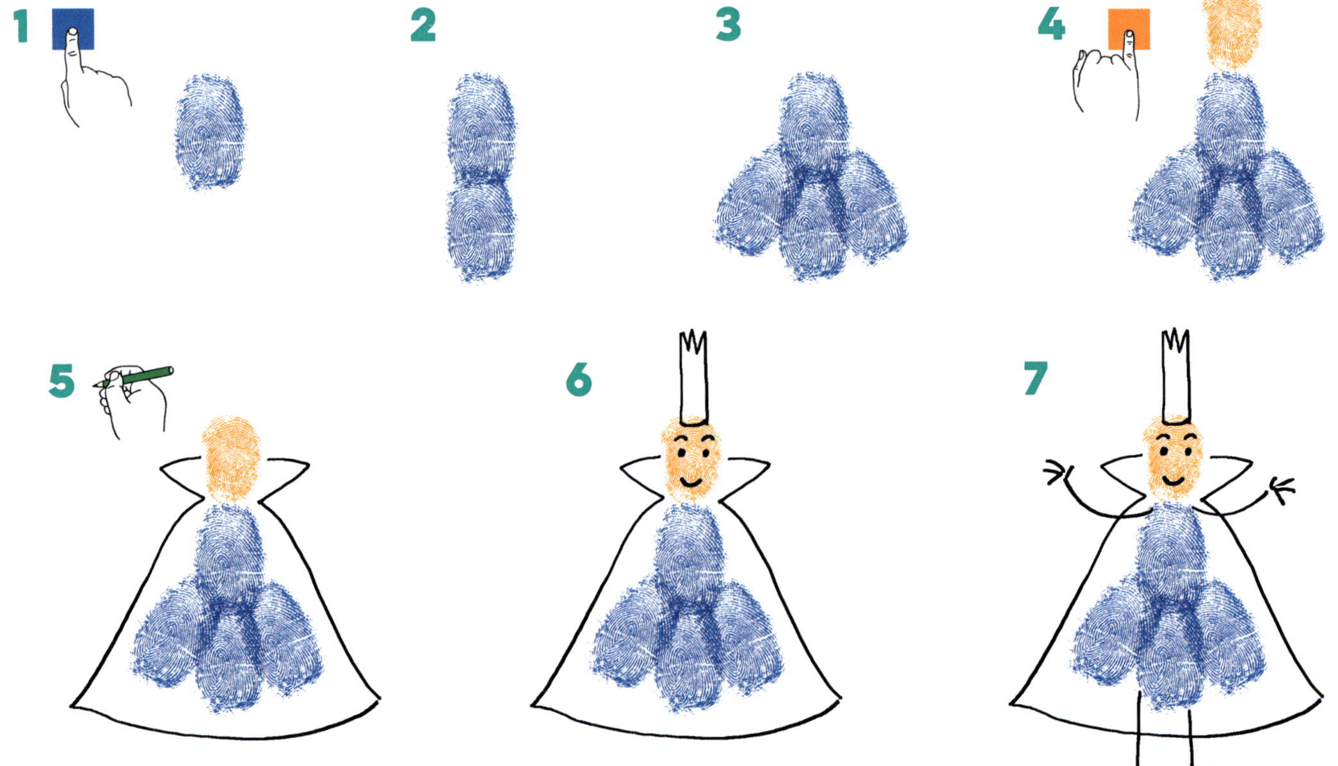

Hexe

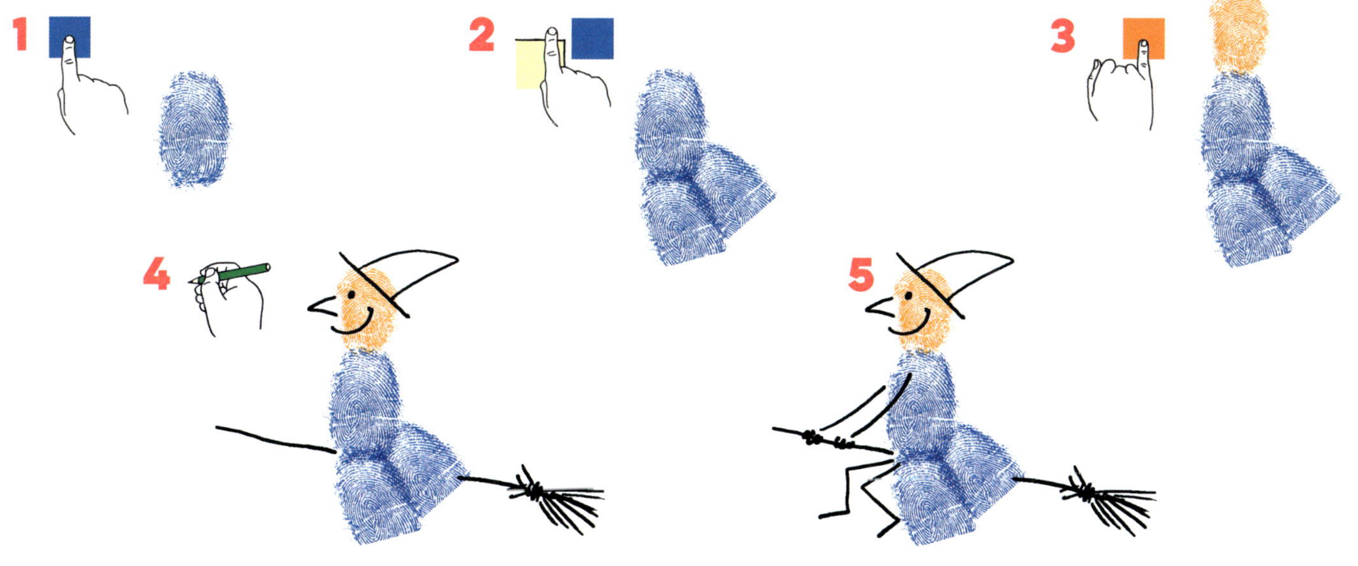

Magier

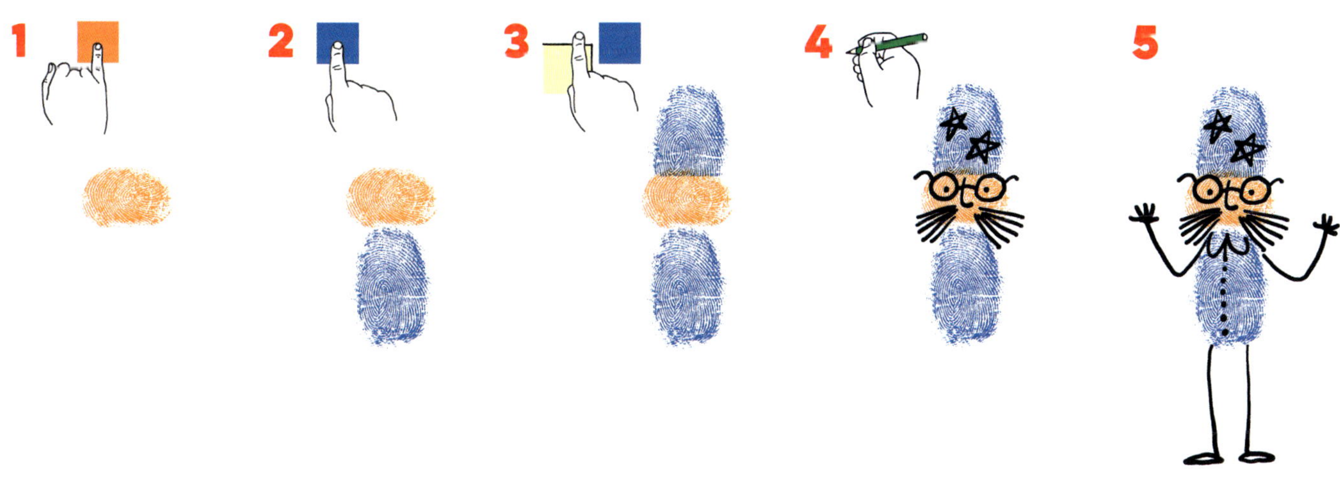

Zauberer

Elf

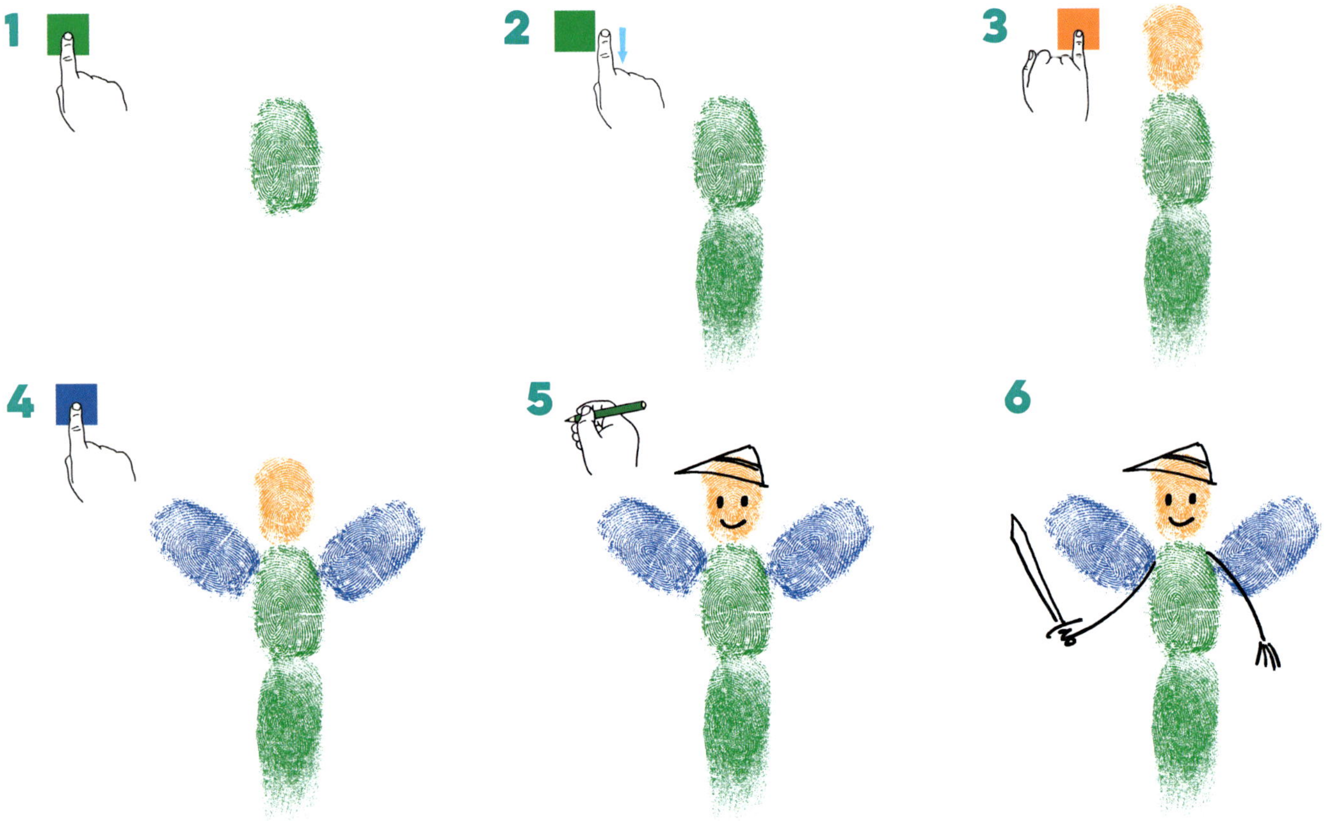

1

2

3

4

5

6

Elfenprinzessin

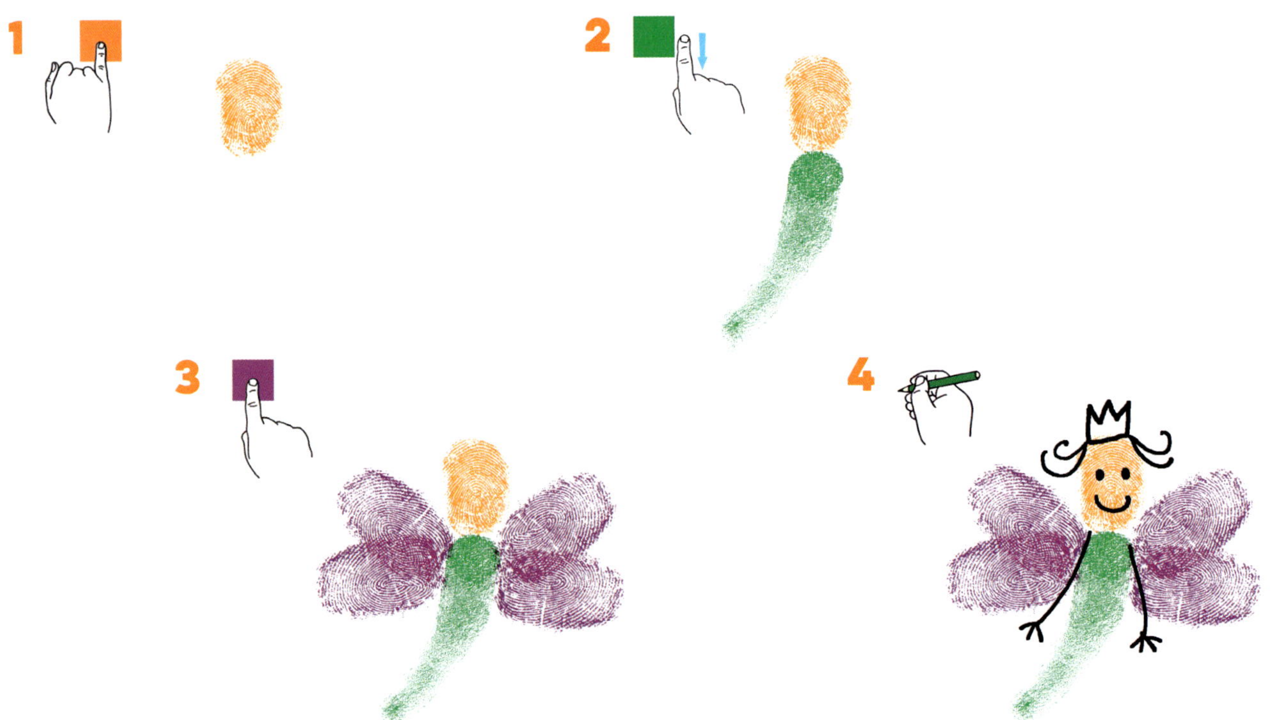

Elfenkönig

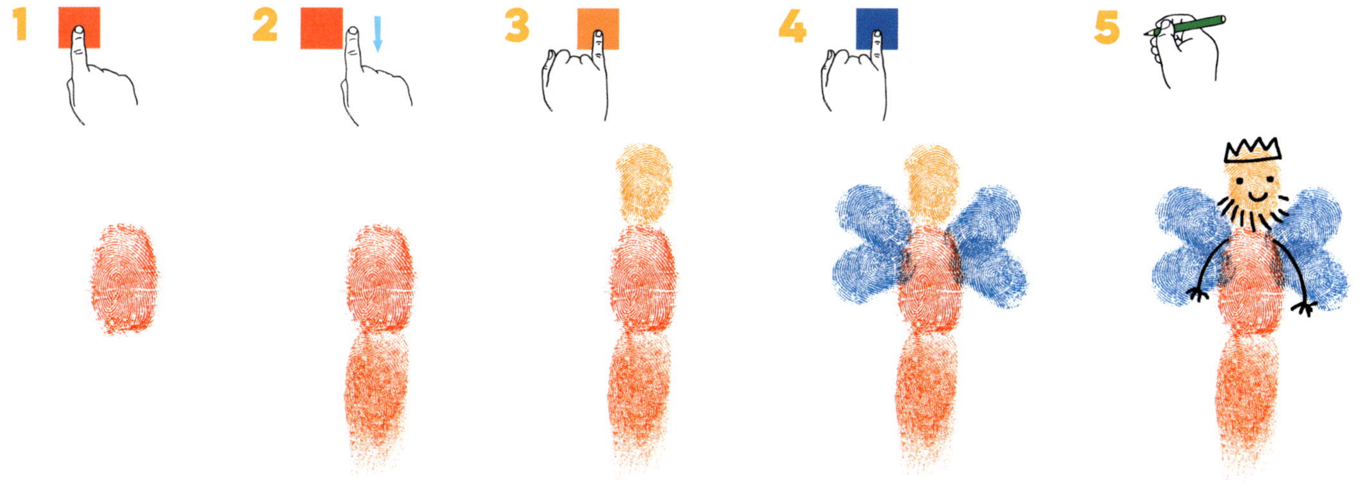

Elfenkönigin

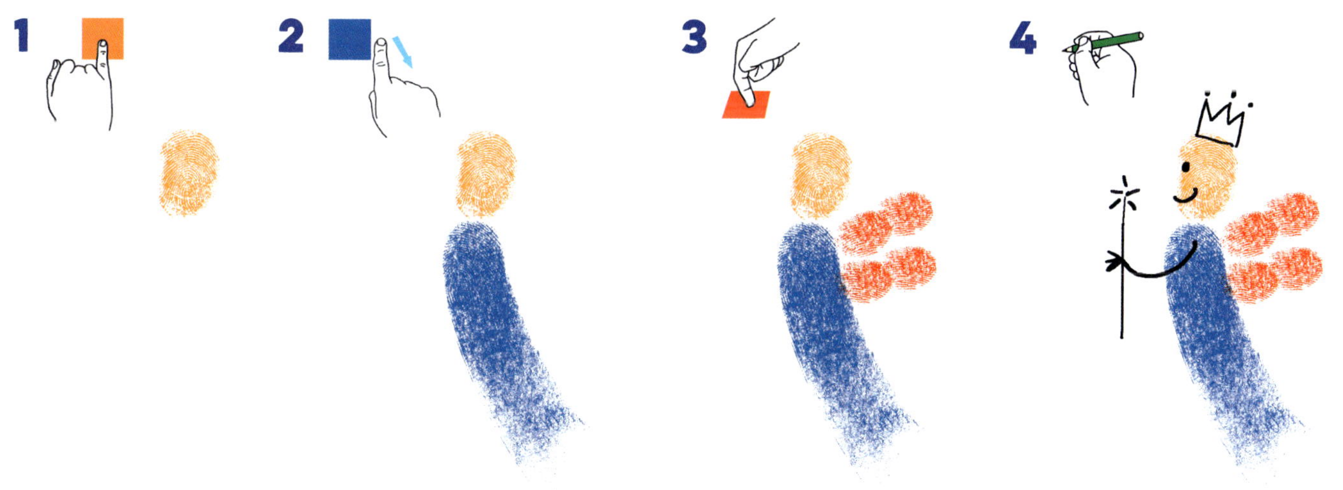

Sandmann

Riese

1

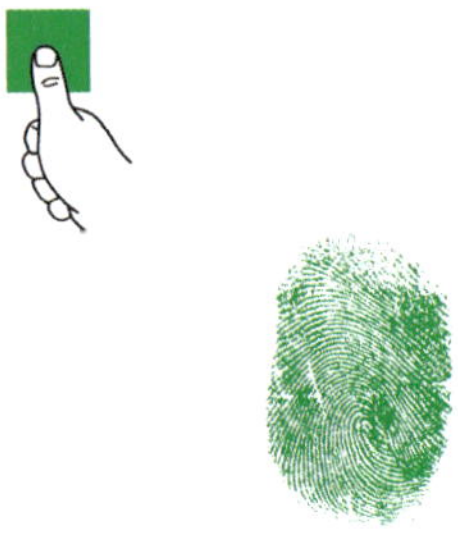

2

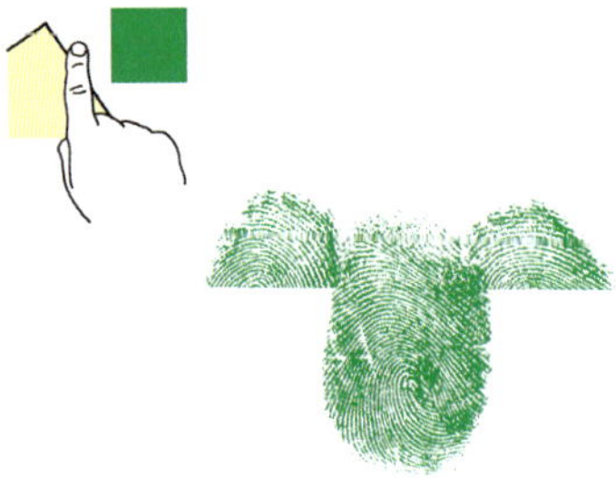

3

4

5

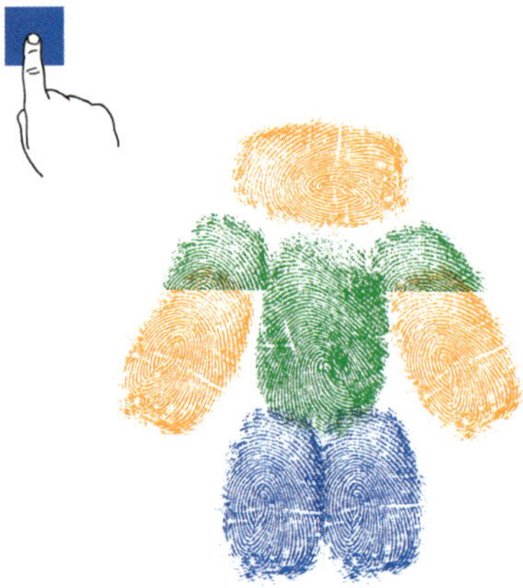

6

Oger

1

2

3

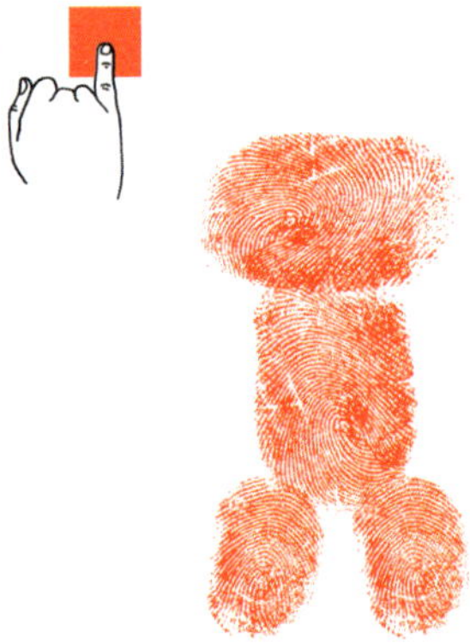

4

5

Troll

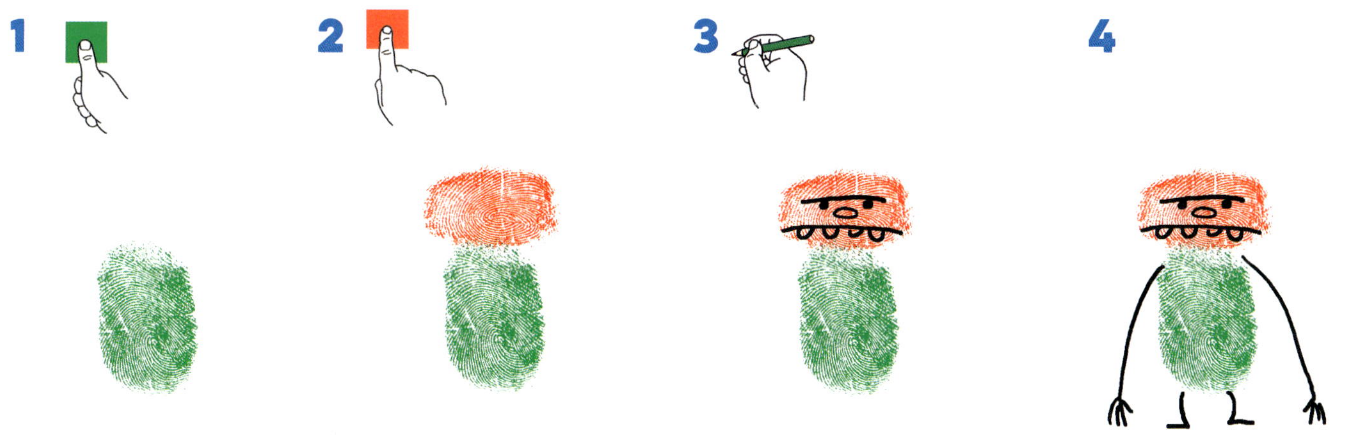

Berggeist

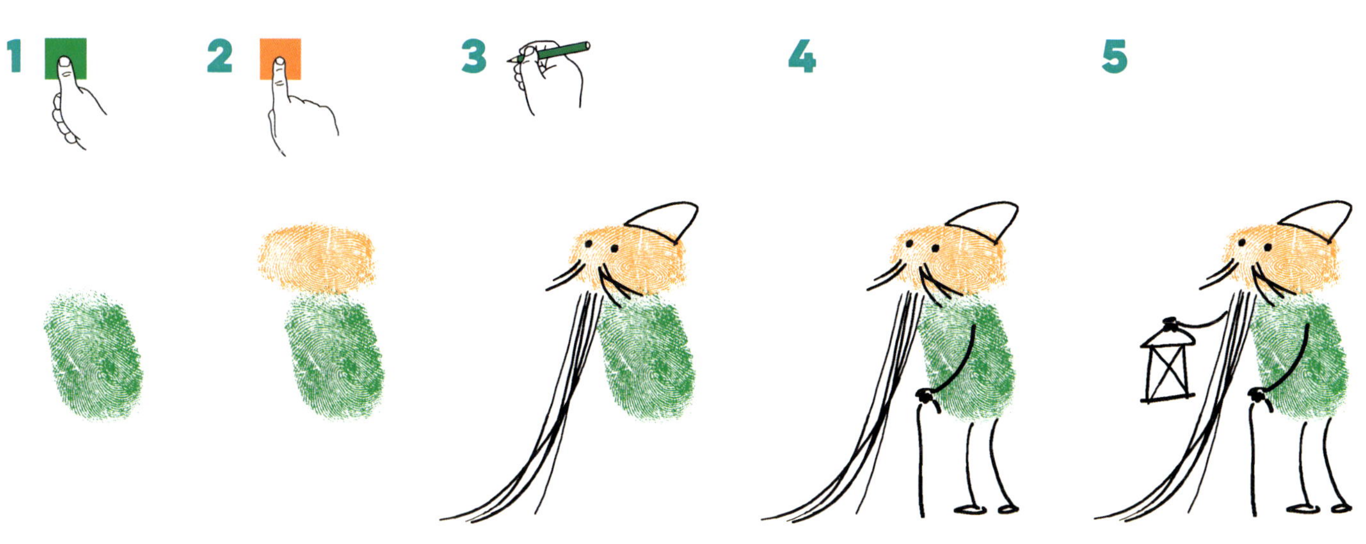

Leprechaun

Heinzelmännchen

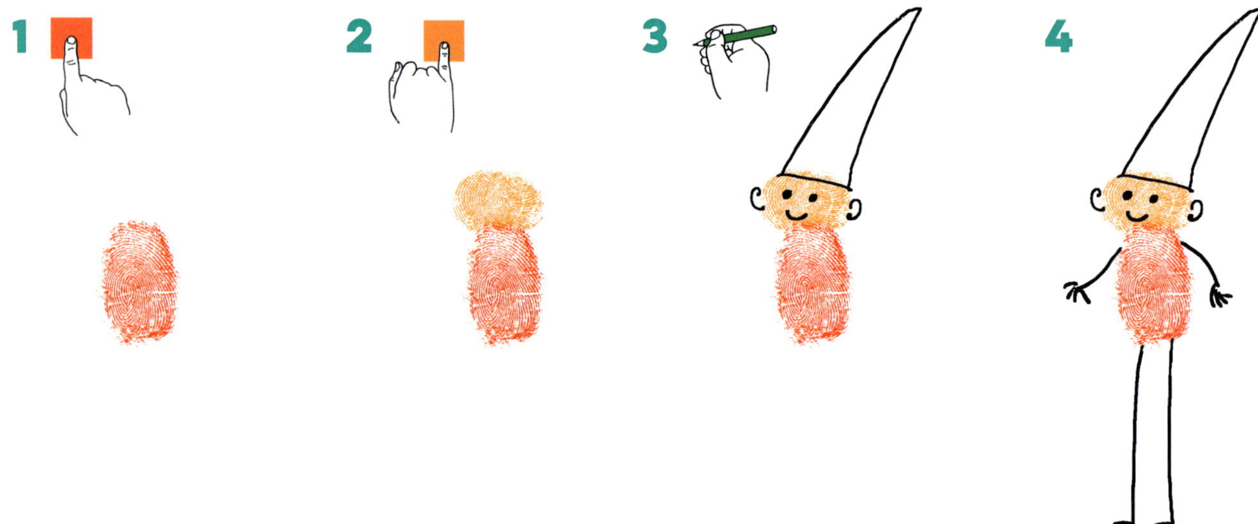

Zwerg

Waldwichtel

Gnom

Kobolde

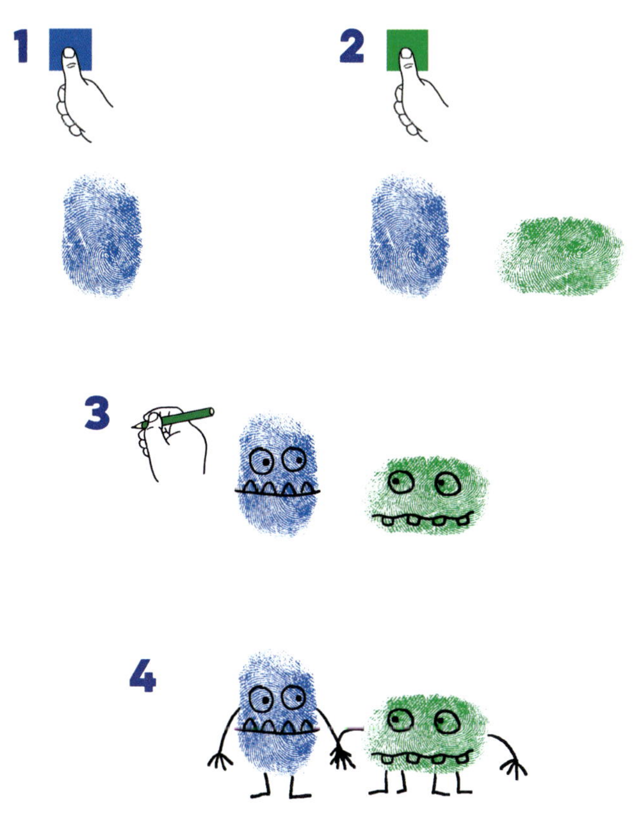

Waldkobold

Moorkobold

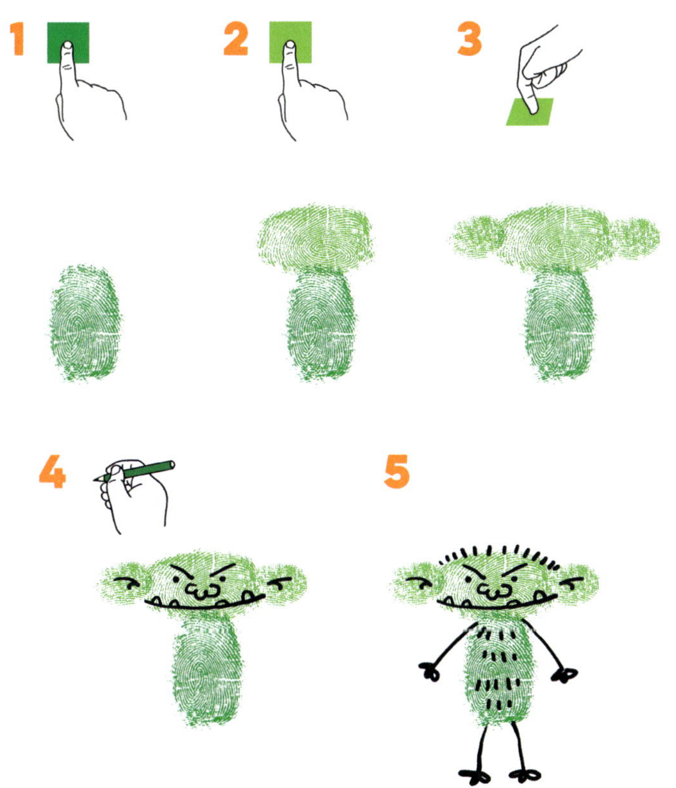

Auto

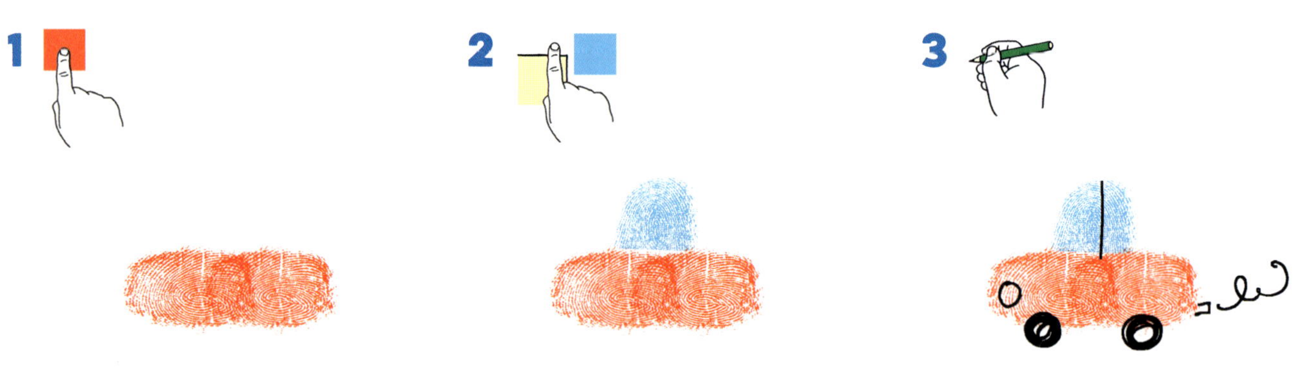

Cabrio

Taxi

Oldtimer

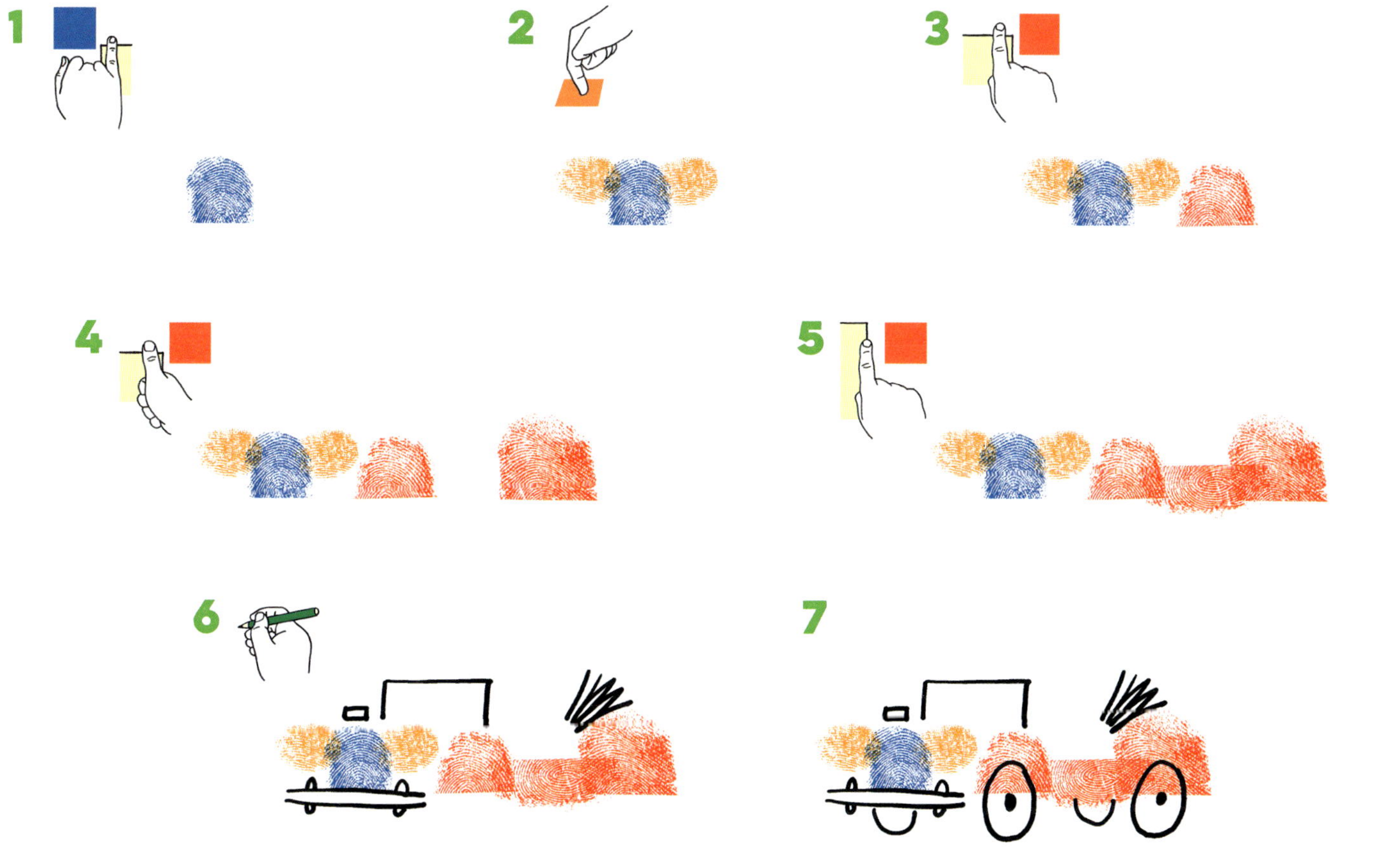

1

2

3

4

5

6

7

Rennwagen

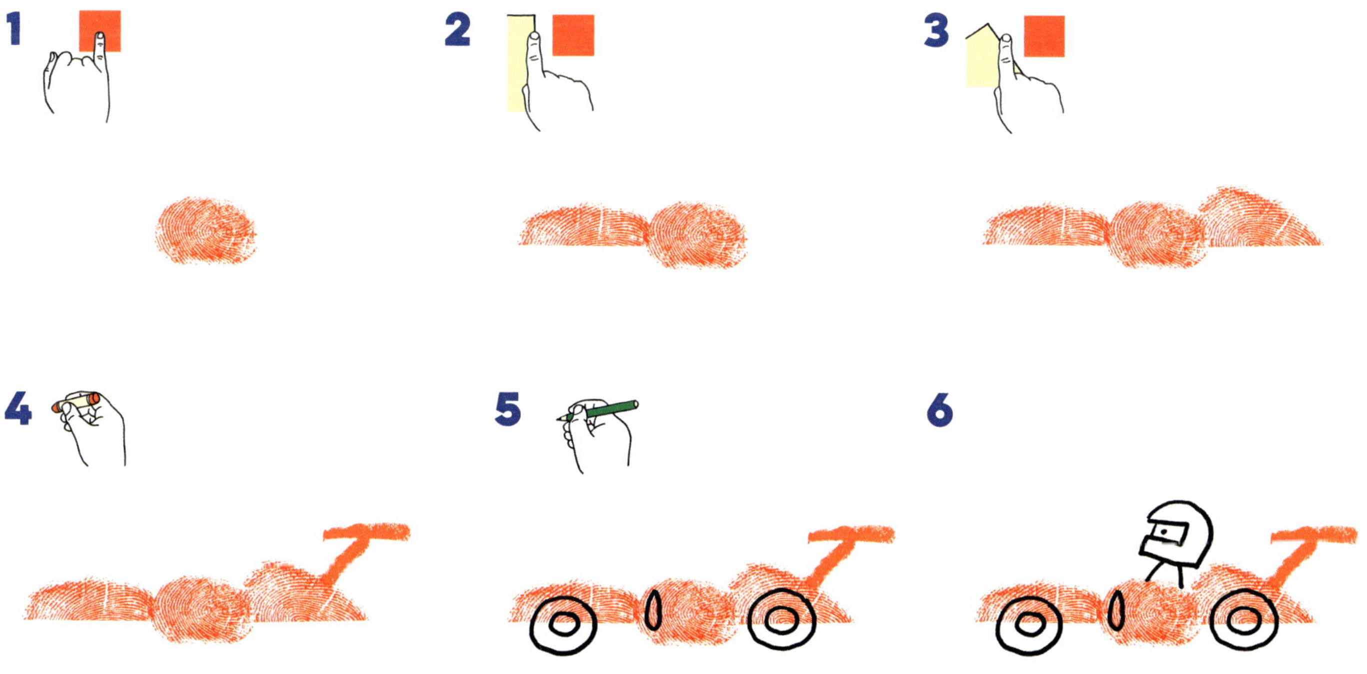

Wohnwagen (mit Auto)

Motorroller

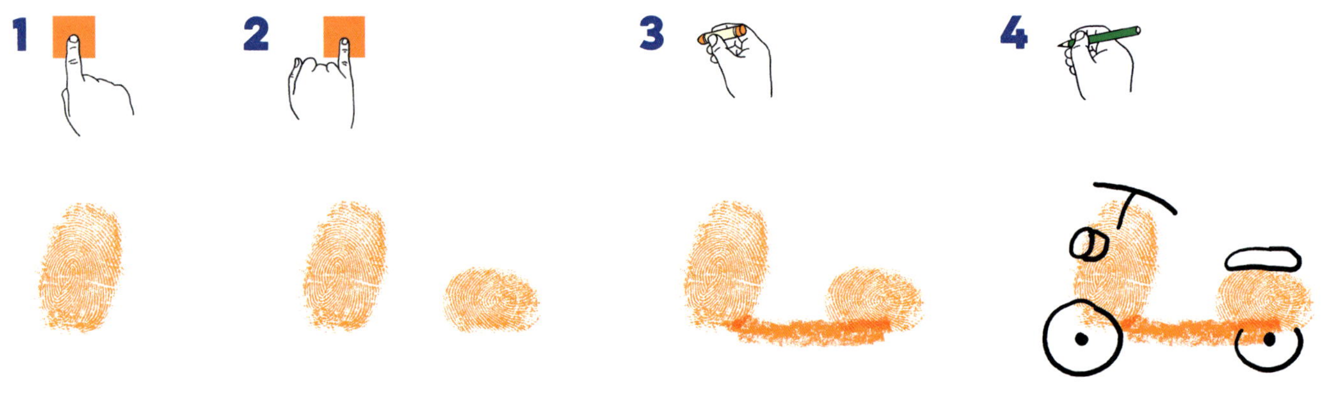

Safari-Jeep

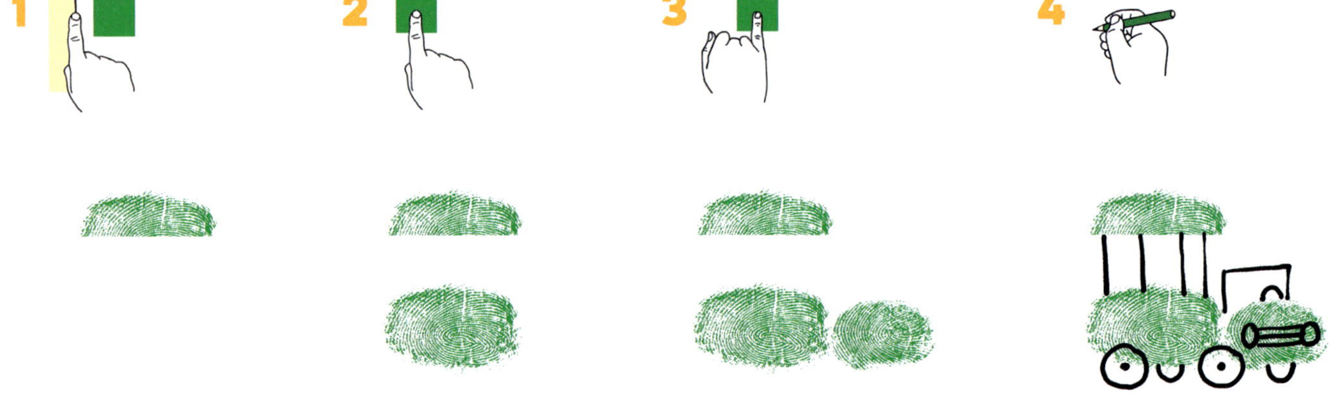

Autoscooter

Hundeschlitten

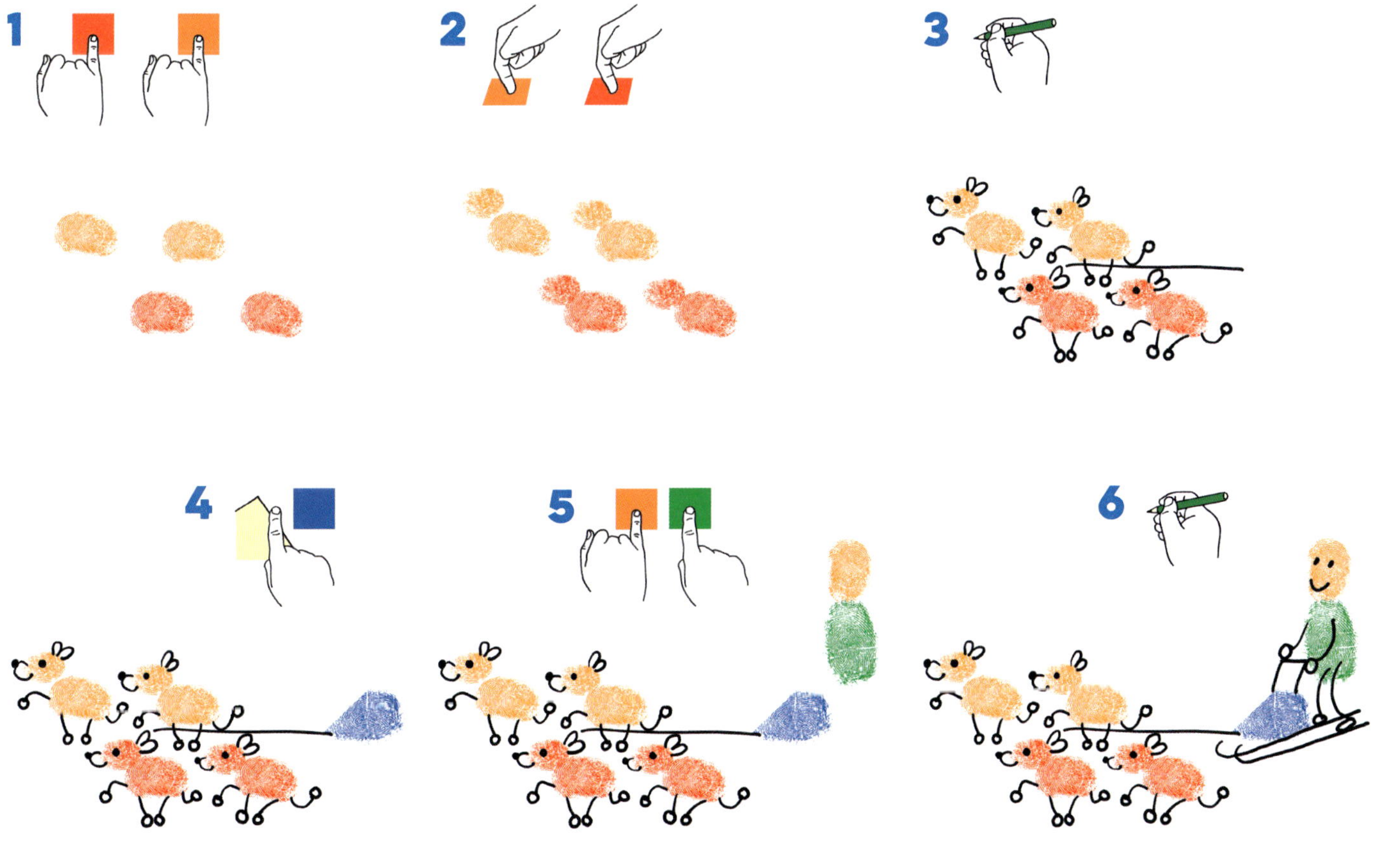

1

2

3

4

5

6

Postkutsche

Reisebus

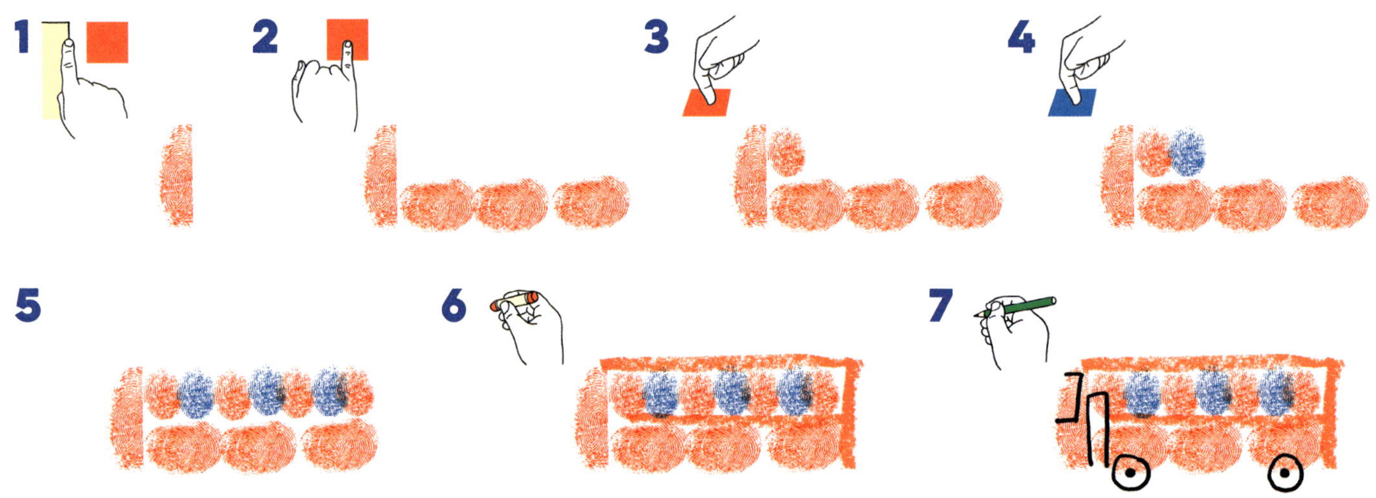

Straßenbahn

Lokomotive

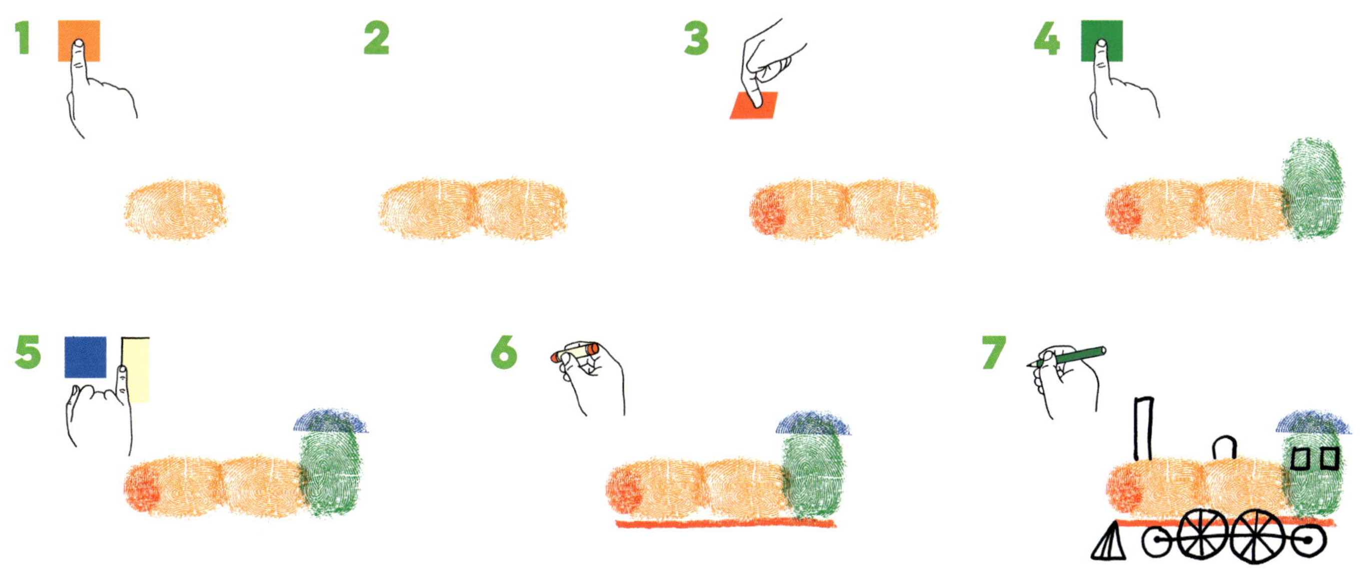

Eisenbahn

Rangierlok

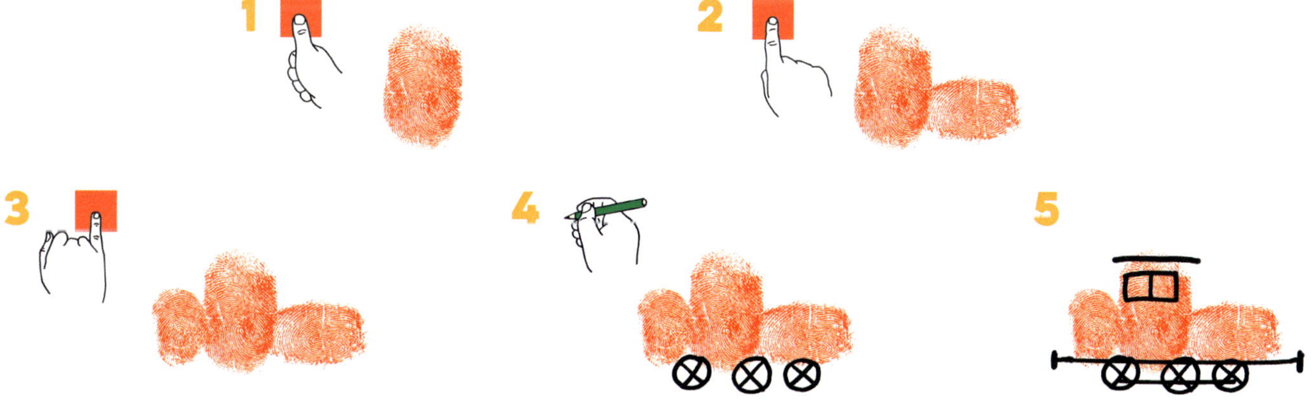

Polizeiauto

1

2

3

4

5

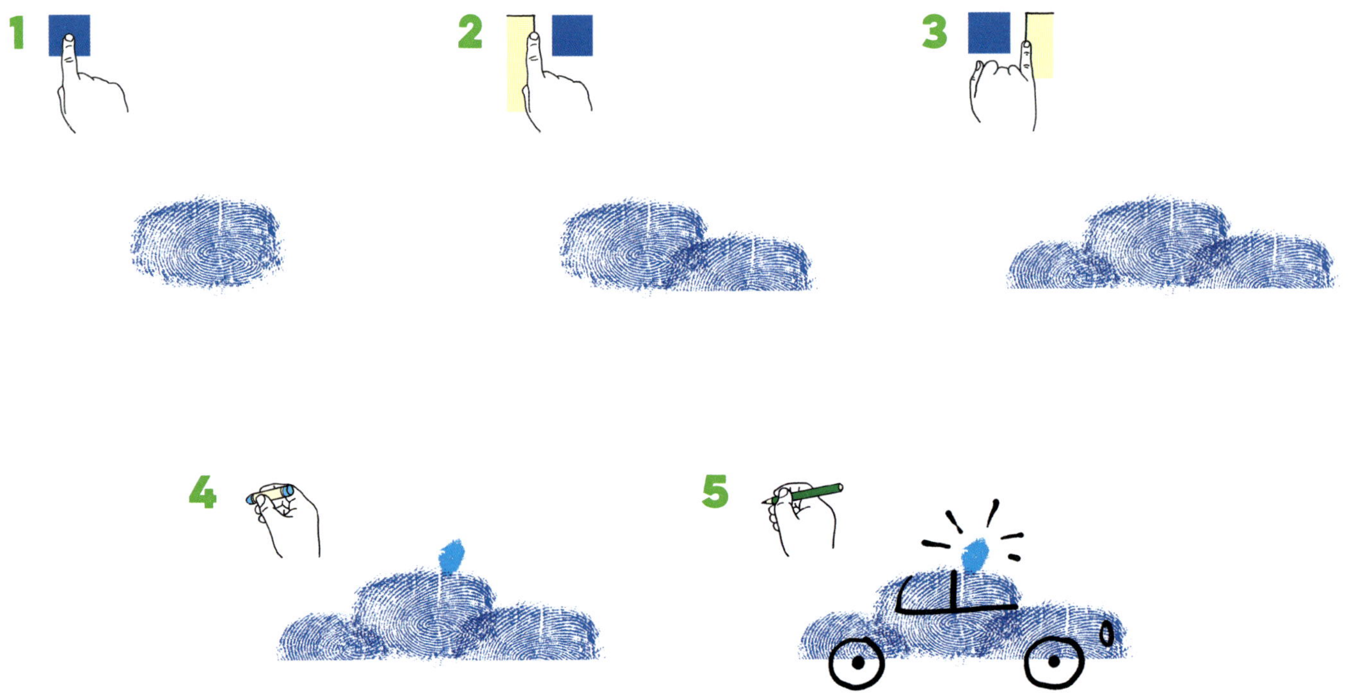

Feuerwehrauto

1

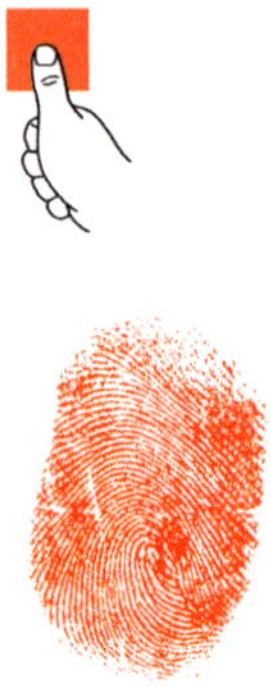

2

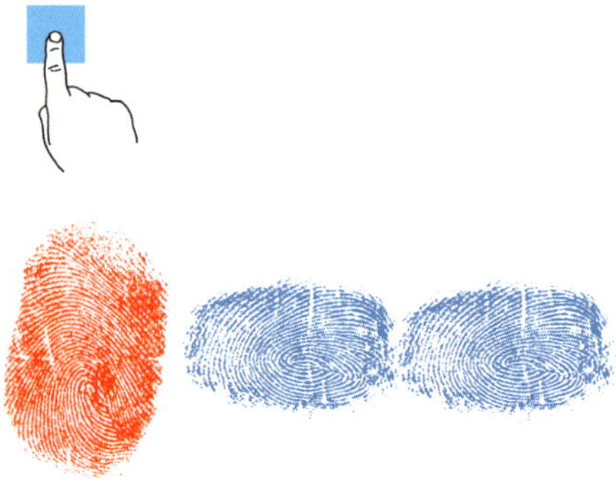

3

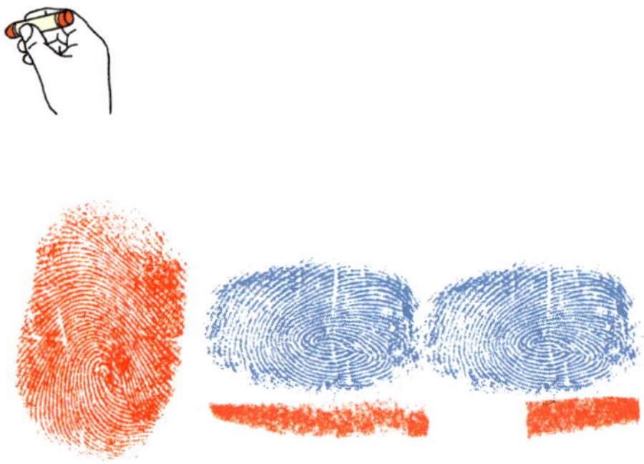

4

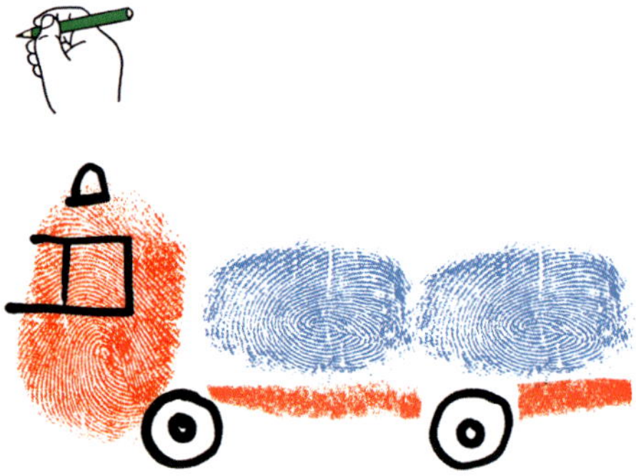

5

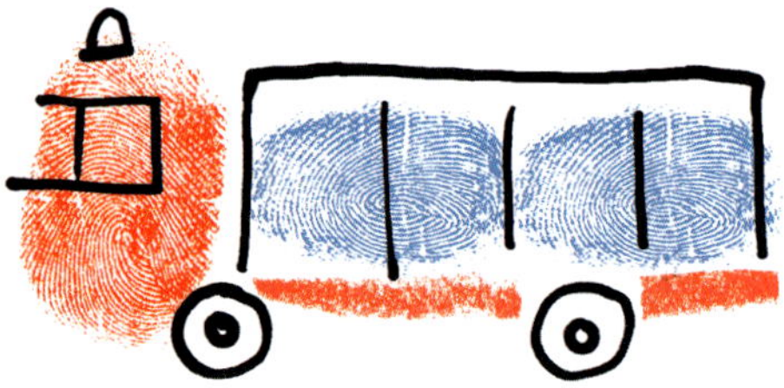

Drehleiterwagen

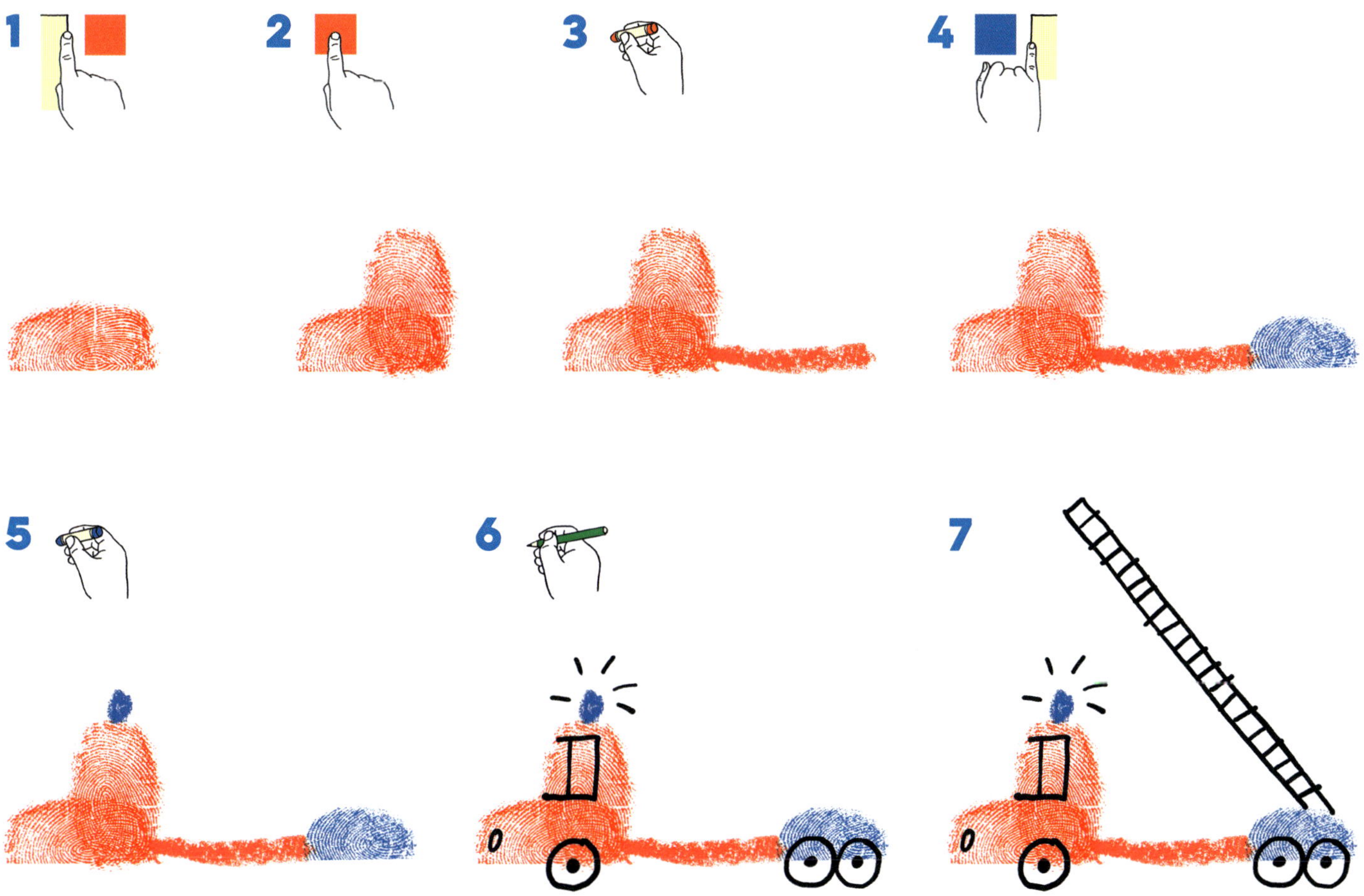

1

2

3

4

5

6

7

Rettungswagen

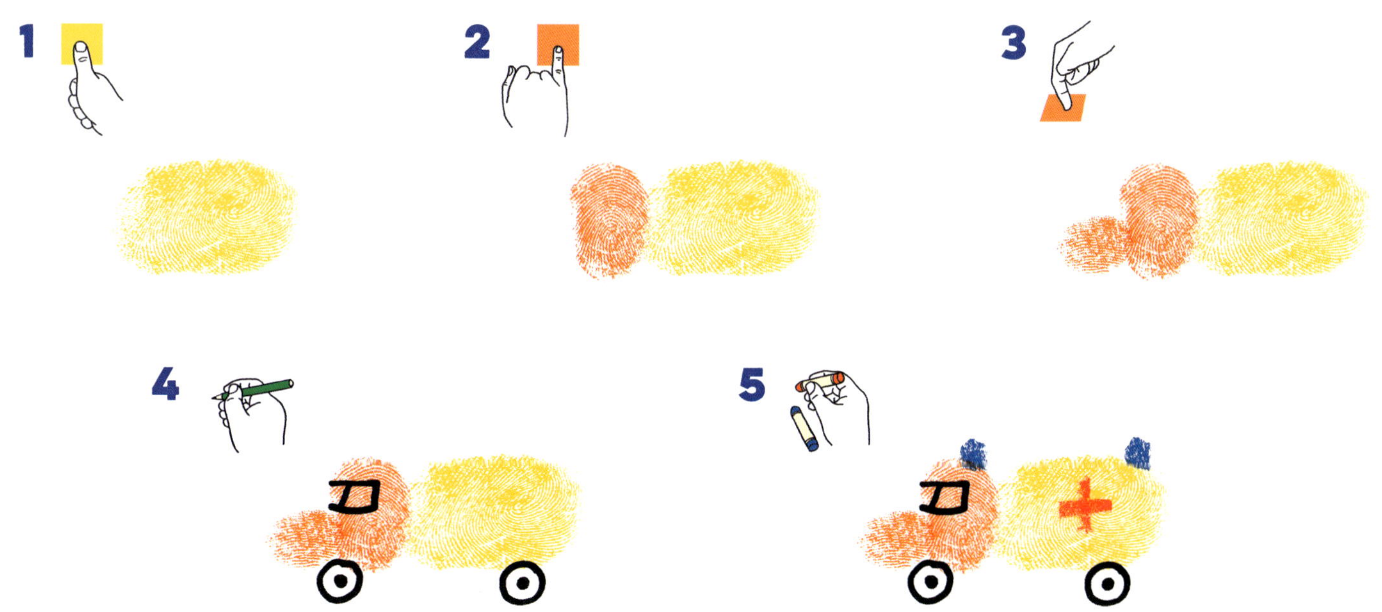

1

2

3

4

5

Müllwagen

1

2

3

4

5

6

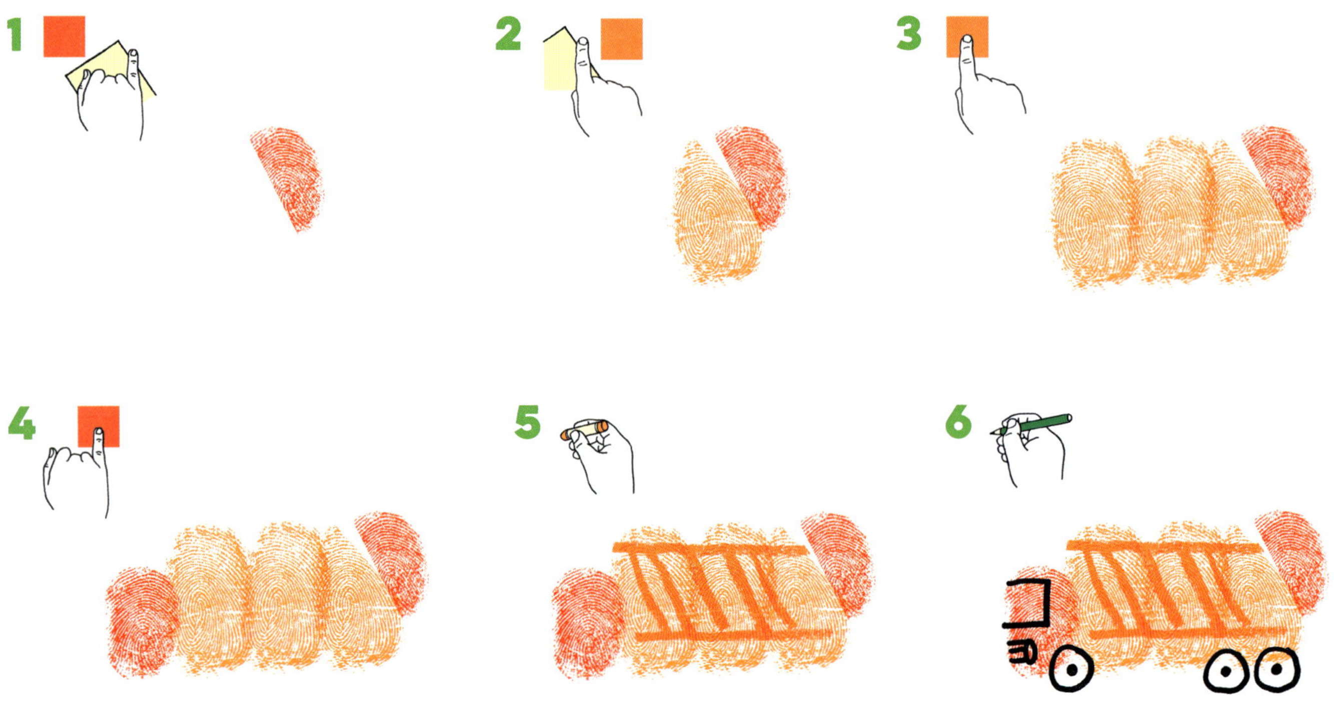

Tanklaster

1

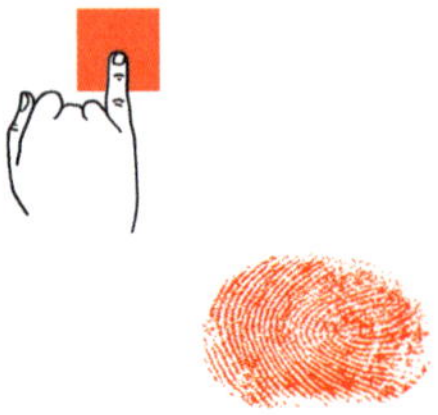

2

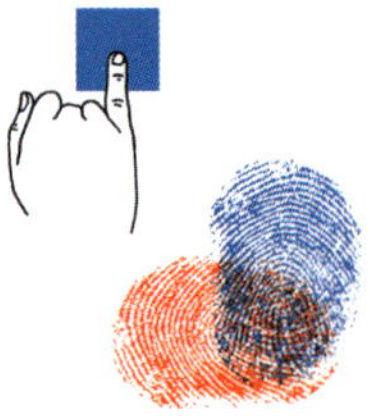

3

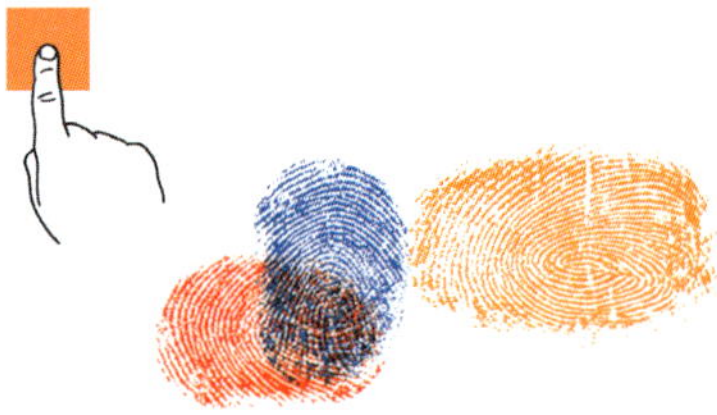

4

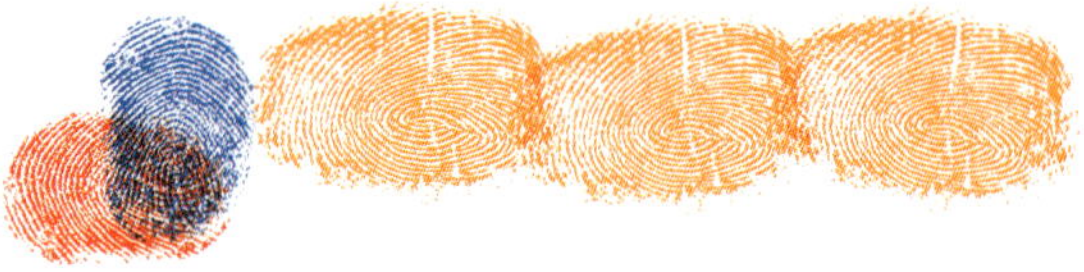

5

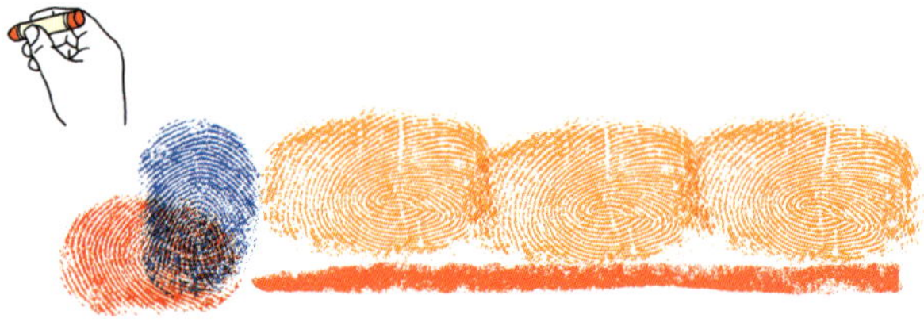

6

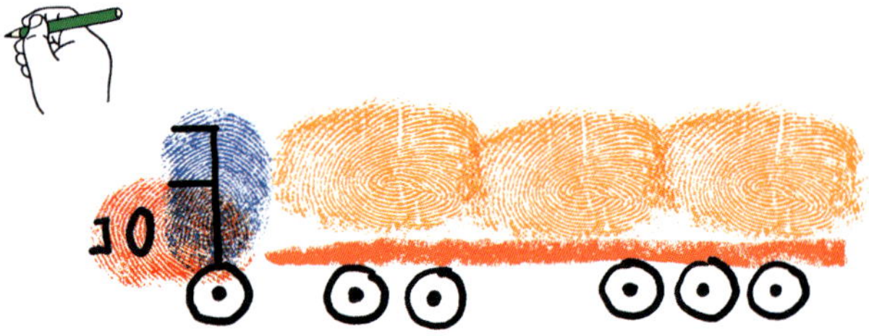

7

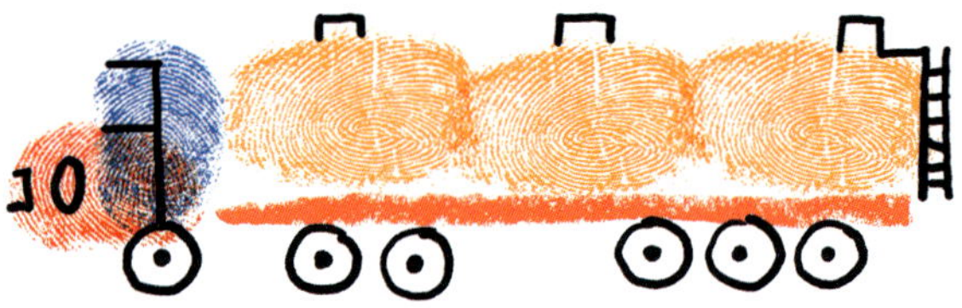

Abschleppwagen

Kleinlaster

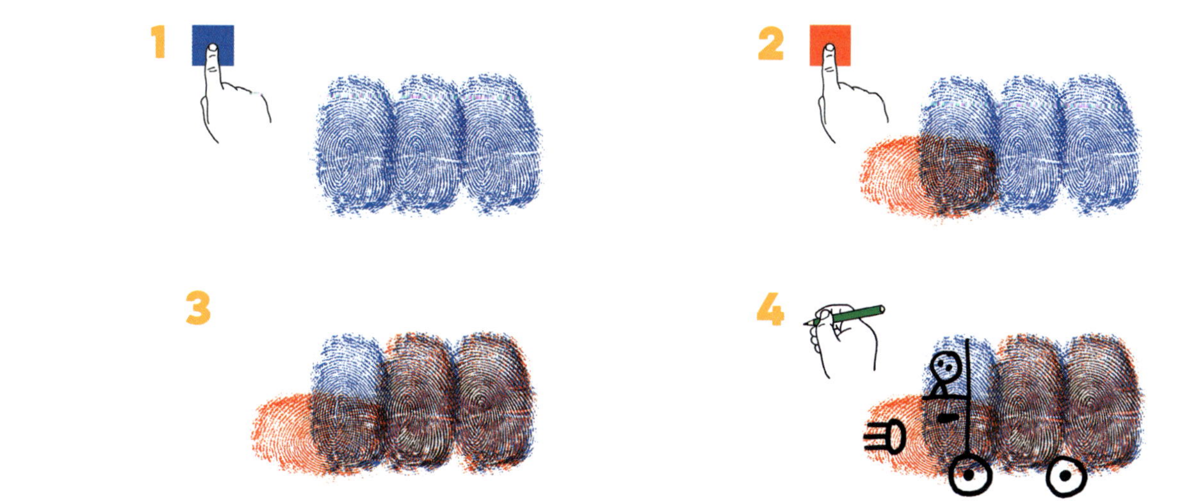

Gabelstapler

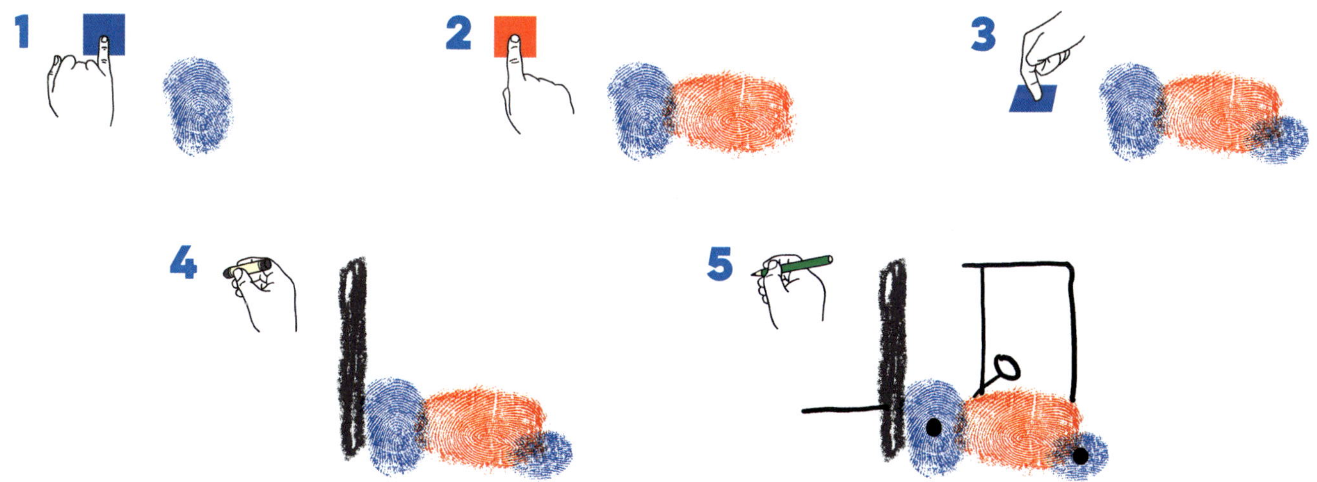

Truck

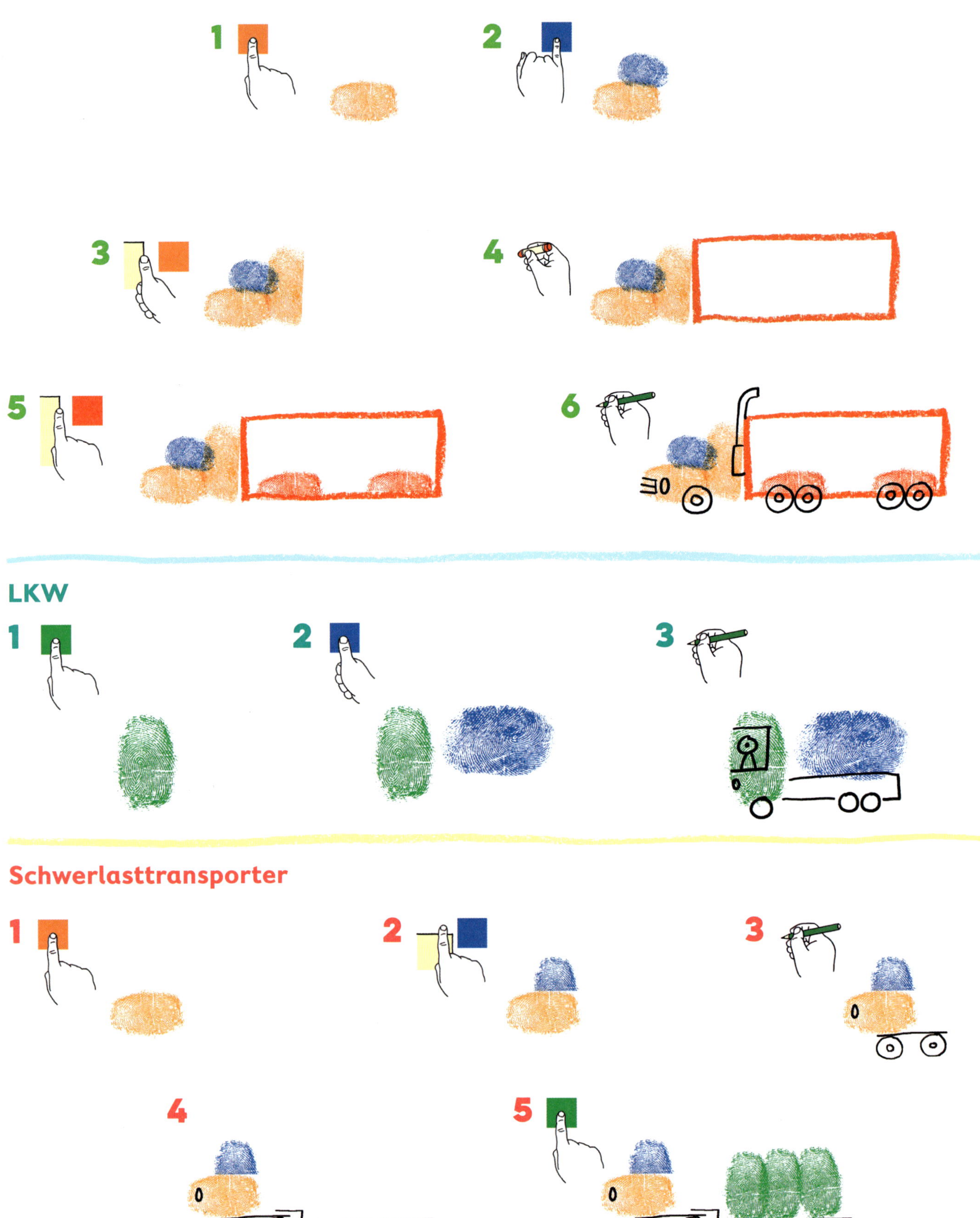

Schuttcontainer (und LKW)

Betonmischfahrzeug

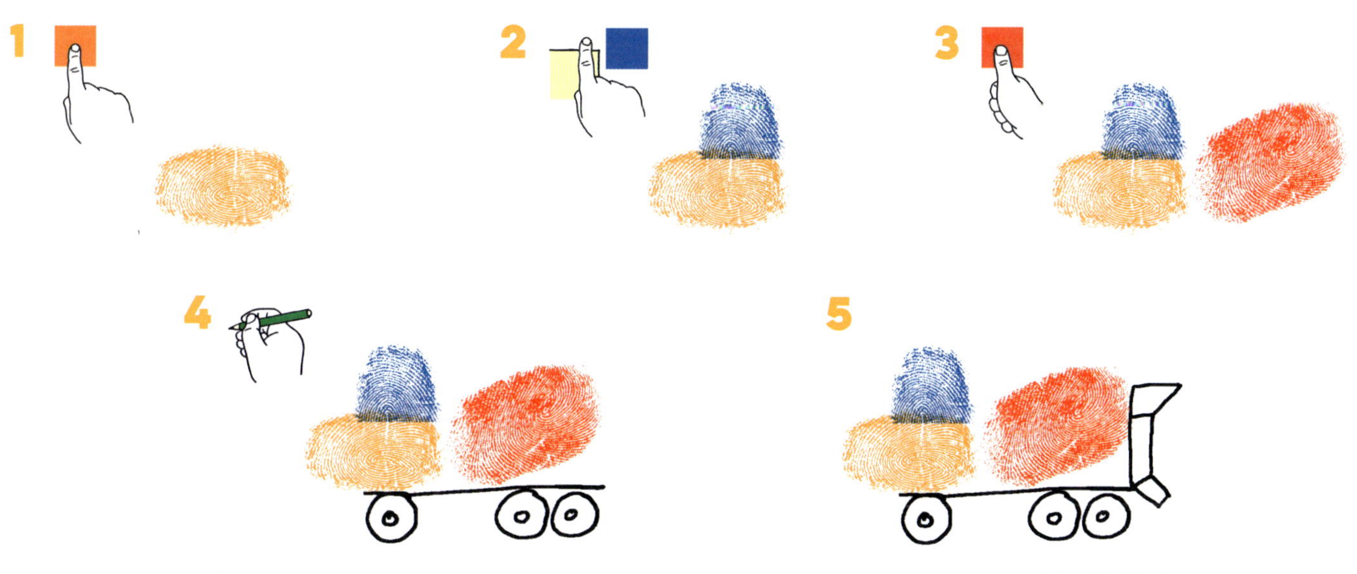

Bauwagen

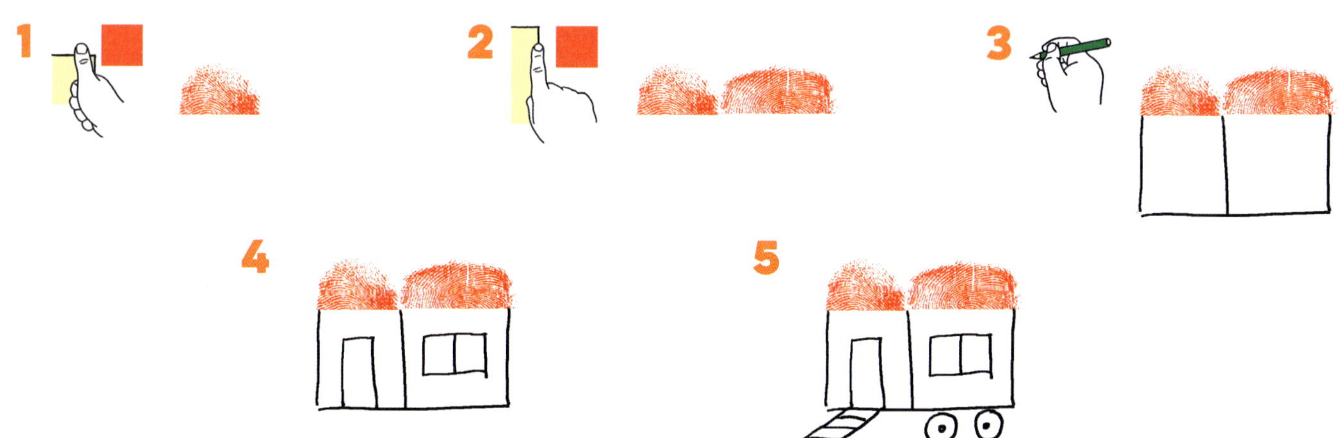

Kipplaster

1

2

3

4

5

Frontkipper

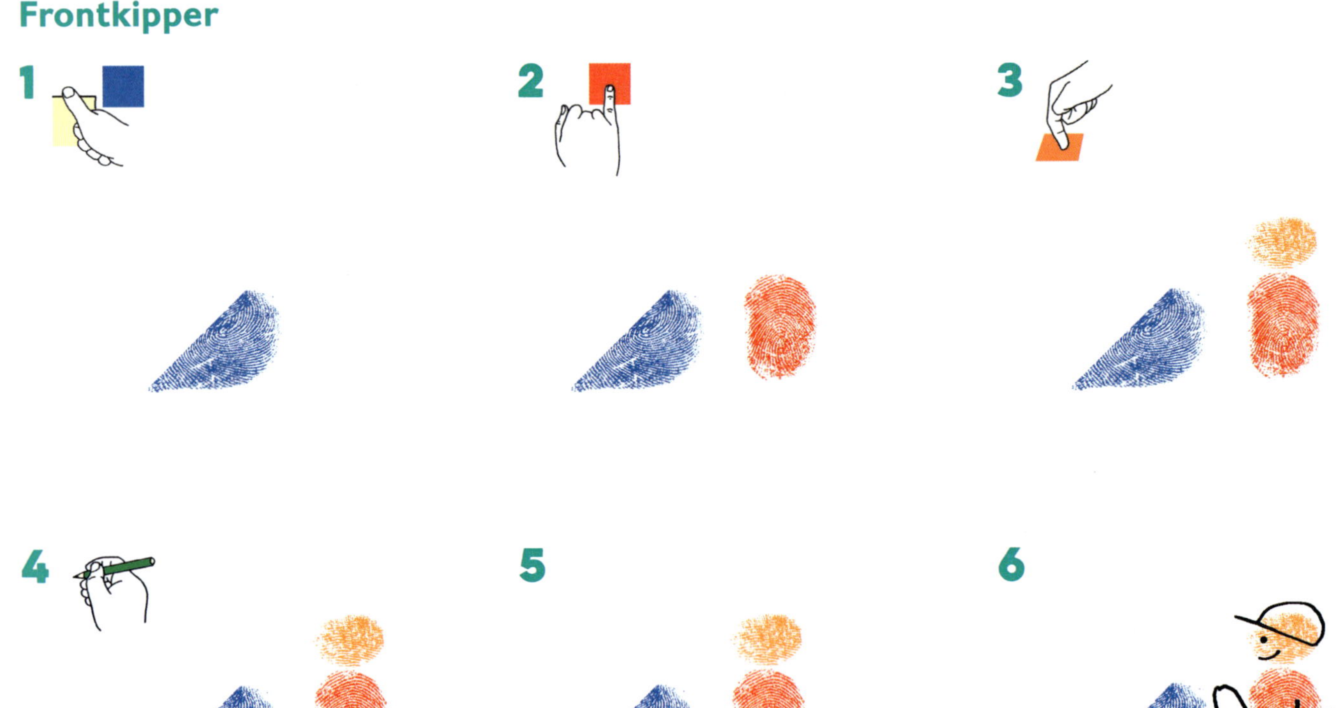

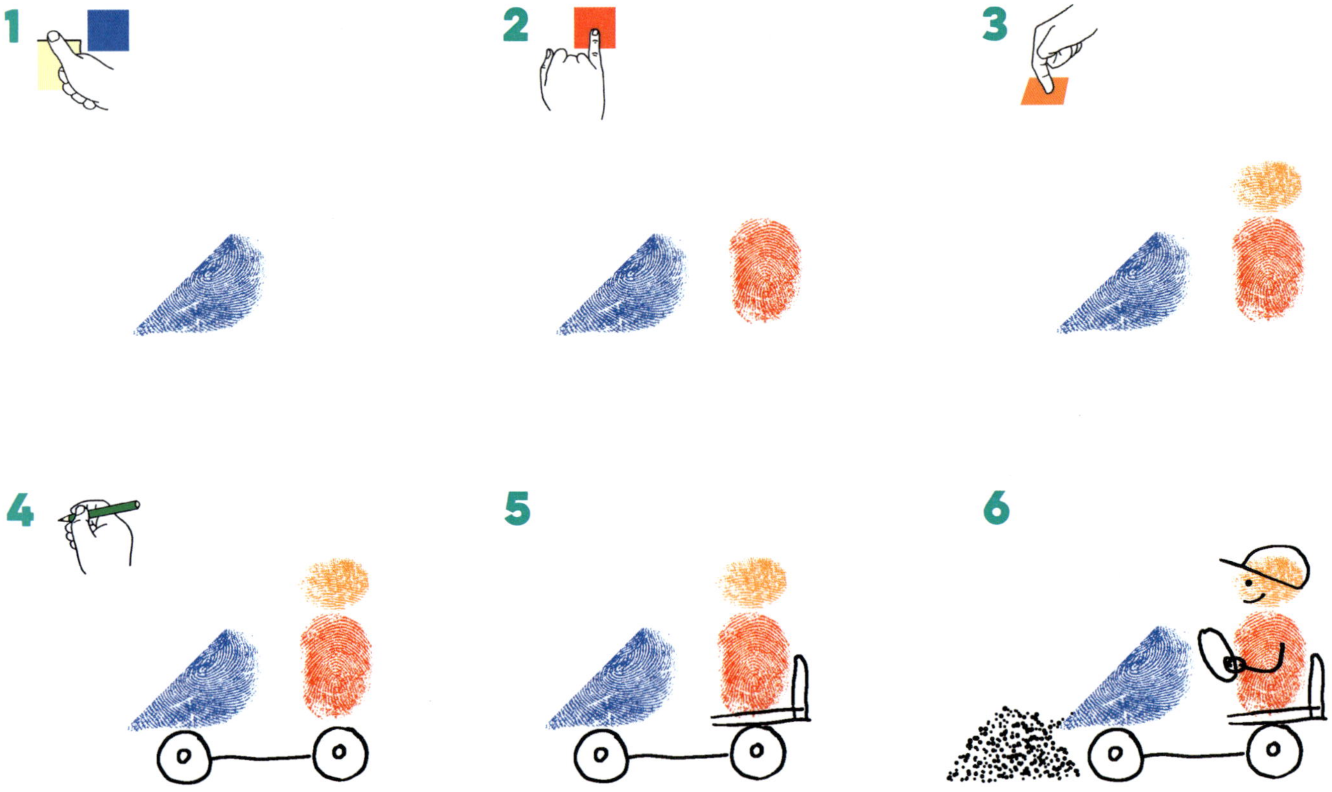

Radlader

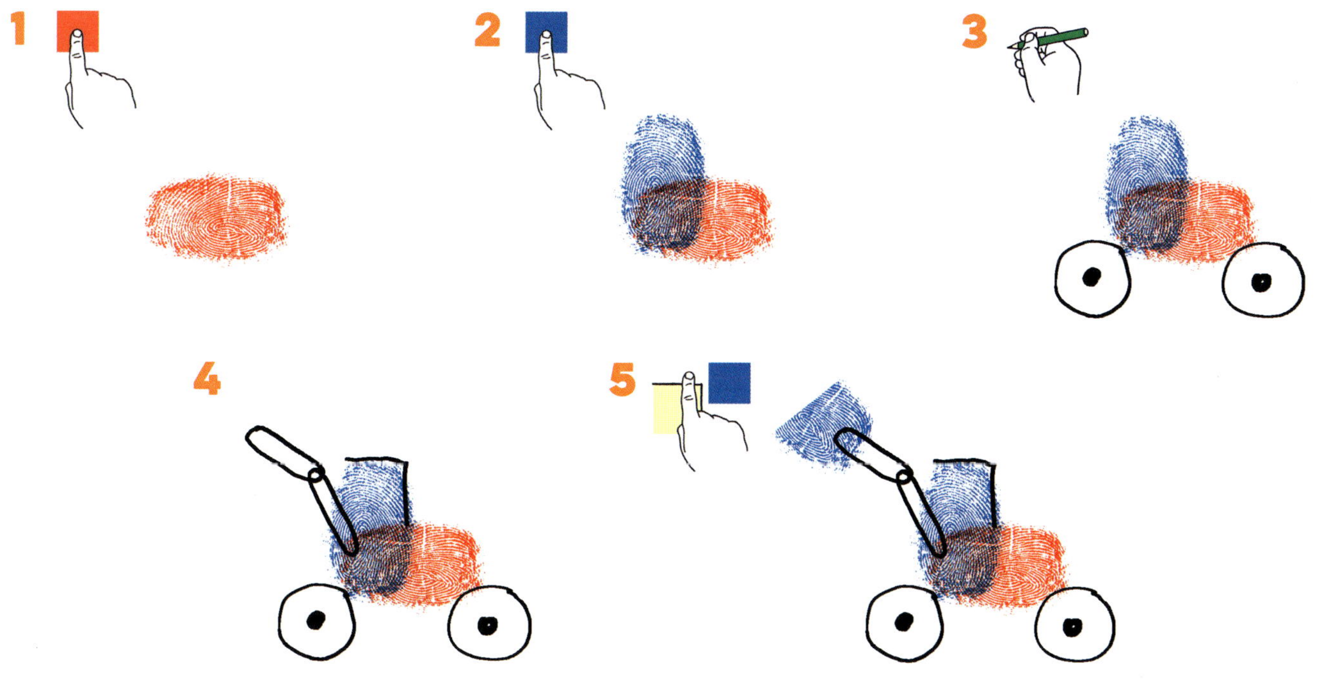

Kranwagen

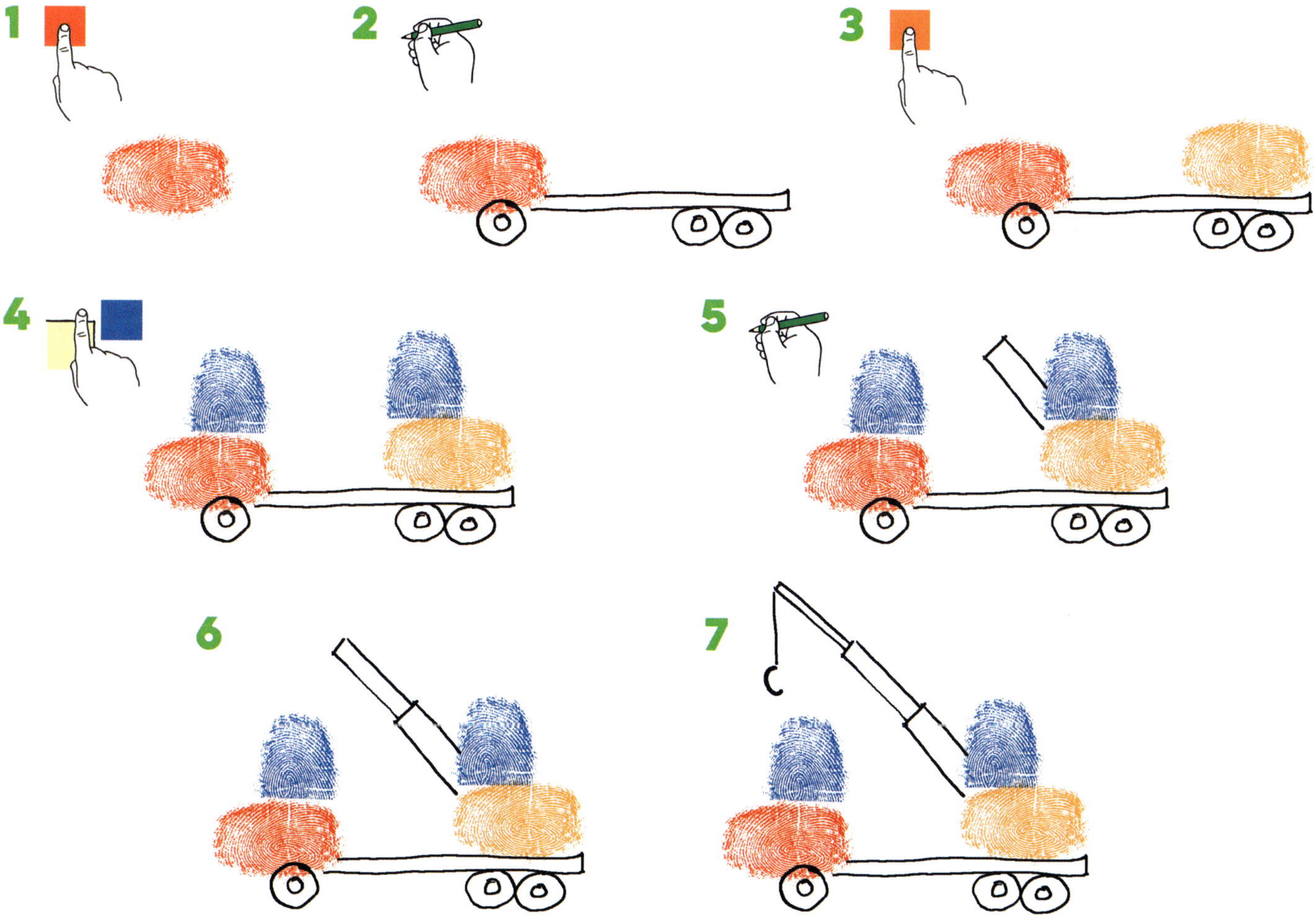

1

2

3

4

5

6

7

Kleinbagger

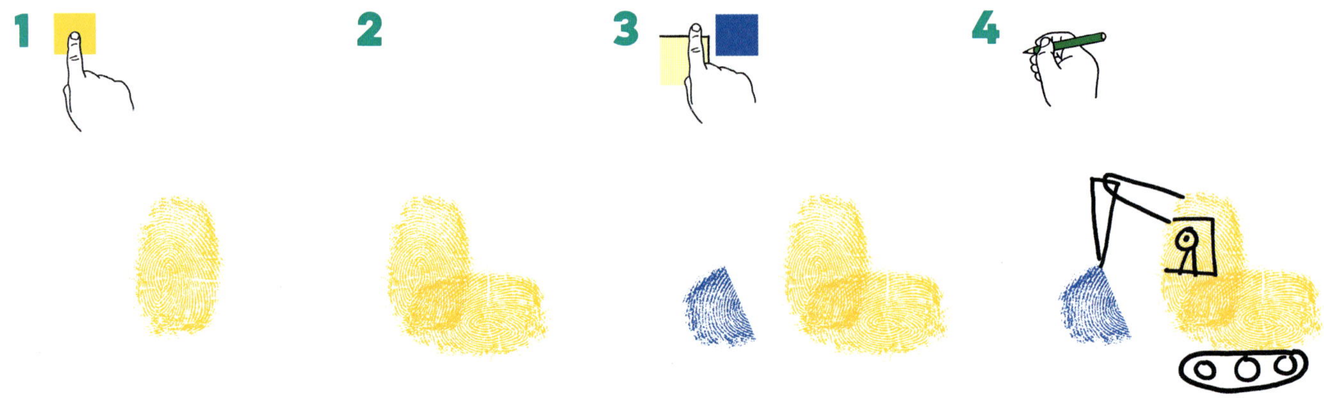

Bagger

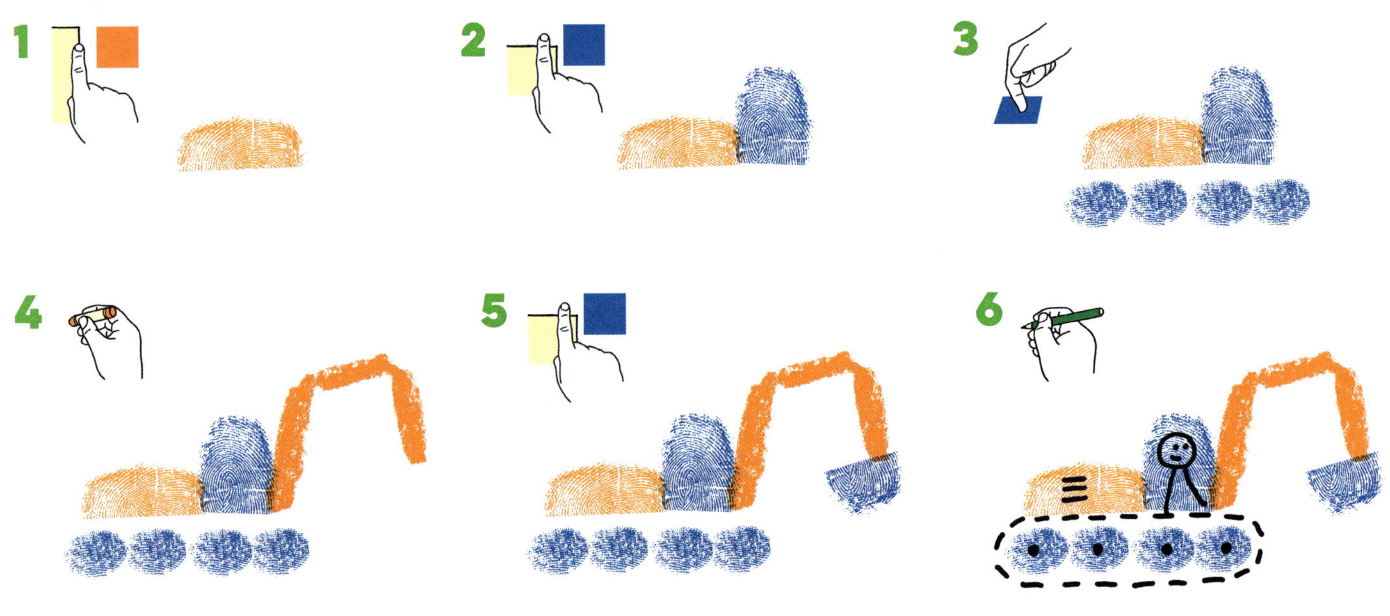

Planierraupe

Straßenwalze

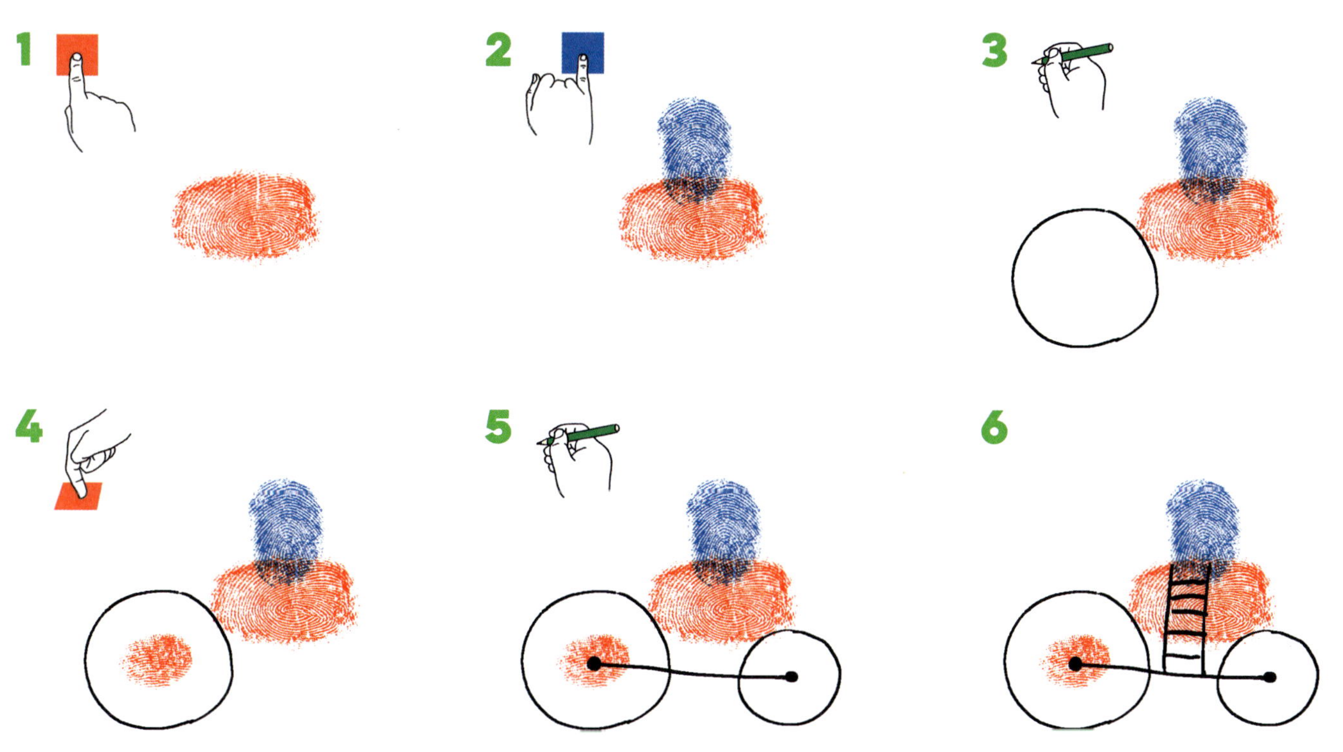

Ramme

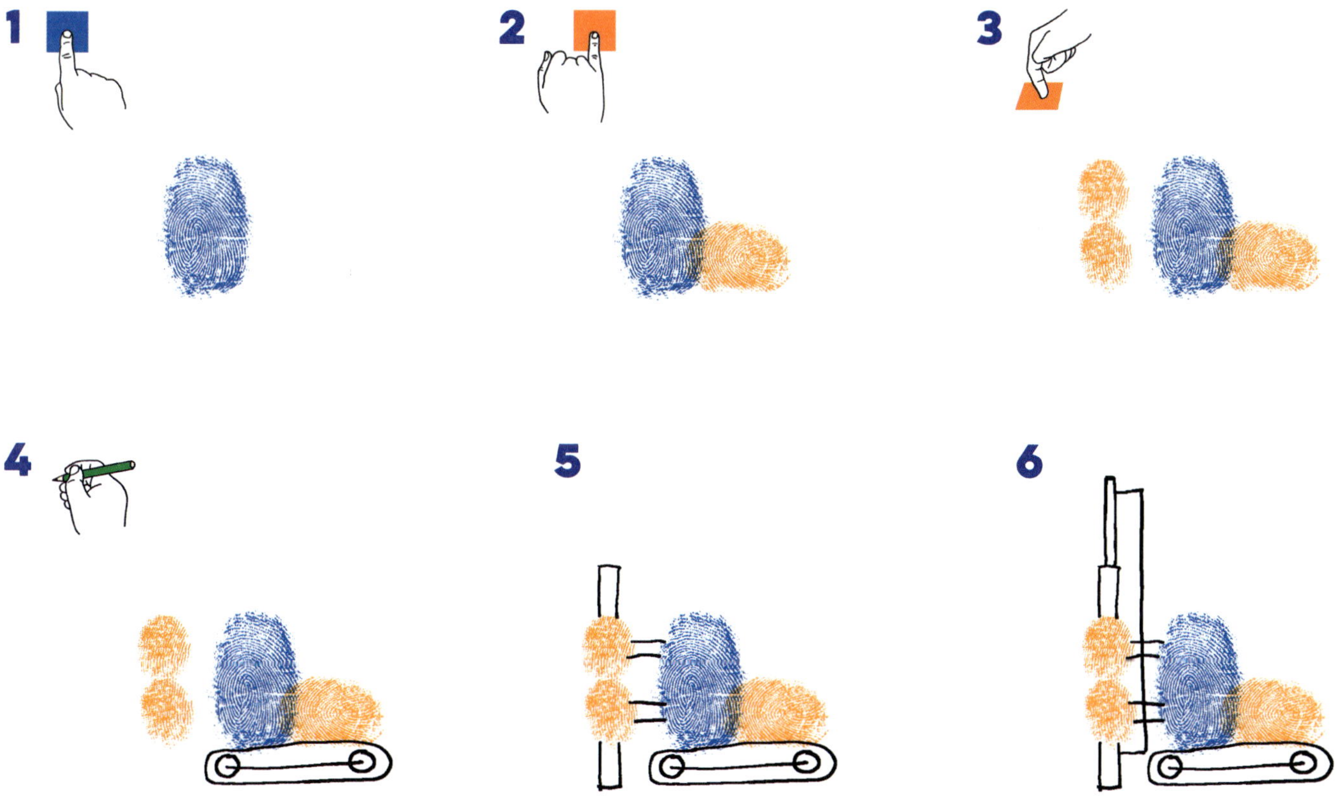

1

2

3

4

5

6

Mähdrescher

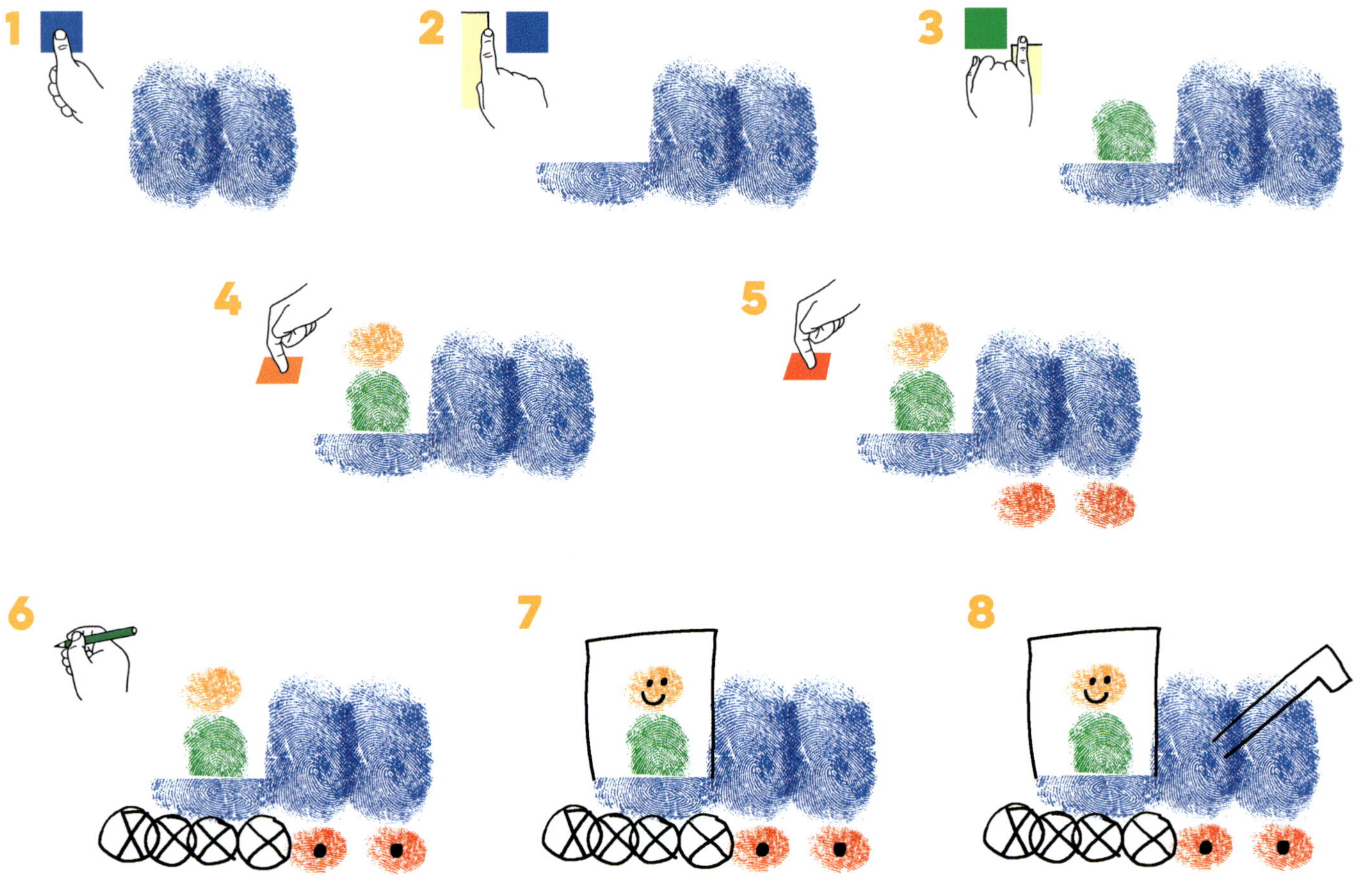
1
2
3
4
5
6
7
8

Traktor

1
2
3
4
5
6
7

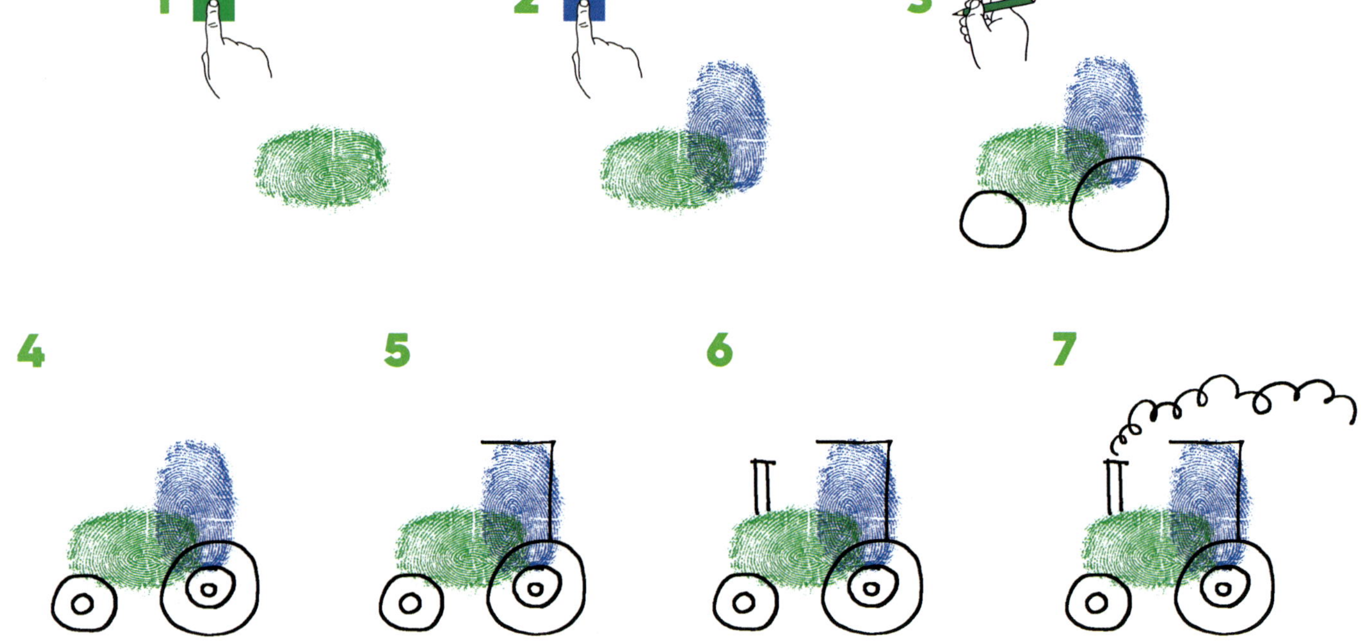

Pflug (mit Traktor)

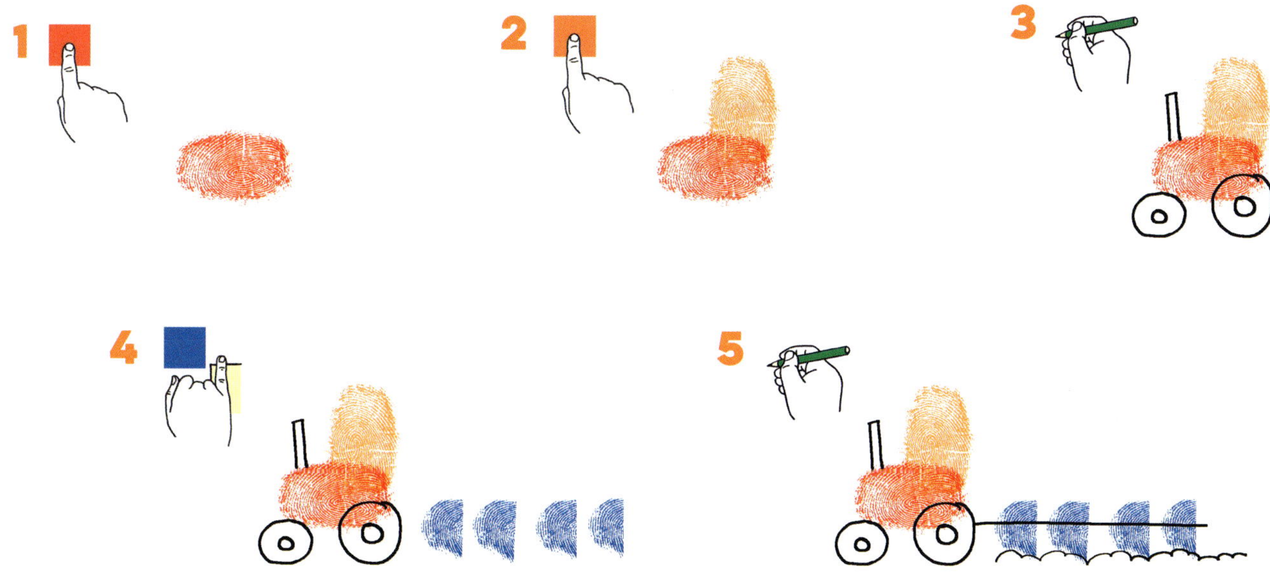

Erntewagen

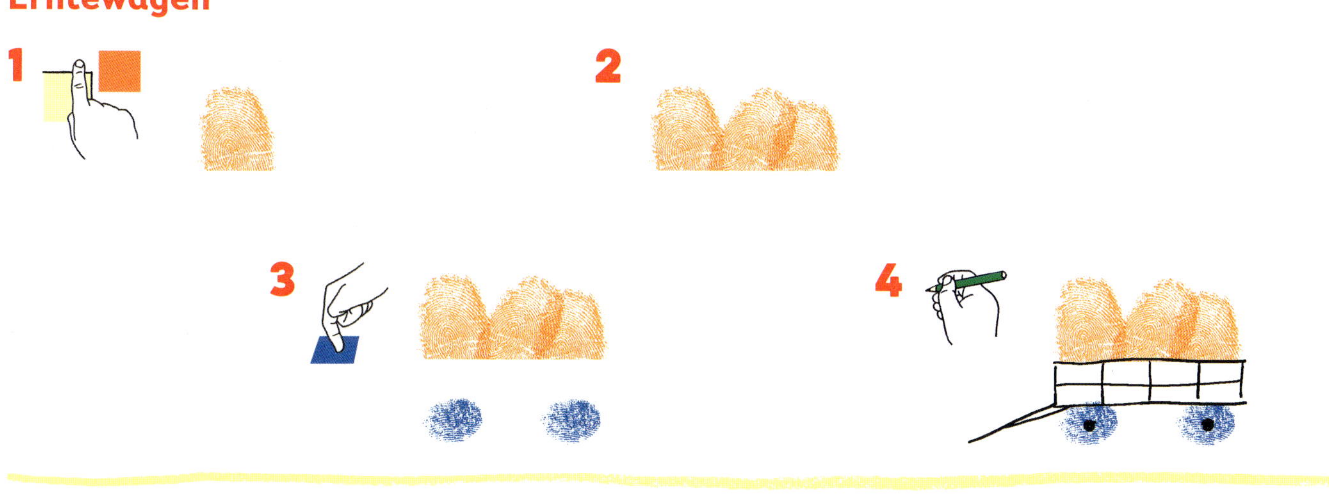

Tankanhänger

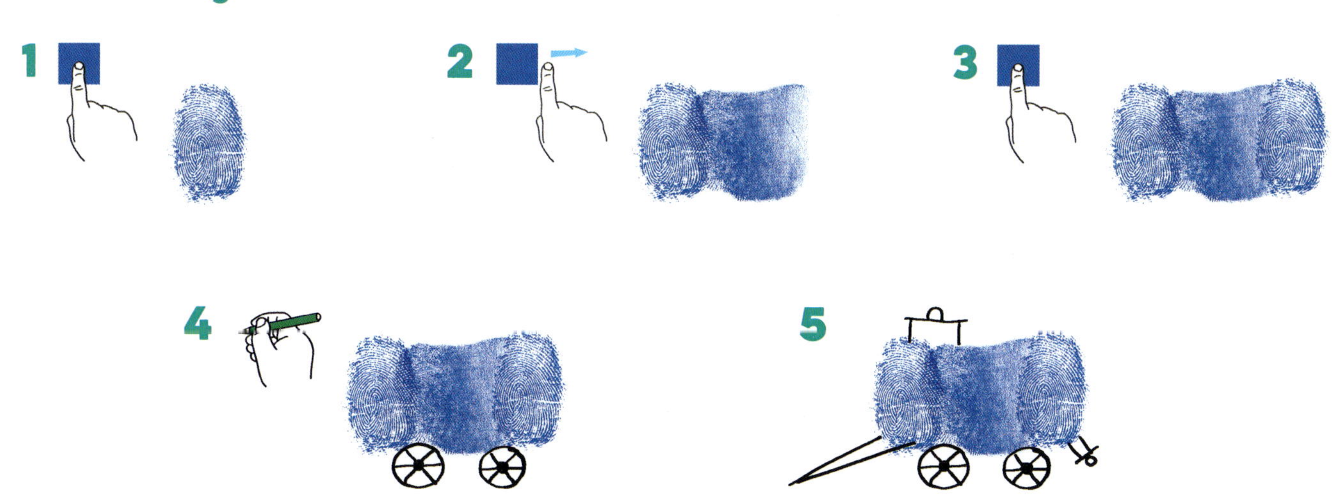

Segelschiff

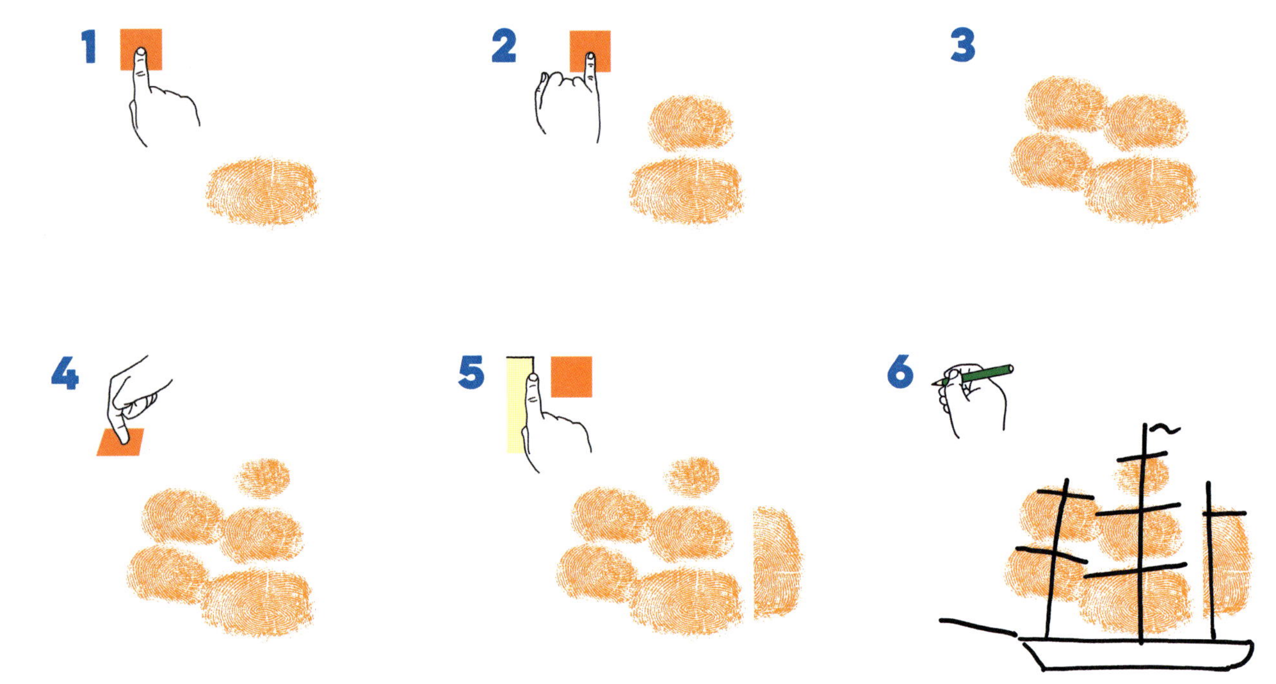

Dschunke

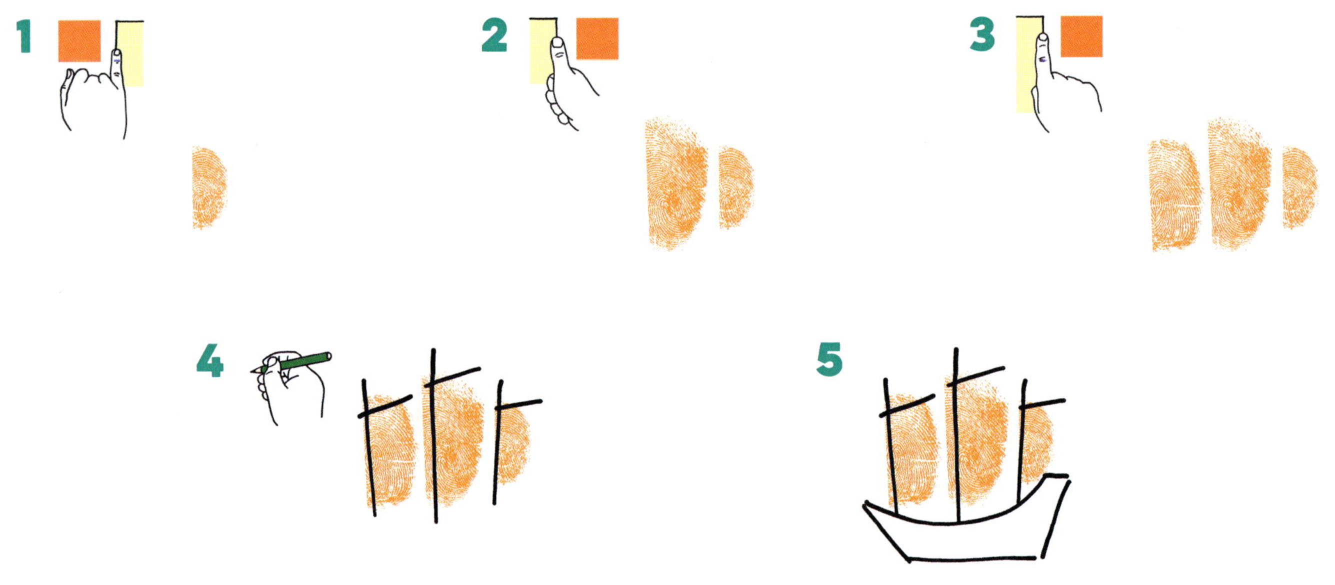

U-Boot

Schaufelraddampfer

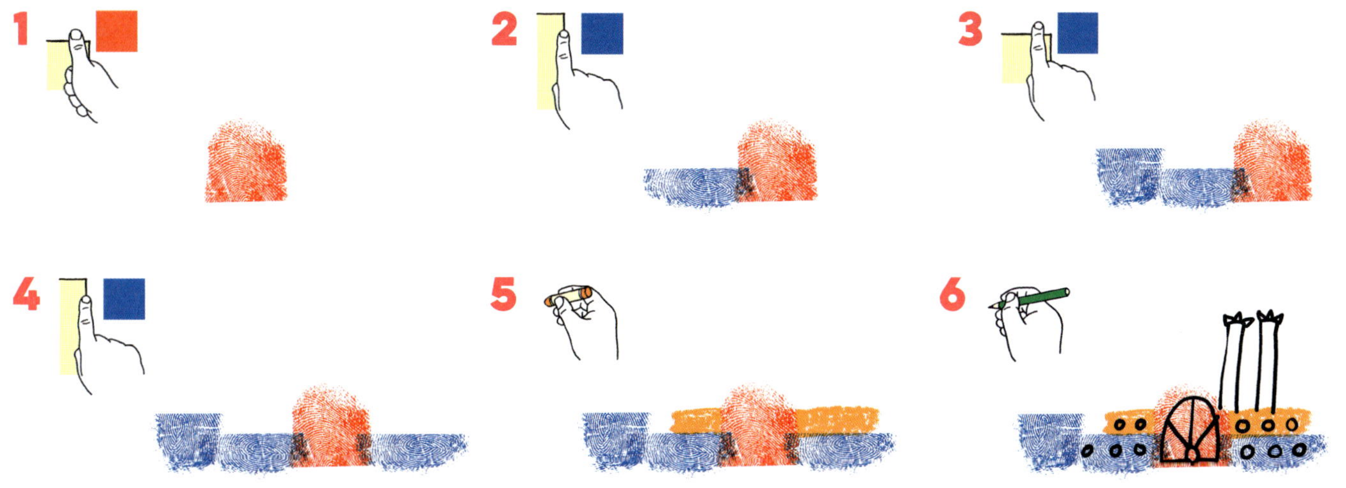

Gondel

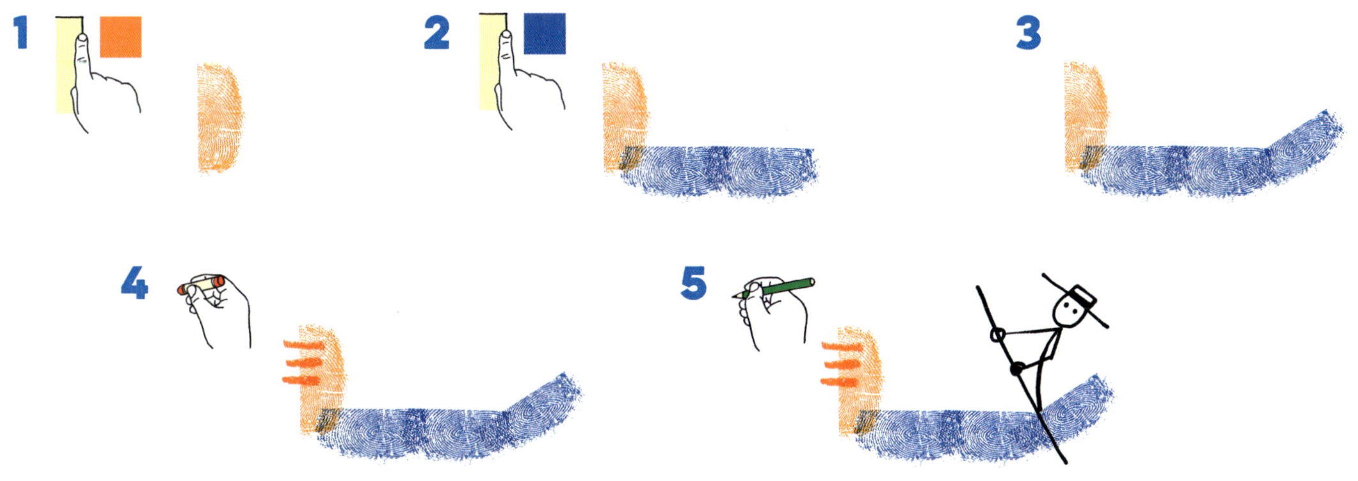

Schlauchboot

Doppeldecker

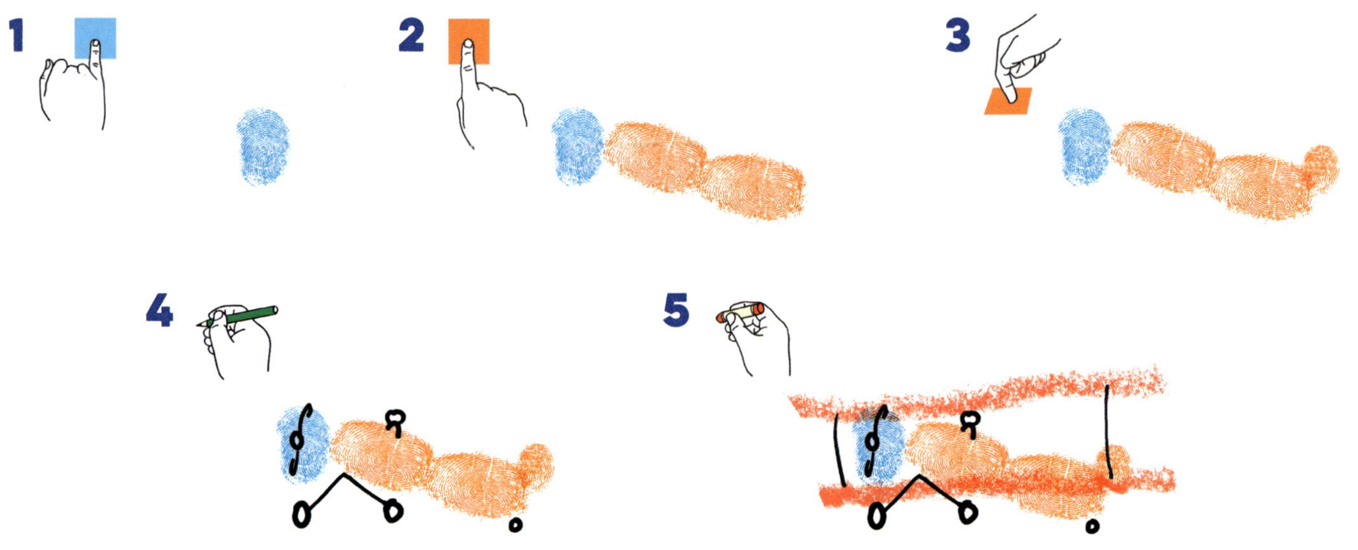

Sportflugzeug

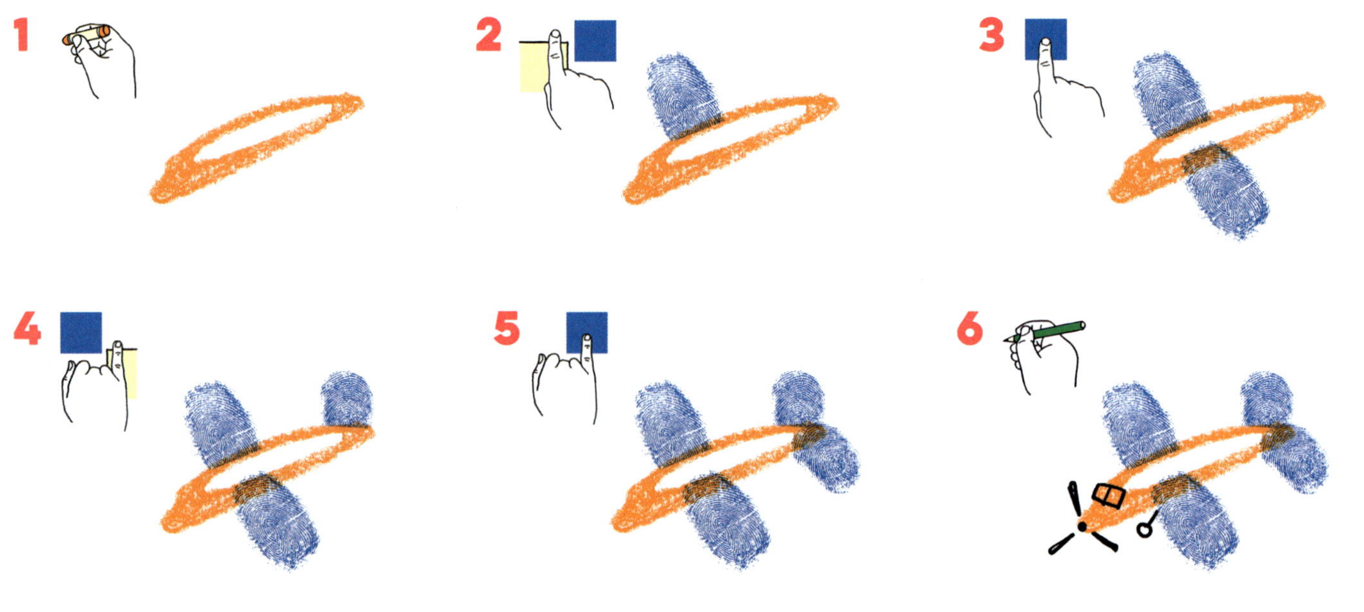

Passagierflugzeug

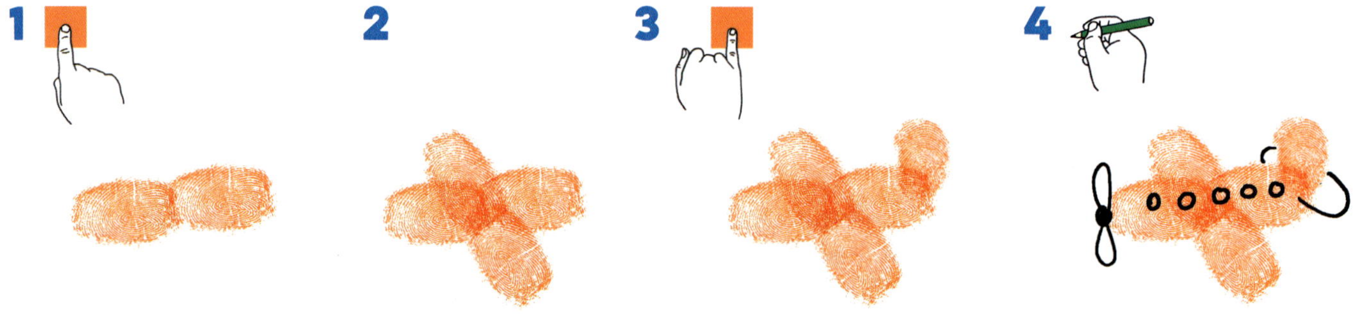

Hubschrauber

Transporthubschrauber

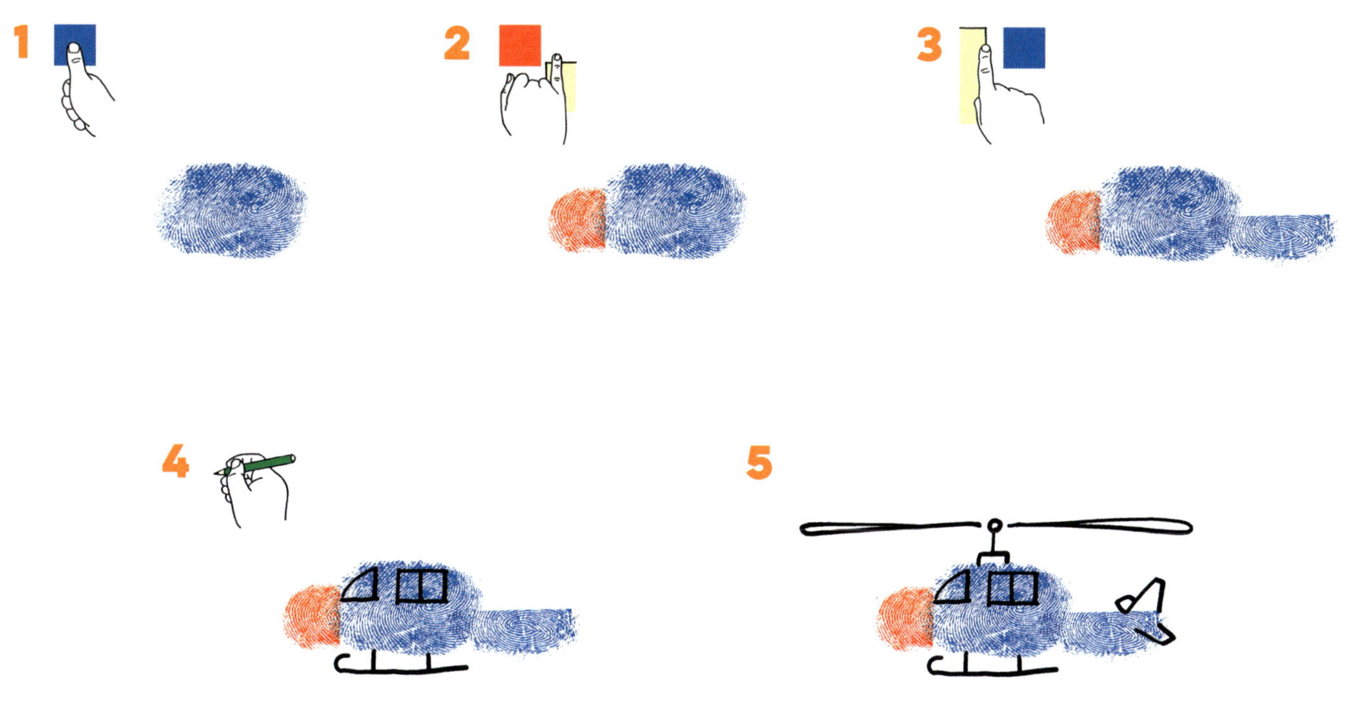

Heißluftballon

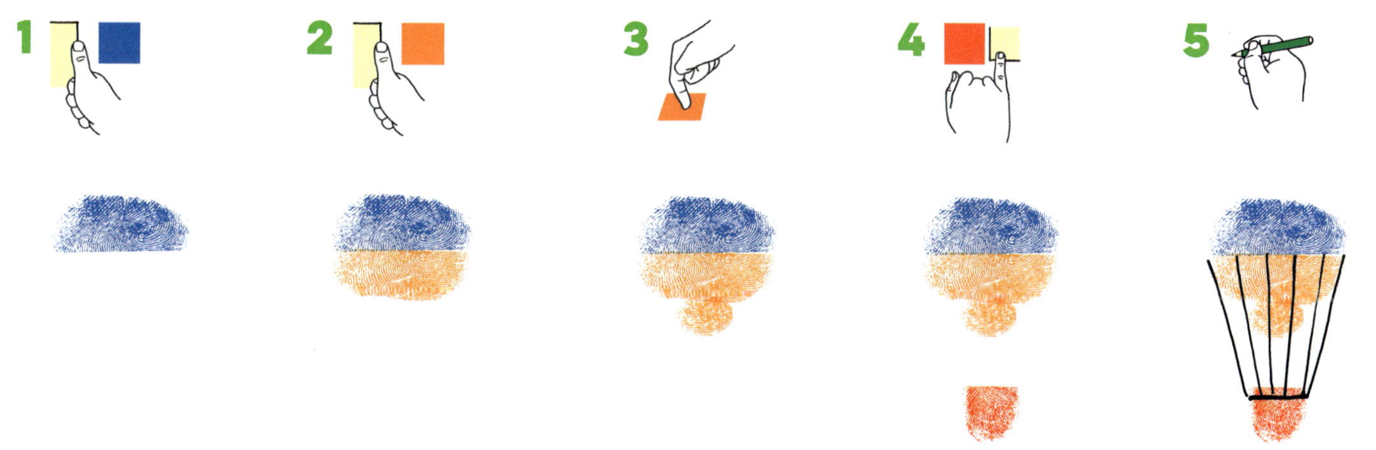

Zeppelin

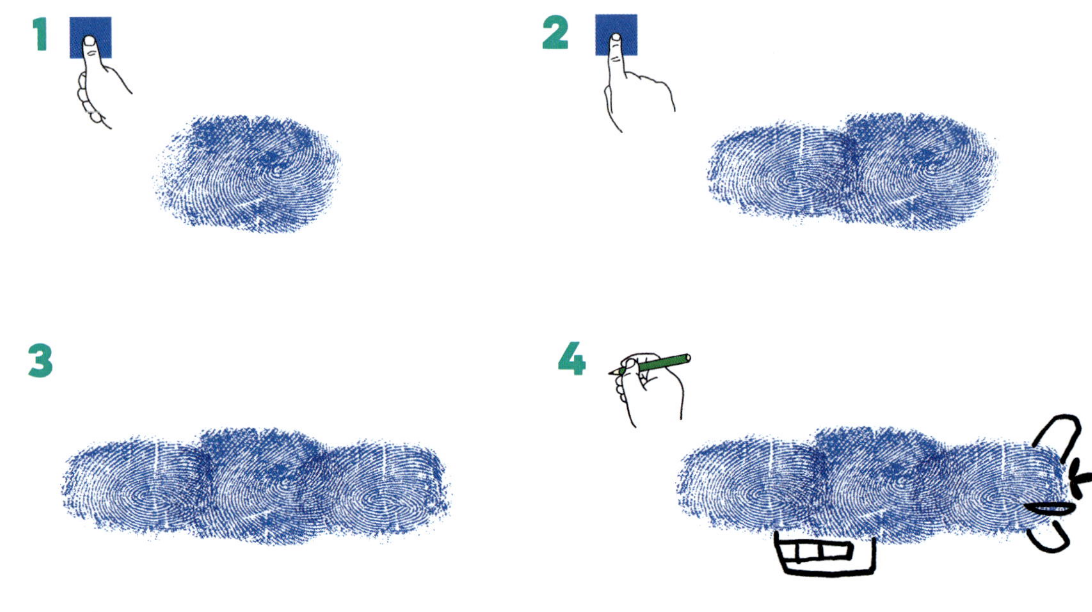

Rakete

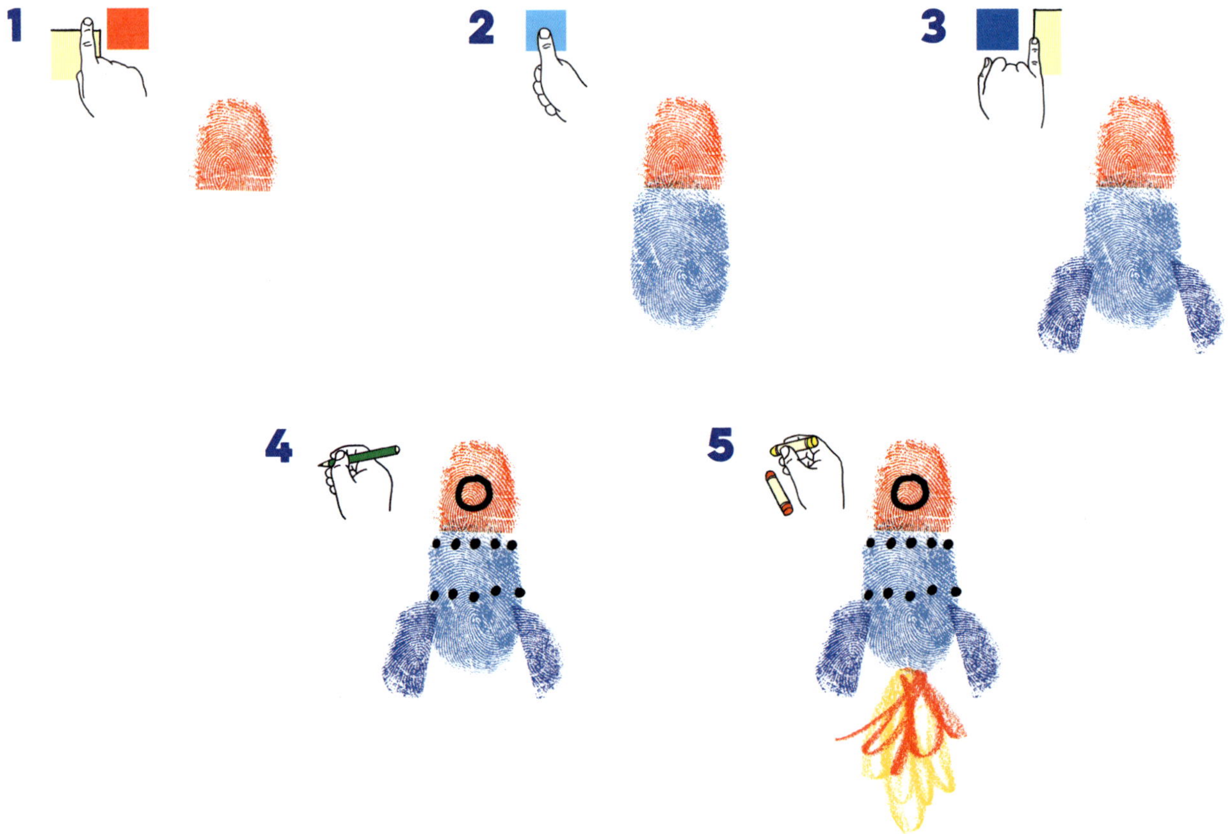

1

2

3

4

5

Spaceshuttle

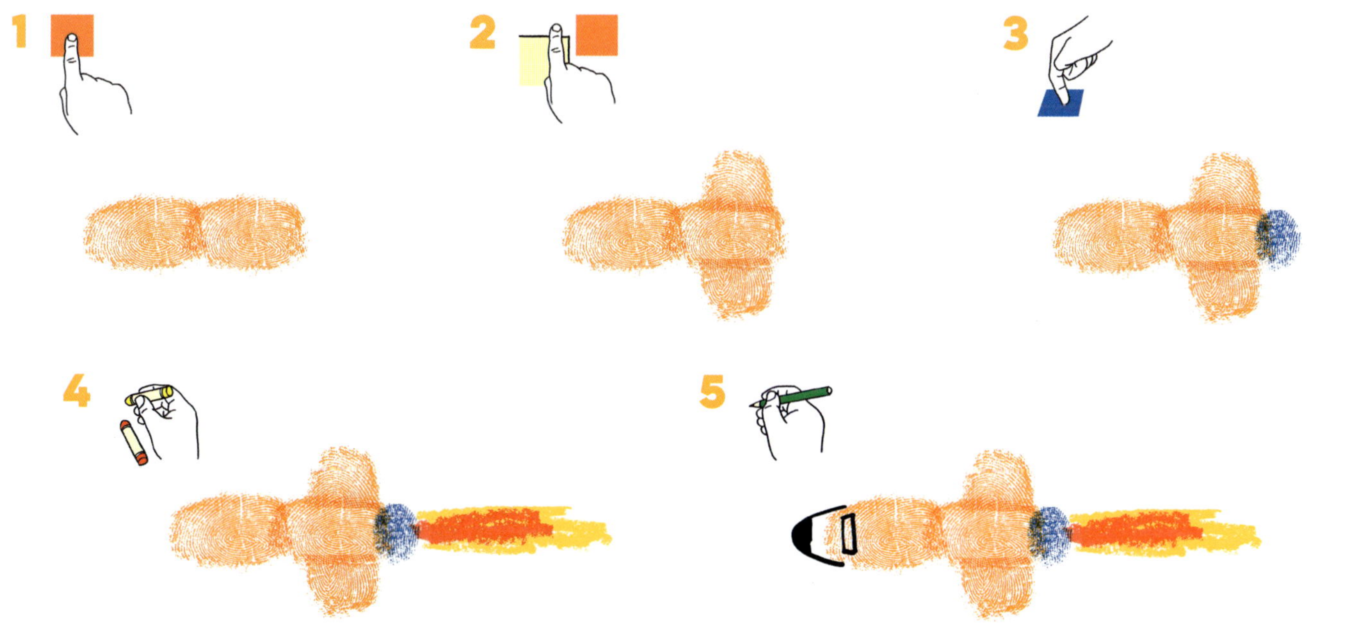

Satellit

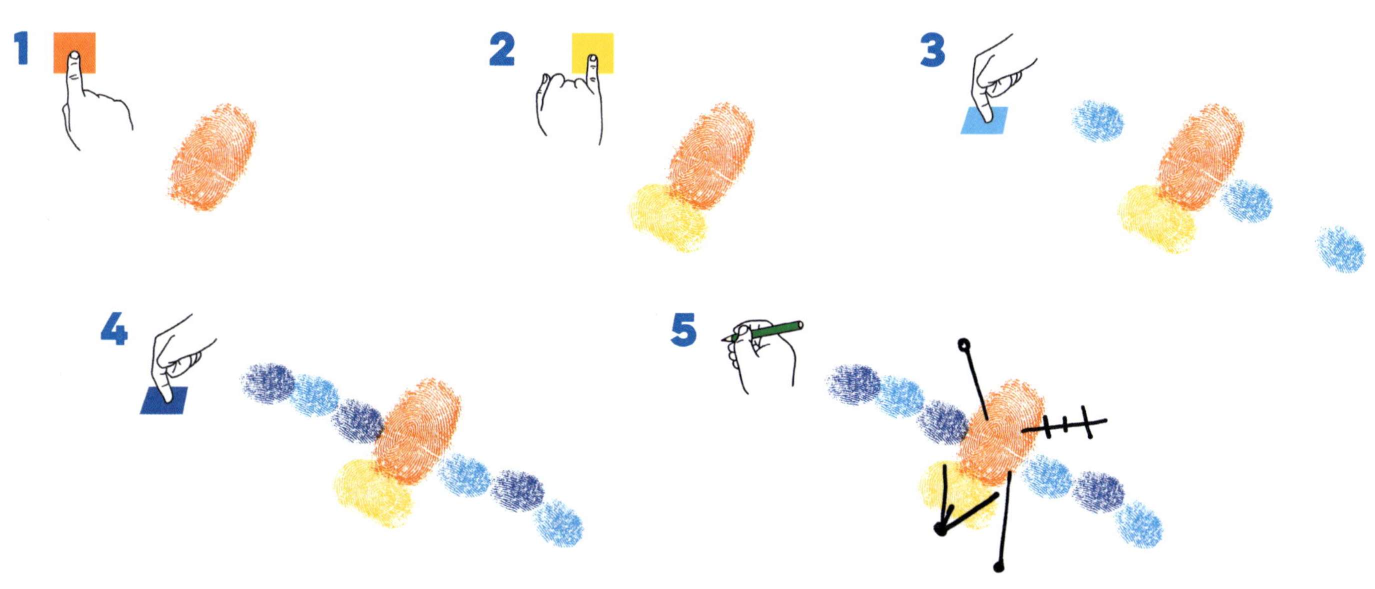

UFO

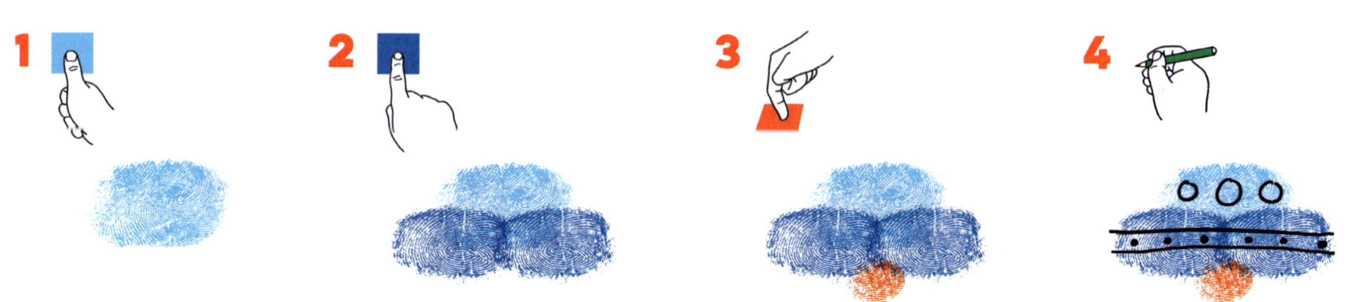

Apfel

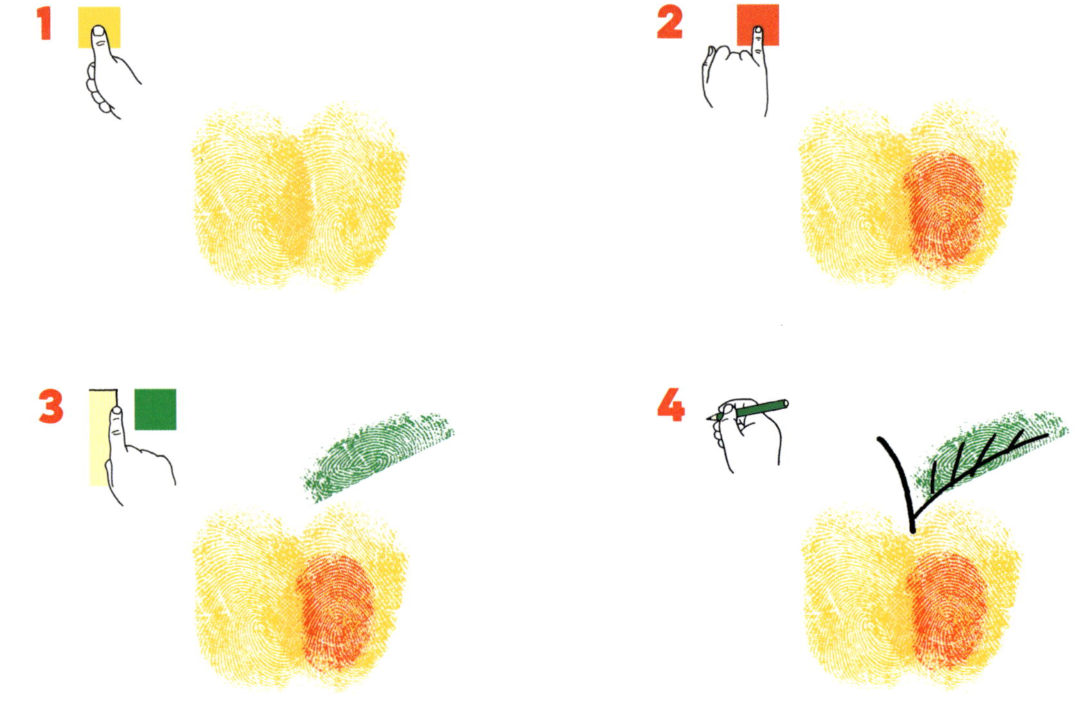

Äpfel (Obstkiste)

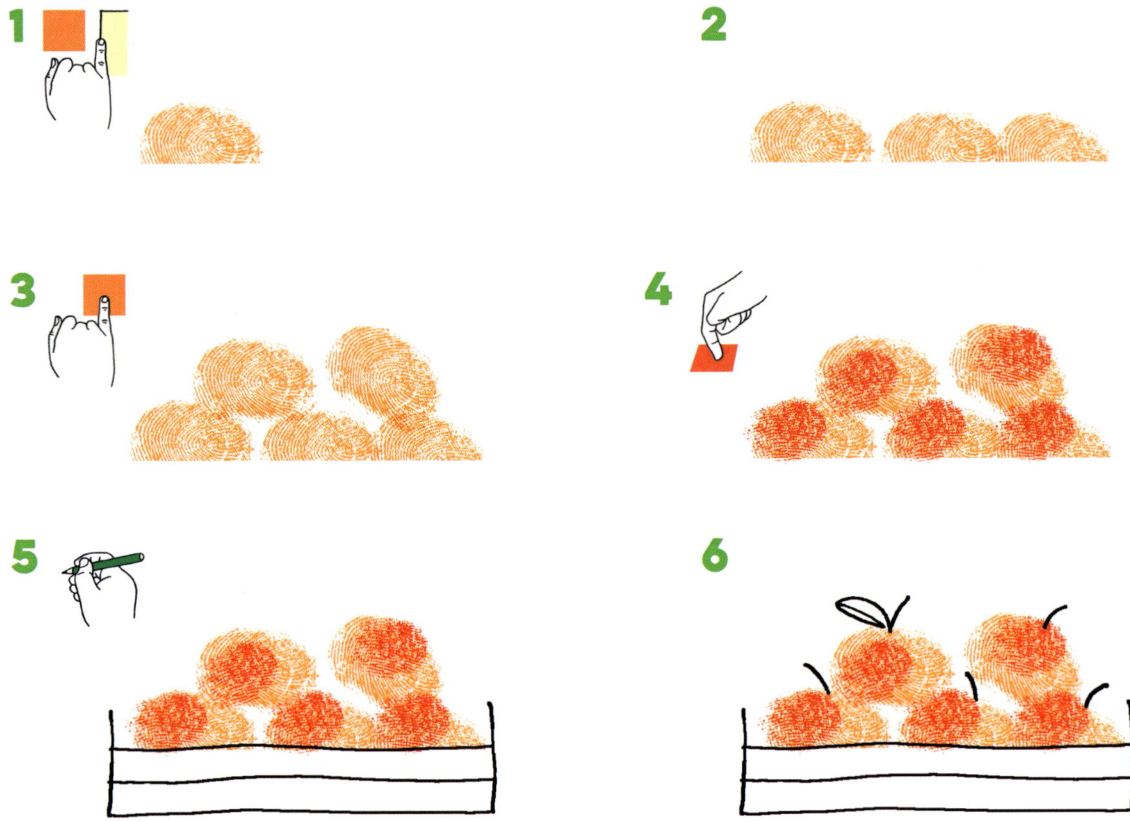

Kirschen

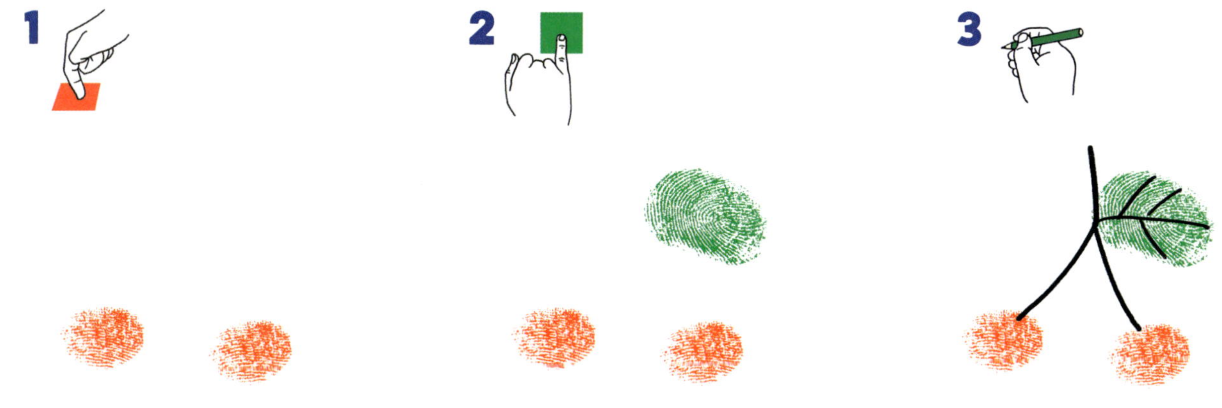

Kirschen (Korb)

Birne

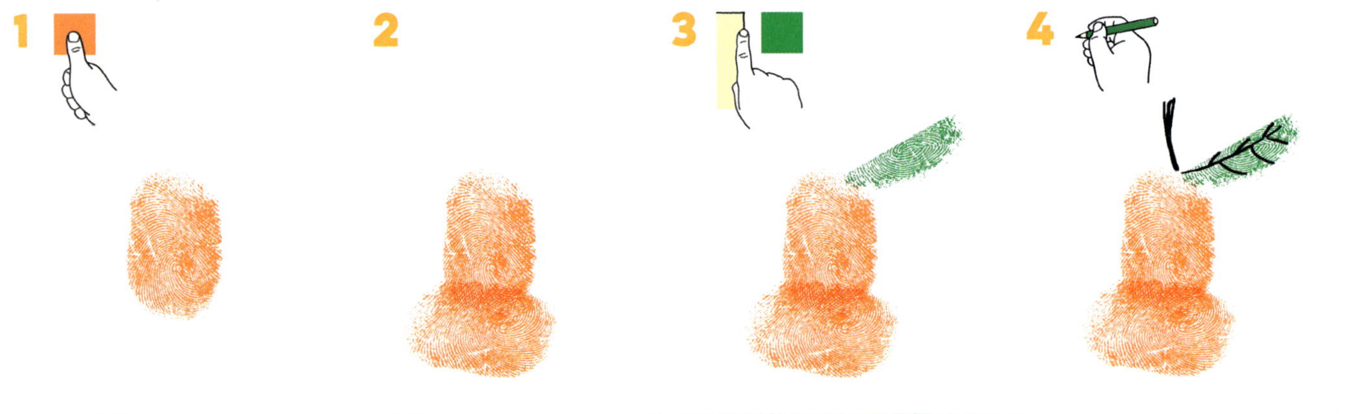

Weintrauben

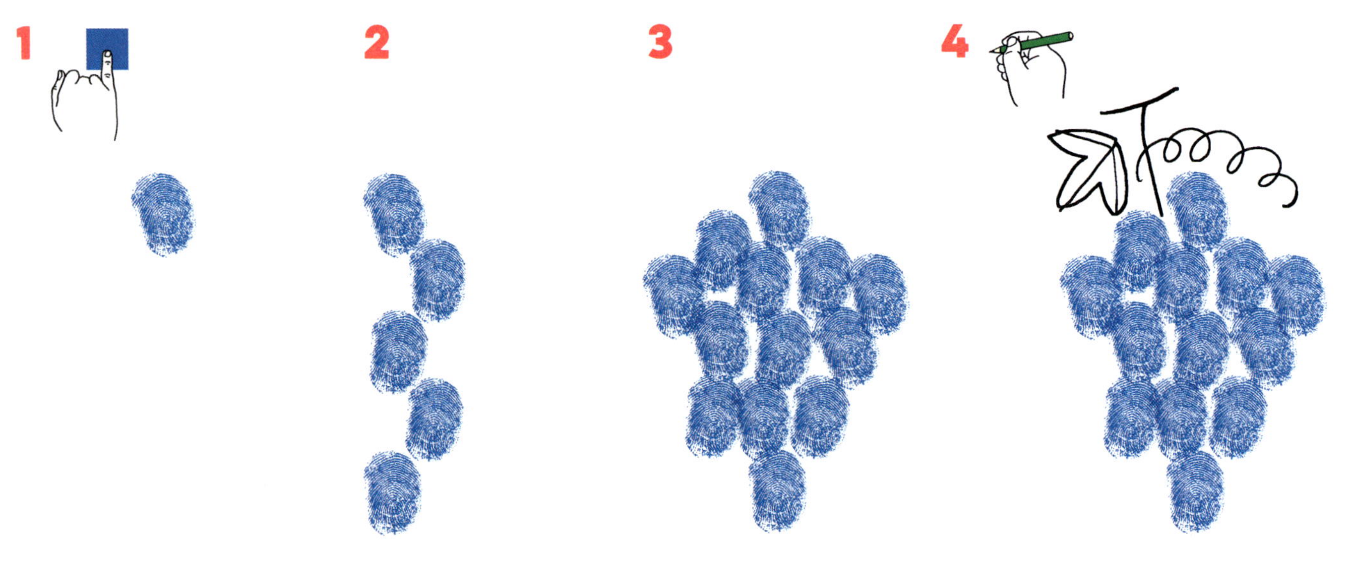

Erdbeeren

Ananas

Getreide

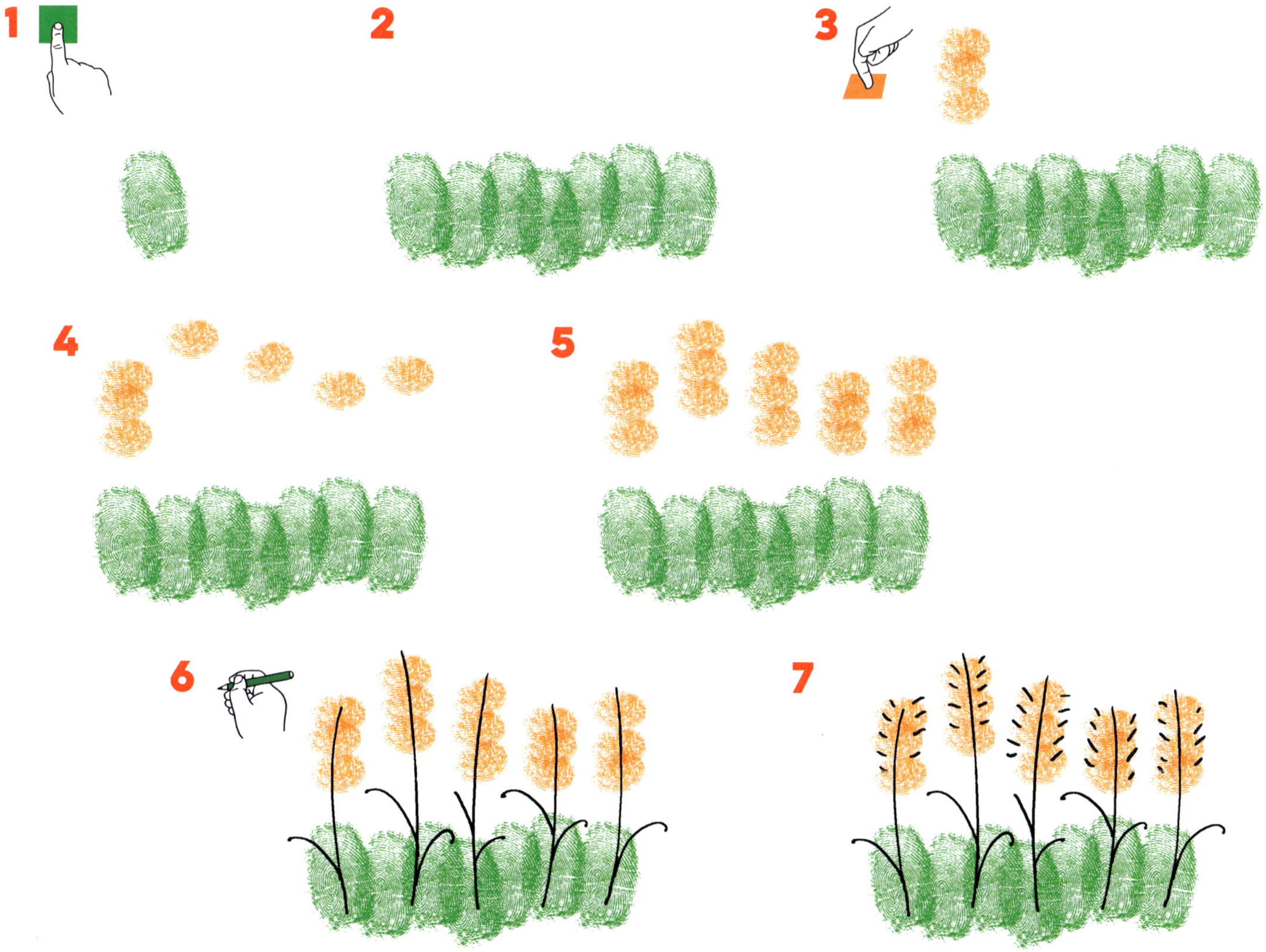

1

2

3

4

5

6

7

Kohlkopf

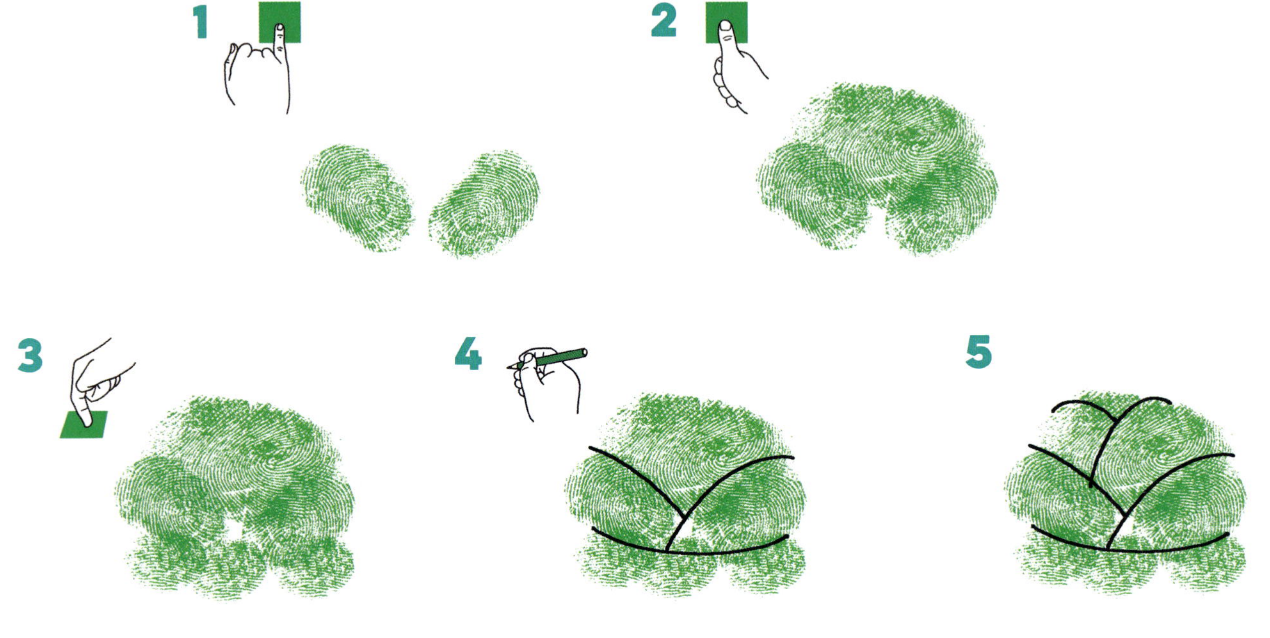

Kürbis

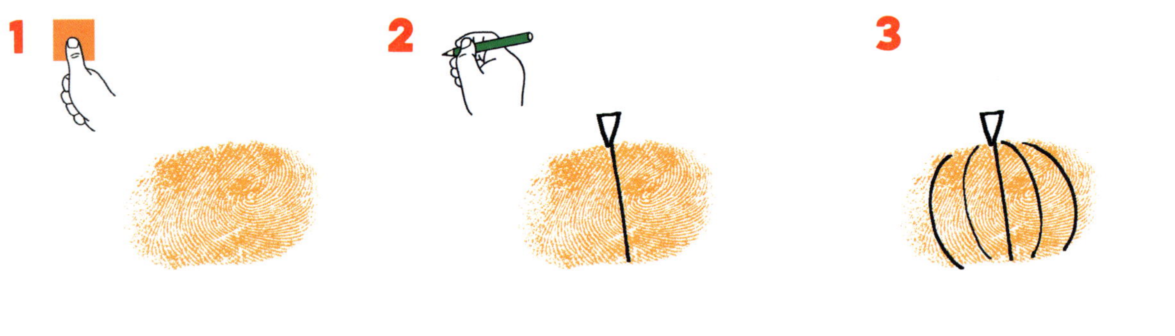

Gurke

Sonnenblumen

Blume

Tulpe

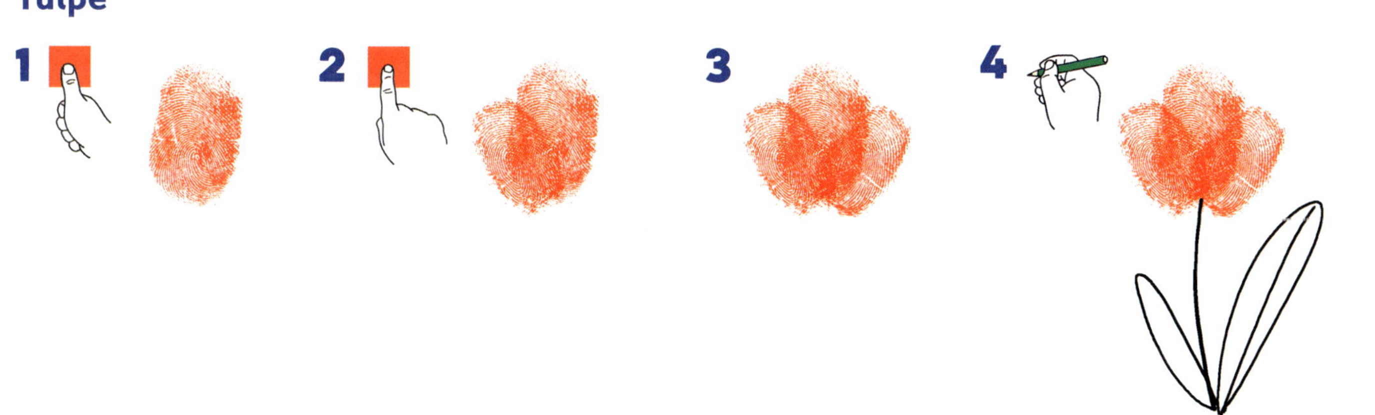

Pilz

Nadelbaum

Birke

Laubbaum

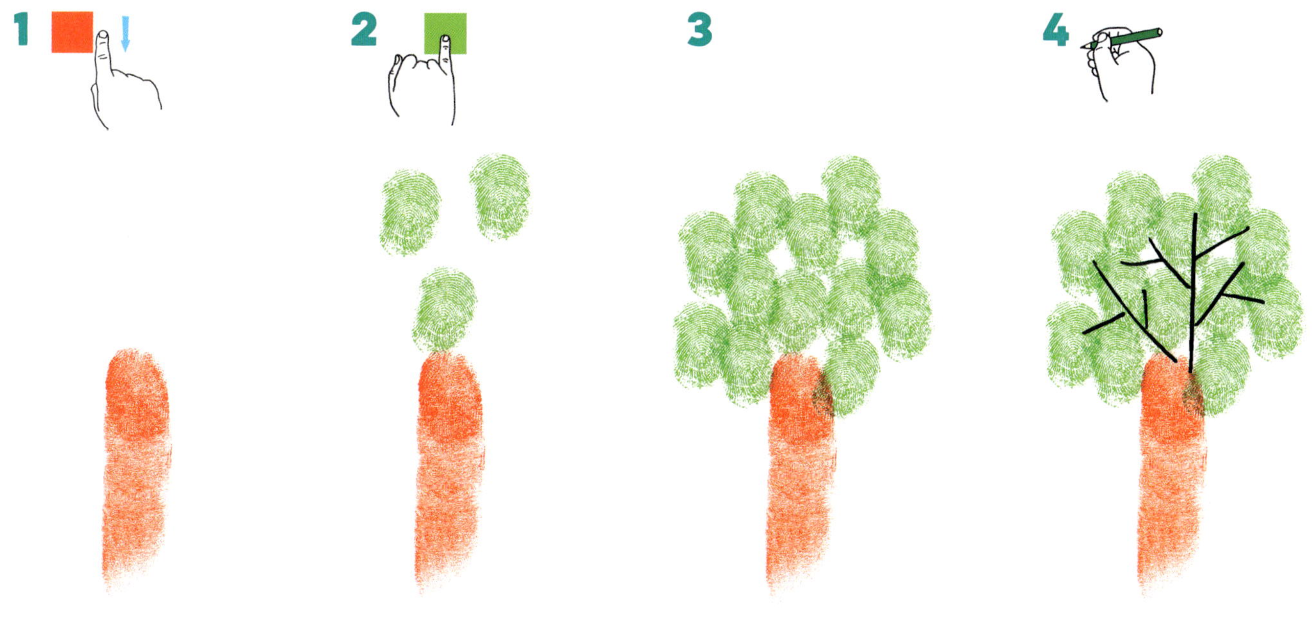

Palme

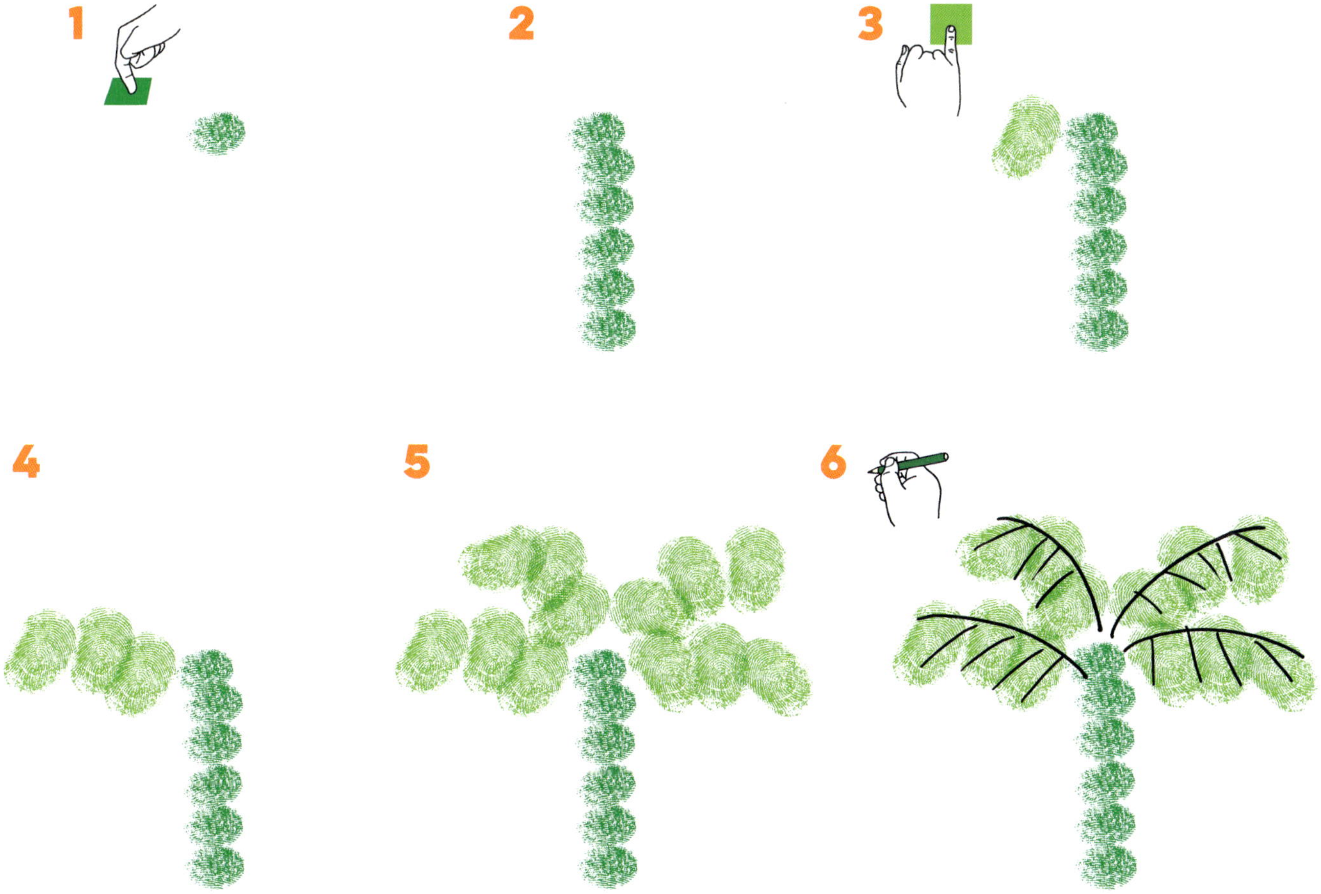

1

2

3

4

5

6

Bauernhof

1 2 3

4 5 6

7 8

Scheune

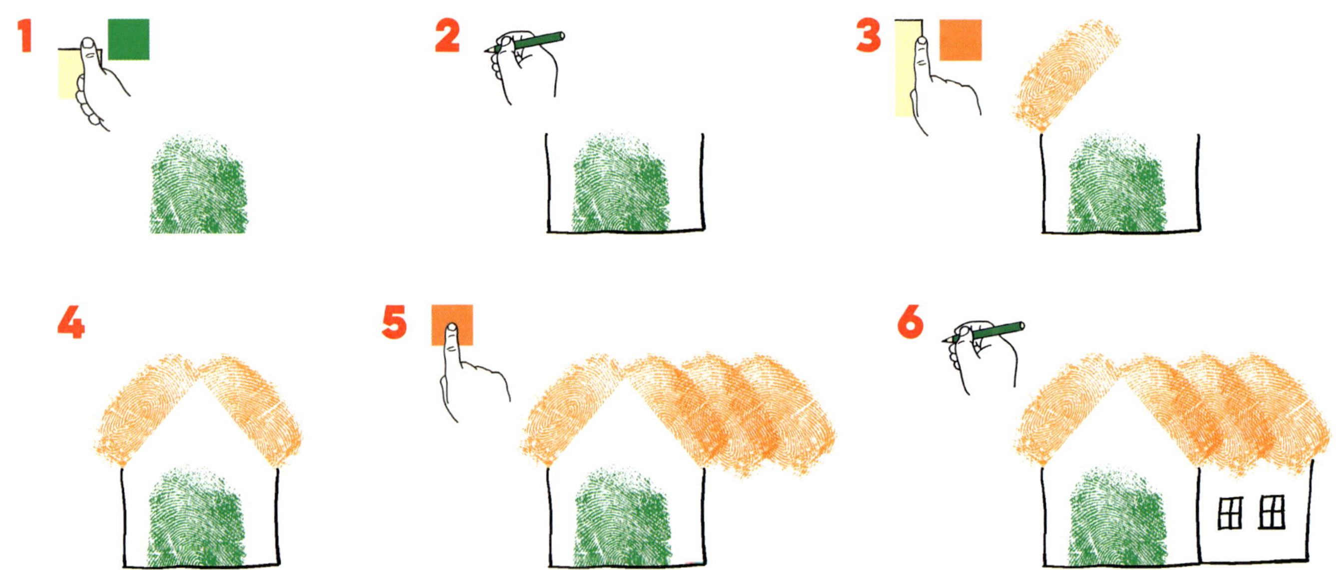

Milchkanne

Vogelscheuche

Getreidesäcke

Futtertrog (mit Kuh)

1 2 3

4 5

6 7 8

Gewächshaus

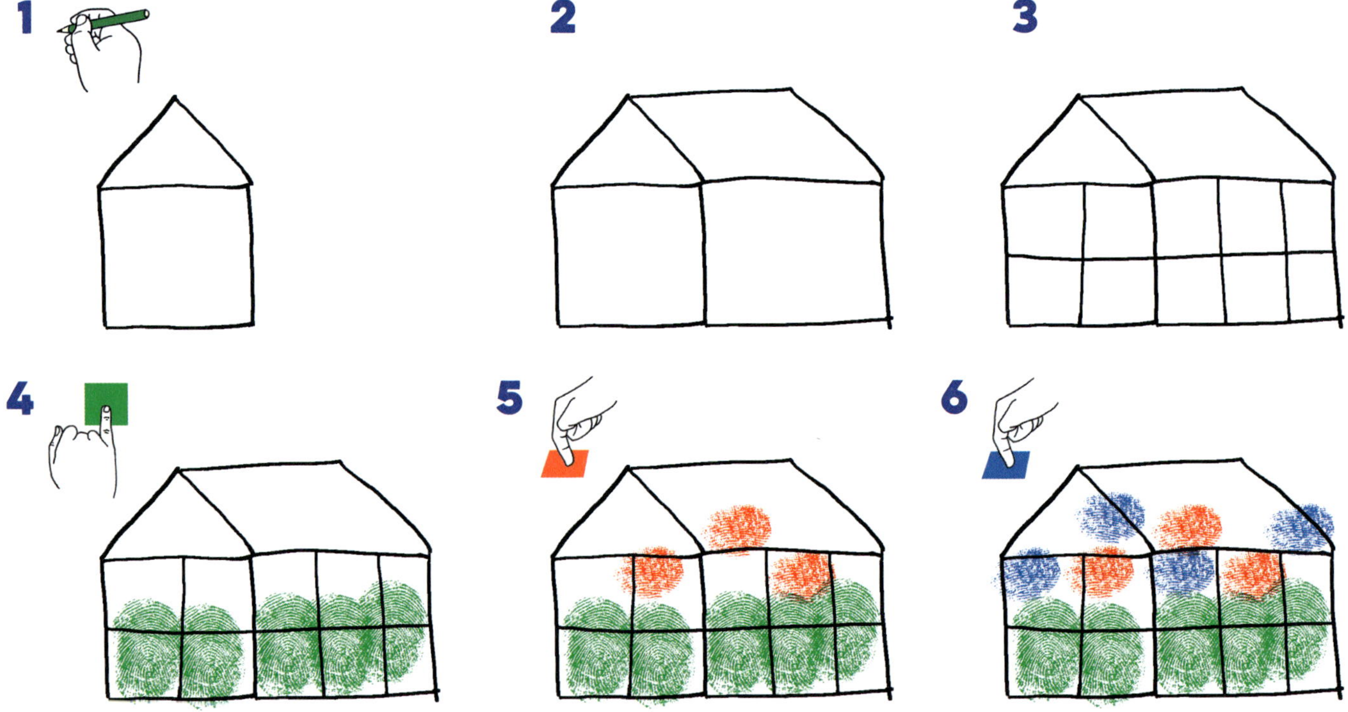

Schubkarre

Hundehütte

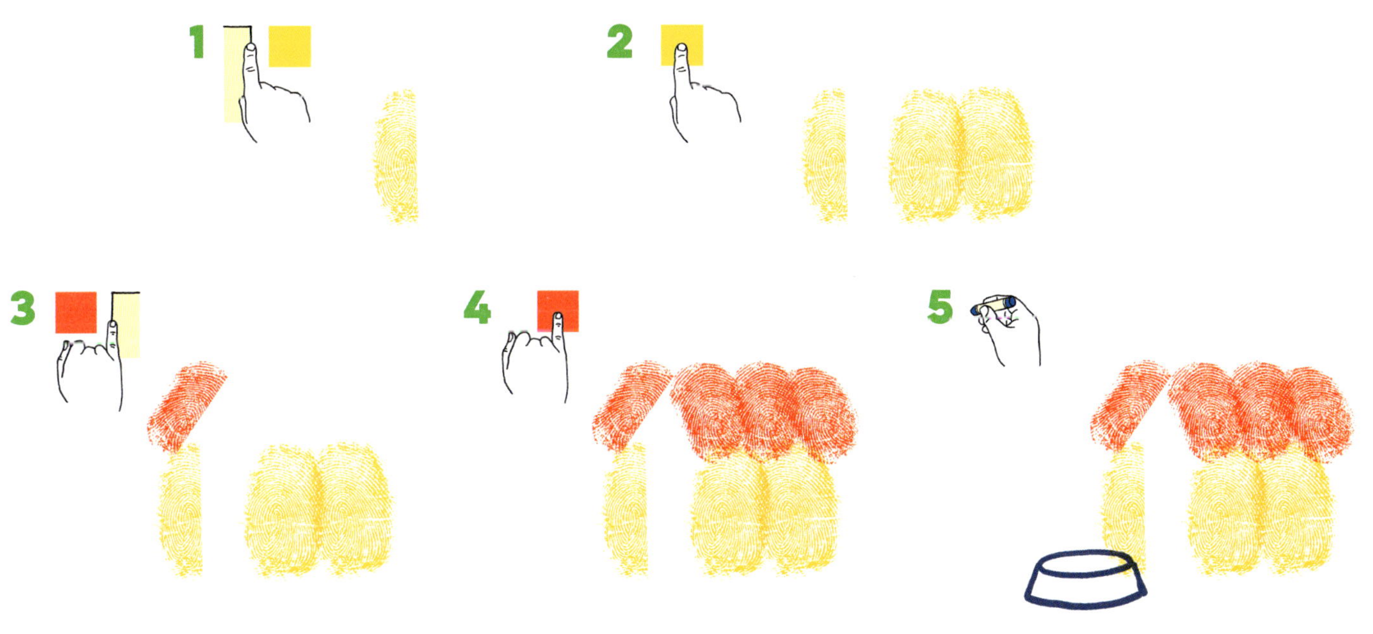

Mobiltoilette

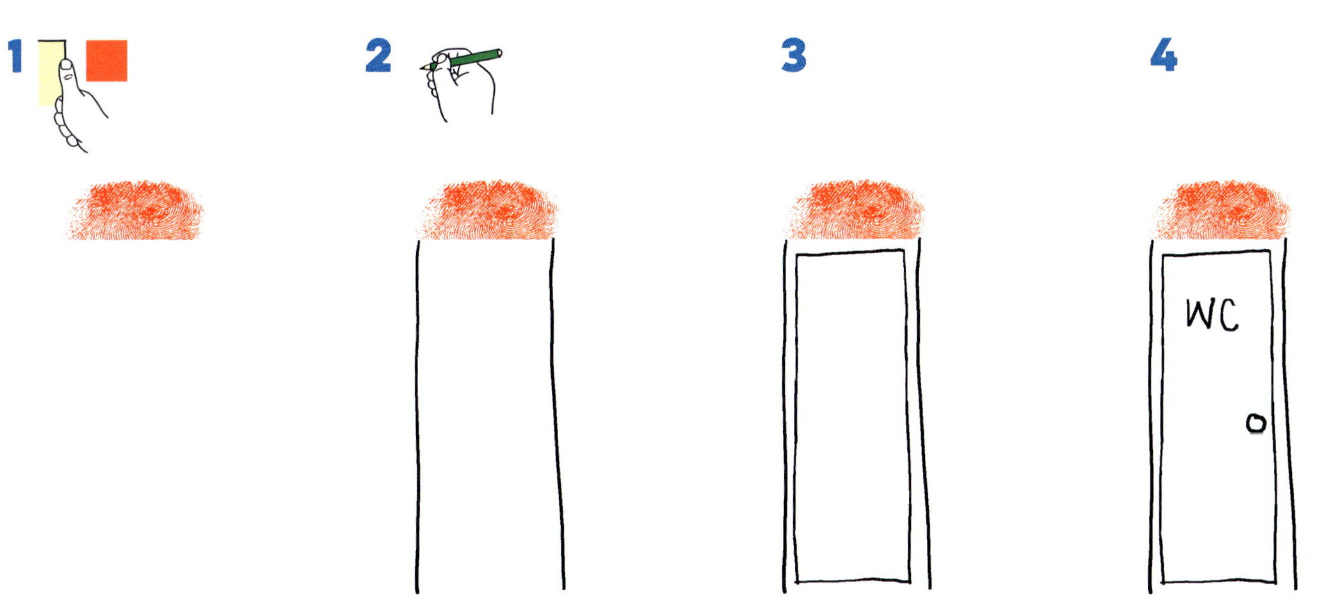

Turmkran

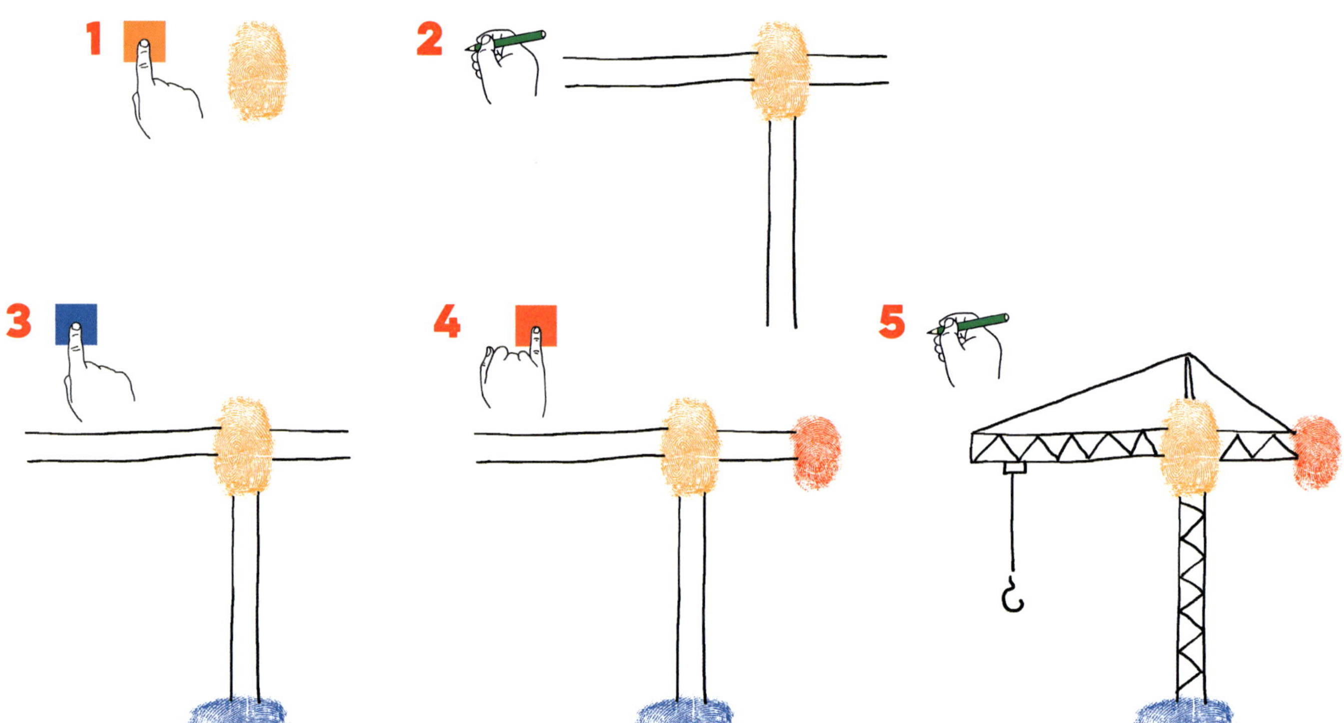

Pylon

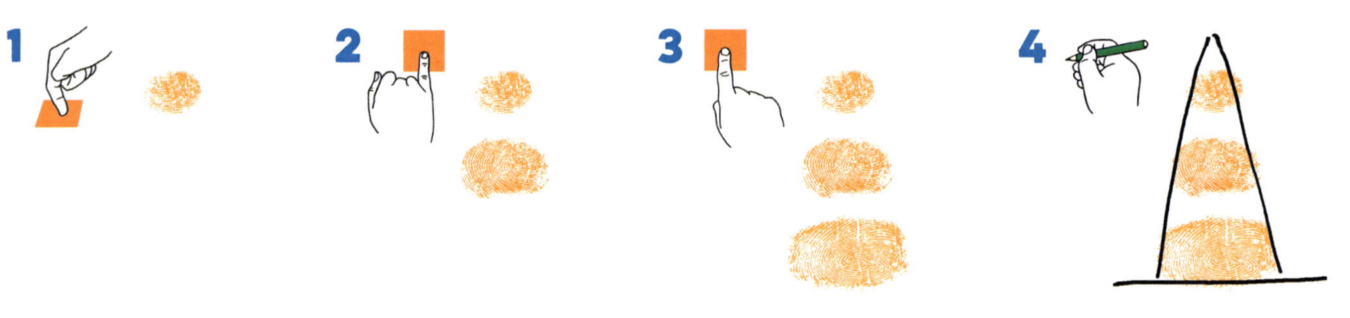

Absperrung

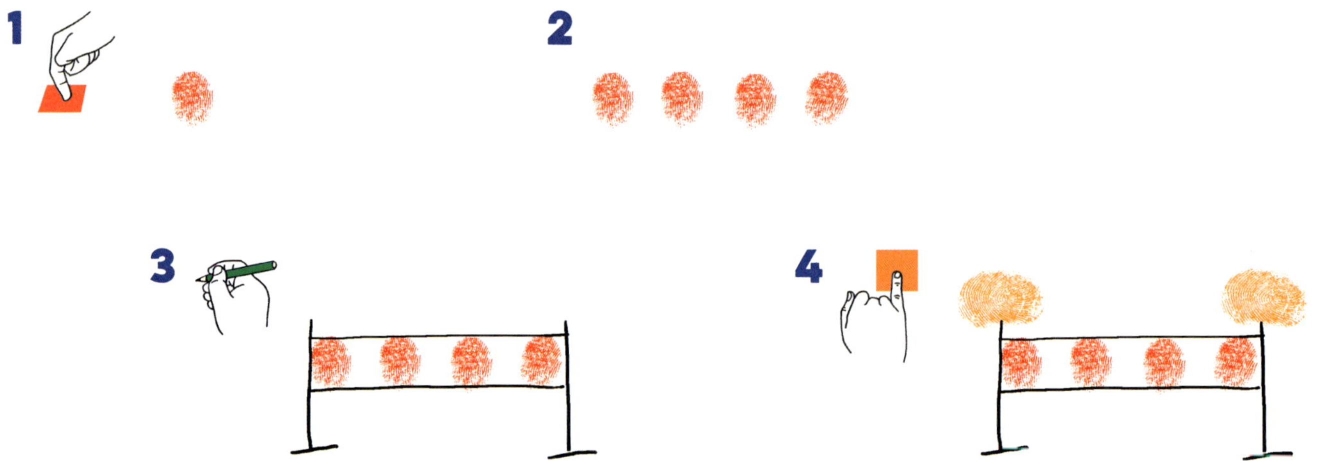

Baustellenschild

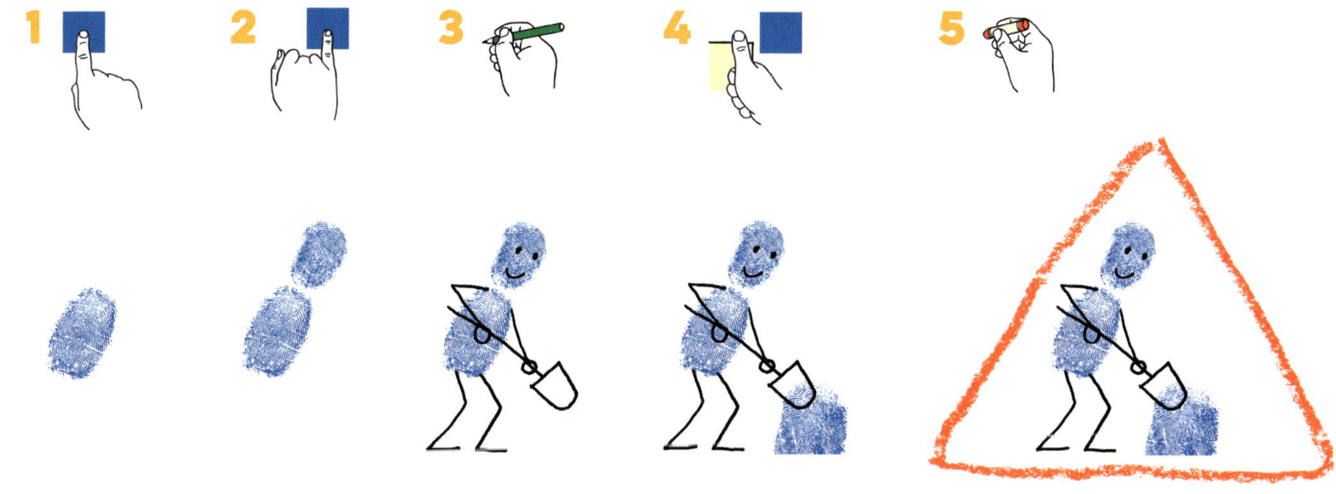

Betonmischer

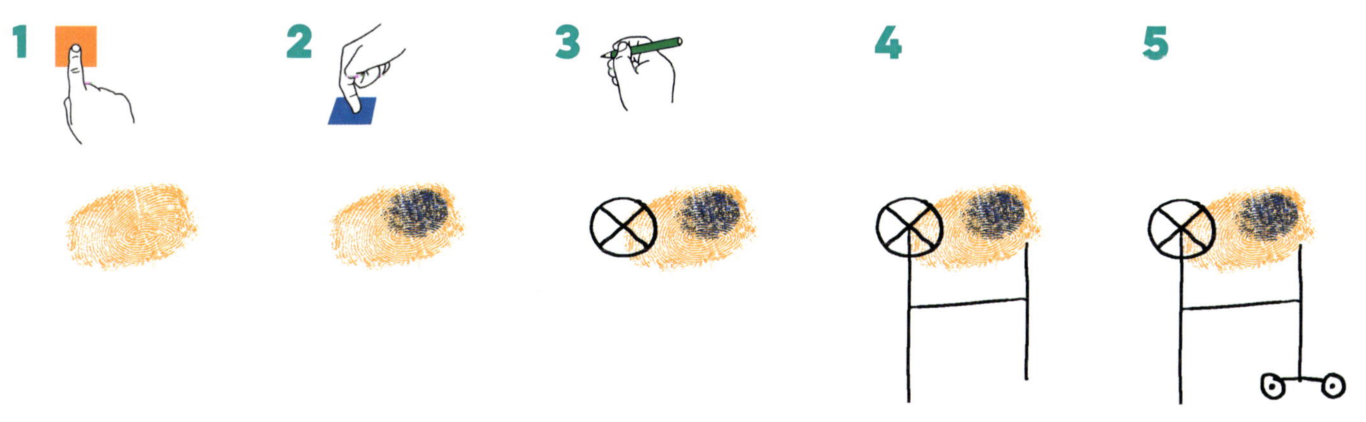

Verkehrsschild

Register